马克思主义理论及其教育新探

王宏波　陈建兵　著

中国社会科学出版社

图书在版编目(CIP)数据

马克思主义理论及其教育新探／王宏波,陈建兵著. —北京:中国
社会科学出版社,2015.12
ISBN 978-7-5161-7354-1

Ⅰ.①马… Ⅱ.①王…②陈… Ⅲ.①马克思主义理论—政治理论
教育—研究—中国 Ⅳ.①A81

中国版本图书馆 CIP 数据核字(2015)第 313137 号

出 版 人	赵剑英
责任编辑	冯春凤
责任校对	张爱华
责任印制	张雪娇

出 版	中国社会科学出版社
社 址	北京鼓楼西大街甲 158 号
邮 编	100720
网 址	http://www.csspw.cn
发 行 部	010 - 84083685
门 市 部	010 - 84029450
经 销	新华书店及其他书店

印 刷	北京君升印刷有限公司
装 订	廊坊市广阳区广增装订厂
版 次	2015 年 12 月第 1 版
印 次	2015 年 12 月第 1 次印刷

开 本	710×1000 1/16
印 张	15.75
插 页	2
字 数	254 千字
定 价	59.00 元

目　录

前　　言

　　呈现给读者的这本书以《马克思主义理论及其教育新探》命名。其中包括理论命题探索和理论教育探索两部分。因为在理论教育中涉及理论命题，即用什么样的理论命题进行教育的问题；更涉及运用什么样的教育理念和方法进行理论命题的教育的问题。这是一个用什么样的理论命题进行什么样的教育的问题，是马克思主义理论教育不可分割的两个方面。我是从改革开放新时期开始从事马克思主义理论教育工作至今的，所以，我的学术研究、学术发展和马克思主义理论教育工作密切相关；也和新时期的社会发展、世界格局变化、学术思潮流变、文化环境变迁密切相关。正是在这样的背景和环境中，我在马克思主义理论教育的战线上，坚持不懈地学习、研究马克思主义，在课堂上讲授马克思主义，这些活动使我对马克思主义理论教育形成了一些粗浅的学术思想和教育观点。

　　平心而论，长期从事思想政治理论课的教育教学工作，从时间结构上讲，会占用相当多的时间从而影响专业性的学术研究，这是毫无疑问的。而且随着教学任务要求的不断变化，研究的问题有发散化的特点，研究主题在确定的时间内很难集中。这些都是从事思想理论课的教师进行学术研究的客观环境特点，因此给学术研究带来了极大的艰辛。每一位从事这个领域工作的同行都有切身之感。但是教学与研究工作并不因此而对立。如果把教学工作和研究工作对立起来，认为长期从事教学工作难以坚持学术研究，我不以为然。我认为教学工作对学术研究有影响是客观存在的问题，因为它会影响学术领域和学术问题的选择，它会影响研究时间的安排。但是，马克思主义理论研究是学术研究，马克思主义理论教育的规律和方法研究也是学术研究。诚然，教学工作也许会占用一些研究时间，但教学过程会激发你的学术灵感，启发你的问题意识，促进你的学术思考。思想政治理论课的教育功能是提升学生的思想境界，所以必须针对学生的思想问题，这就要求教师要把学术理论转化为思想观点，把思想观点建立在深厚的理论基础之上。学生的思想是随着社会发展、时代变迁、文化思潮激荡而变化的，所以要说服和引导学生，一定要站在时代的制高点上，站在社会发展前沿领域，站在文化思潮交流、交锋、交融的复杂格局中和前沿阵地上，研究马克思主义，联系实际地传播马克思主义。所以，笔者多年来的教学体会是，从事思想理论教育教学对于学术水准的要求不是比一般的学术工作要求低，而是要求更高！正是在这种认识的推动下，我努力地在教学的过程中从事相关的学术研究工作，努力提升自己教学的学术基础。

这本书的第一部分是马克思主义理论的一些基本命题研究。这些基本命题涉及"实践与人的理论研究"、"阶级与资本理论研究"、"社会发展模式研究"三个方面。我之所以称为"理论命题新探索"，是因为一些看似非常基本的理论命题，随着社会进步、时代进步和文化交流，遇到了新的挑战，需要回答这些挑战；还需要在新的条件下重新挖掘基本命题新的理论意义；有的命题需要针对一些广泛的误解给予澄清；有的命题还需要针对新的历史条件给出发展性解释。我们的这些新探索都是紧紧围绕马克思主义理论教育教学过程中出现的理论思考形成的，也是适应教育教学的需要形成的，更是马克思主义理论发展前沿需要深入研究的一些问题。例如，如何理解社会发展模式与马克思主义的世界影响的关系；例如针对学术界流行的把马克思主义哲学当作实践本体论的理解，我们所形成的实践物质论观点；再例如，针对社会领域中用阶层分析淡化阶级分析方法的倾向，研究马克思阶级分析方法的时代境遇和当代价值；还例如，针对社会上流行并传播西方社会学家马克斯·韦伯关于资本主义精神的节欲论，研究马克思关于资本主义精神的思想并进行比较分析；还例如，根据社会主义市场经济的成功实践，深入分析资本的双重属性和资本运动的双重逻辑。

坚持马克思主义基本原理、并以发展的马克思主义着力回答当代中国改革发展中遇到的重大理论和实践问题是提高马克思主义战斗力和说服力，进而提高马克思主义理论教育成效的关键性问题。长期以来，由于种种原因，马克思主义基本原理同马克思恩格斯的个别结论，同后人对马克思主义的教条式理解，以及人们对马克思主义的错误附加等混同在一起，使得马克思主义创新发展受到很大的制约；马克思主义不能很有说服力地回答改革发展中的重大理论和现实问题，又使得马克思主义理论教育效果受到影响。因此，进行马克思主义理论教育首先需要正本清源，需要搞清楚哪些是马克思主义的基本原理，并结合时代发展揭示这些基本原理的当代价值和现实意义，并用这些理论来分析回答现实问题。只有这样，马克思主义理论才有生命力，马克思主义理论教育也才会有效果。从这个认识出发，我们认为，马克思主义理论研究和理论教育，必须密切结合社会工程实践。我们认为社会工程是马克思主义理论的社会实现形式，也是马克思主义理论教育联系实际的中介和桥梁，更是马克思主义理论发展的直接推动力。相对于社会革命、社会运动，社会工程是马克思主义理论在建设社会主义的历史时期的实践形式。离开这个基本的社会实践形式，马克思主义理论发展和理论教育，就找不到着力点，就会迷失在纷繁复杂的社会现象中找不着自己发挥作用的主战场，就会削弱马克思主义的影响力。

"理论教育新探索"这一部分是针对学科建设和课程建设问题的思考所形成的一些学术思想，主要从马克思主义理论学科建设、课程建设、课程教学理念等方面直接探讨马克思主义理论教育。这些学术思想都曾经以学术论文的形式在有关杂志发表，我们将这些成果集中在这一部分。例如，我们探讨了马克思主义理论教育研究的双重任务即"什么是马克思主义"和"如何进行马克思主义理论教育"及其关系问题、马克思主义理论学科建设与思想政治理论课建设的关系问题和思想政治理论课教学过程中的批判性建构教学理念问题。我们认为，社会现实问题的理论研究是学科建设与课程建设相结合的关键环节；以理论思维的形式回答意识形态问题是学科建设与课程建设的共同取向；从"社会工程"视角展开理论研究能够调整理论联系实际的内容定位。我们还认为，思想政治理论课教学与一般的专业课教学相比具有很大的不同，专业课教学活动往往通过一定的概念范畴、逻辑体系向学生进行系统的知识传授，让学生掌握系统的专业基础知识，而思想政治理论课教学活动要解决的却是学生的"思想认识问题"，使学生已有的正确思想认识进一步提高和巩固、不正确的思想认识得以转变，思想政治理论课就是要对学生的思想认识进行"转变"、"塑造"、"巩固"和"提高"。但是负面因素纷繁复杂。面对社会实际，经济增长、民生改善、国际地位提升、社会繁荣，一方面，社会主流价值发生着实践效力；另一方面，消极腐败现象也随处可见；社会主义的正向价值和资本主义的负向价值在某些层面交错存在；现代化的进步趋势和封建残余文化在某些领域交错影响。所以在今天用马克思主义教育学生，既要发挥马克思主义的批判功能，更要弘扬马克思主义的建构功能。所以思想理论课的教学理念要具有批判性建构的特点。所谓批判性建构教学理念首先强调从"思想认识"和"现实问题"相关联、相结合的角度开展思想政治理论课教学，换言之，是以问题为导向、切入点的教学活动；强调既要通过分析"正面社会现实"、明晰社会发展主流特征，又要通过评析"负面社会现实"阐明社会发展方向；强调"批判"基础上的"建构"以及通过对负面的社会现实的"批判"来实现思想认识上的正面"建构"，这是批判性建构理念的关键。

该书对马克思主义理论及其教育这一问题进行了一些新的研究和探索，在马克思主义理论及其教育研究领域形成了一些新的理论观点、新的教育理念；开辟了新的研究领域，探索了新的方法，拓展了新的途径。

最后，希望这本书能对学术上深化马克思主义理论研究，在实践中提高马克思主义理论教育效果具一定的借鉴价值。同时我们认为，我们的这些探索也只是一家之言；囿于我们的学术水平，错误在所难免，或许谬误不知，希望得到学术界和马克思主义理论教育同行的批评指正。

王宏波
于西安交通大学兴庆校园
2015 年 2 月 8 日

实践与人的理论研究

科学理解马克思主义的实践物质观

马克思主义世界观的核心就是回答世界的本质是什么及它的存在方式。这个问题一直是哲学史上争论不休的问题，伴随着科学的进步和社会发展，人们也不断地变换着问题的形式进行重新讨论。一段时间以来，我国哲学界出现了实践本体论的新概括。这一说法依据的重要文献是马克思的《关于费尔巴哈的提纲》以及《德意志意识形态》等著作。论者认为，马克思主义哲学的重大变革是提出了实践概念，这是马克思主义哲学与非马克思主义哲学的概念界标，强调实践的重要性无疑是正确的。但是，在理解世界本质时如果用实践概念取代了物质概念，仅用实践概念解释世界本质而消解物质概念的基础作用，我们认为这就走过头了。马克思提出实践概念，针对的是旧唯物主义仅仅从感性的直观以及唯心主义哲学从主体方面抽象地解释世界的理论哲学立场，主张要用实践的思想重新解释哲学史上，特别是近代以来的哲学思想，使哲学研究路向发生根本性变革。具体地说到物质和实践的关系时，不是要用实践范畴取代物质范畴去解释世界的本质和状态，而是要在物质范畴的基础上，从物质与实践统一的立场上解释世界的本质和状态并在此基础上提出改造世界的问题。实践本体论的症结恰恰就在这里，企望用实践范畴取代物质范畴去解释世界，用实践作为万能之筐，解决理论、实际中的一切问题，而这样就会滑向非马克思主义的边缘。因为离开物质范畴，实践本身也会产生诸多无法解释清楚的问题。由此，我们有必要厘清马克思主义世界观中的物质观与实践观的关系问题。

一　从物质与意识关系的角度定义物质范畴，是物质观理论的基础内容和科学性基础。

人类对世界与自身关系的认识经历了一个漫长的历史过程。从自然物质论，经过原子物质论，再到哲学物质论，才形成了人们对世界本质认识的第一个哲学范畴。哲学范畴的形成是物质观理论发展的重要理论成就。

古代朴素唯物主义对人自身与周围物质世界关系所进行的哲学猜想，形成了朴素直观的物质论。西方世界和东方世界都产生过以典型的自然事物为依据解释世界本质的理论。古代朴素唯物主义把一种或若干种实物视为物质本身，当作世界的本原。亚里士多德认为，物质是一切物由以构成的东西，一切物从那个最初的东西中产生，并且归根结底要被破坏，其中基本的质被保留下来了，且按自己的特性变化着——这也就是物的本质。古希腊哲学中的水、火、空气、原子；中国古代五行说中的金、木、水、火、土；印度哲学中的地、火、水、风等均属此类。在近代，随着科学的进步，道尔顿的原子学说使人们发现了千差万别的事物的共同的结构基础。在此基础上，旧唯物主义将物质理解为构成一切事物的最小单位并赋予其不变的性质。我们现在已经很清楚，这种关于世界本质的说明不是哲学的说明，而是日常思维和近代科学思维的产物。

恩格斯在谈到物质定义时说："物、物质无非是各种物的总和，而这个概念就是从这一总和中抽象出来的，运动无非是一切感官可感知的运动形式的总和；"物质"和"运动"这样的词无非是简称，我们就用这种简称把感官可感知的许多不同的事物依照其共同的属性概括起来。"[1] 恩格斯在这里明确地区分了具体实物与哲学范畴的区别是一般与个别的关系。哲学概念反映的是各种具体事物的一般性质，而不是事物的集合体，也不是事物的组成结构成分。恩格斯的这一分析奠定了哲学物质观的方法论基础，是马克思主义哲学物质观形成的思想前提。列宁在此基础上又向前推进了一步，他对物质的一般内涵，从物质与意识的关系的角度进行了辩证的规定。他指出，物质是"标志客观实在的哲学范畴，这种客观实在是人通过感觉感知的，它不依赖于我们的感觉而存在，为我们的感觉所复写、摄影、反映"[2]。这样，列宁就把物质理解为不依赖人的意识的客观存在。列宁的物质概念摆脱了以往哲学界定物质时，从物质具体形态或物质结构层次加以理解和规定的窠臼，从科学抽象高度，从思维和存在关系

---

[1] 《马克思恩格斯选集》第 4 卷，人民出版社 1995 年版，第 343 页。
[2] 《列宁全集》第 18 卷，人民出版社 1988 年版，第 130 页。

的角度，抓住了一切事物的共同本质，抓住了世界观问题的根本点，为世界万物的统一性找到了真正的基础。

其实，列宁对物质概念的界定是沿着恩格斯的思想逻辑走过来的。在《反杜林论》中恩格斯指出："世界的真正的统一性在于它的物质性，而这种物质性不是由魔术师的三两句话所证明的，而是由哲学和自然科学的长期的和持续的发展所证明的。"① 恩格斯是在批判杜林的"原则在先"的先验主义模式时，论证了世界的物质性问题的；他也是在思维和存在，思维规律和存在规律的关系的讨论中，提出"世界的真正的统一性在于它的物质性"的著名论断的。列宁的学术贡献在于第一次明确地从物质与意识的相互规定中、从哲学范畴的高度定义了物质范畴的内涵：它是存在于人的意识之外，又为人的意识所反映的客观实在。

从物质与意识的关系中、一般与个别的区别中定义物质范畴，这一路向坚持了唯物主义原则，贯彻了辩证法的思想方法，第一次对物质世界的本质作了科学的说明。它揭示了物质观的基础内容，奠定了物质观范畴的科学基础。

二 准确理解马克思的实践范畴的哲学意义是科学阐释马克思主义世界观理论的思想前提

马克思在《关于费尔巴哈的提纲》中，提出了实践范畴，指出了旧哲学的缺陷是缺乏实践的观点，因此对世界、事物和现实做了非真实的理解。旧唯物主义对世界作了直观的理解，唯心主义抽象地发展了人的能动的方面，所以，从总体上说，所有旧哲学都是不科学的。因此，我们说，马克思主义哲学的实践观点的提出标志哲学的革命性变革，这是毫无疑问的！问题在于如何理解这种变革，能不能抛开恩格斯和列宁所阐发的物质观思想来理解实践观点的意义？显然不能！

1. 马克思在《关于费尔巴哈的提纲》中并没有否定唯物主义的基本前提，重点是指出旧唯物主义的不足与局限，同时突出新哲学的主要理论特点。

"从前的一切唯物主义（包括费尔巴哈的唯物主义）的主要缺点是：

---

① 《马克思恩格斯选集》第 3 卷，人民出版社 1995 年版，第 383 页。

对对象、现实、感性，只是从客体的或者直观的形式去理解，而不是把它们当作感性的人的活动，当作实践去理解，不是从主体方面去理解。因此，和唯物主义相反，能动的方面却被唯心主义抽象地发展了，当然，唯心主义是不知道现实的、感性的活动本身的。费尔巴哈想要研究跟思想客体确实不同的感性客体：但是他没有把人的活动本身理解为对象性的活动。"①这是《关于费尔巴哈的提纲》中第一段的主要内容，我们一句一句地摘录下来，目的是作单独的理解分析。

从马克思的这段话，我们能够理解到的含义是：

第一，指出了旧唯物主义的主要缺点或者局限性是，对对象，对现象，对现实世界，对感性事物与感性活动，"只是"从客体或直观的形式去理解，不是当作实践去理解。这也就是说，旧唯物主义者在理解周围世界时，缺少实践观点；不是把周围世界的事物理解成实践的对象、实践的过程和结果，而是将其理解为僵死不动的事件、事物，如果说事物本身具有运动的特性，这种运动也与实践无关。

马克思在这里从哲学史的高度，分析和概括了旧唯物主义的缺点，并没有否定旧唯物主义的"唯物主义"的基本性质。马克思在这里批评了旧唯物主义的片面性，这种片面性表现为"只是"从客体或直观的形式去理解世界。也就是说，旧唯物主义对现实世界的理解，只强调绝对意义上的客体，撇开了主体的作用，缺乏辩证思维。马克思在这里并没有否定旧唯物主义思想中的唯物主义立场。如果马克思在这里要用实践范畴取代，或者消解唯物主义的基本立场，他就不会对旧唯物主义思想采取辩证分析的态度，分析它的片面性特征。在马克思的论述中，要特别体会"只是"这个连接词的使用，这个词的使用，体现了旧唯物主义的片面性思想结构，也体现了马克思的辩证批判的方法，也反映了马克思对旧唯物主义思想体系中唯物主义立场的坚持和保留、继承。

第二，由于马克思的重点在于提出一个新哲学的大纲，所以马克思所要突出的是新哲学大纲的思想不同于旧哲学的思想内容，而不是强调和旧哲学一致，或要承继的内容。因此，马克思在这里没有强调唯物主义的基本立场，并不说明马克思就不坚持这种立场，或者用实践范畴去替换唯物

①　《马克思恩格斯选集》第 1 卷，人民出版社 1995 年版，第 54 页。

主义的立场。从马克思后来关于生产关系更替规律性的说明，可以十分明确地确认，马克思坚定地坚持了唯物主义的基本立场。例如，马克思写的《政治经济学批判》序言总结自己的历史唯物主义思想时说"无论哪一个社会，在他所能容纳的全部生产力发挥出来以前，是决不会灭亡的；而新的更高的生产关系，在它的物质存在条件在旧社会的胎胞里成熟以前，是决不会出现的"，这是马克思在表述完社会基本矛盾规律以后所说的一句话。这句话揭示了社会基本矛盾运动规律的客观性。也就是说，尽管社会运动规律是人类的社会实践的规律，但实践的发展过程有客观规定性，不是由人的主观意志决定的。由此可见，马克思在揭示人、自然、社会的实践作用时，在揭示社会的实践本质时，还是坚持了客观性原则，实践本身也需要用客观性原则来说明。因此，在马克思的思想体系中，不能把唯物主义原则放在一边，只说实践原则。

今天如果我们，按照实践本体论论者的说法，"只说"实践范畴，把实践抬到本体论高度又不提物质论，或者淡化物质论，我们认为同样是片面的。

2. 准确理解马克思关于人与自然关系的论述，是坚持物质性原则的思想理论前提。

马克思曾经在《1844年经济学哲学手稿》中论述人和自然界的关系时提出"自然界是人的无机的身体"的思想。不少人据此认为，这是马克思的实践本体论的一个重要思想。我们认为，马克思从实践的角度论及人与自然的关系时，并没有否定它的物质性前提，相反，在他的论述中是包含着物质性的思想内容的。

马克思指出："从理论领域说来，植物、动物、石头、空气、光等等，一方面作为自然科学的对象，一方面作为艺术的对象，都是人的意识的一部分，是人的精神的无机界，是人必须事先进行加工以便享用和消化的精神食粮；同样，从实践领域说来，这些东西也是人的生活和人的活动的一部分。人在肉体上只有靠这些自然产品才能生活，不管这些产品是以食物、燃料、衣着的形式还是以住房等等的形式表现出来。在实践上，人的普遍性正表现在把整个自然界——首先作为人的直接的生活资料，其次作为人的生命活动的材料、对象和工具——变成人的无机的身体。自然界，就它本身不是人的身体而言，是人的无机的身体。人靠自然界生活。

这就是说，自然界是人为了不致死亡而必须与之不断交往的、人的身体。所谓人的肉体生活和精神生活同自然界相联系，也就等于说自然界同自身相联系，因为人是自然界的一部分。"①

　　处理人与自然的关系是人类实践的重要内容。对于自然物和人的实践活动之间的关系，从马克思的论述来看可以有以下几点。第一，就理论探索和理论认识来说，物质作为自然科学、艺术的对象，是人意识的源泉、是精神食粮；自然科学、艺术创造的结果来源于自然界的事物。自然科学的理论形式是自然界的事物的性质与规律的主观形式，艺术创造的很多灵感也来自于自然界变幻莫测的神奇表现。第二，从实践领域来说，自然界的事物是人的物质生产的对象和物质生活的内容。人类生产力的形成就在于变革自然界的事物，满足人的生命与生活需求。所以，自然界是实践的对象和内容。在实践领域物质是人生命活动的基础和前提。人靠自然生活，人是自然的一部分。因此，就有了第三个思想：在实践上，人的普遍性正表现在整个自然界变成人的无机的身体。这里请注意，这句话应当理解为，从实践的意义上说，人之所以为人，离不开自然界，自然界是人的生命的基础，是人的实践活动的基础；离开自然界，人无法生存，实践也无法存在。所以，从人的本质特征上说，自然界是人的无机的身体。第四，马克思在强调了"自然界是人的无机的身体"之后，又陈述和强调了另一个相对应的思想，即："人是自然界的一部分"。因为人是自然界长期发展的产物，人的生命过程中有很多基础性运动规律和自然界的某些规律是一致的，人只有在自然界中才能活动和生存！

　　马克思在这里揭示了人与自然的对立统一关系，人们可以认识到这种对立统一关系、自觉维护自身和自然的同一性关系，也可以认识到自身与对象的差别，将自然之物转化为服务于自己需求的为我之物。这就是说，人的实践可以把自然中的自在之物化为充盈着人的目的并满足自身需要的为我之物，这既是人的实践活动，也是自然的人化过程。这种自然的人化过程就是人类社会形成和发展的过程，而人在这个过程中自身的本质的力量也得到彰显和确证，证明了自身与自然的同一。这里需要指出两种不同的思考参照系。马克思首先强调了从实践的视角和过程来看，"自然界是

---

① 《马克思恩格斯全集》第 42 卷，人民出版社 1979 年版，第 95 页。

人的无机的身体"。但是从自然史和人类史的关系来看，虽然自然史因人的存在而发生变化，自然与人具有相互制约、相互影响的作用，但自然之物是实践的基础、源泉。然而，当马克思说道"人是自然界的一部分"时，到底是人在自然界之先呢，还是自然界在人之先呢？显然，马克思是承认自然界先于人类而存在的。马克思承认"自在之物"的存在，即人的实践尚未涉及的自然物的客观存在性。

其实，马克思在论及人与自然的关系时明确地谈到，自然界是不依赖人而存在于人之外的这个客观实在性的。马克思在《1844年经济学哲学手稿》中的"对黑格尔的辩证法和整个哲学的批判"中，清楚地说道："人作为自然存在物，而且作为有生命的自然存在物，一方面具有自然力、生命力，是能动的自然存在物；这些力量作为天赋和才能、作为欲望存在于人身上；另一方面，人作为自然的、肉体的、感性的、对象性的存在物，同动植物一样，是受动的、受制约的和受限制的存在物，就是说，他的欲望的对象是作为不依赖于他的对象而存在于他之外的；但是，这些对象是他的需要的对象；是表现和确证他的本质力量所不可缺少的、重要的对象。"① 简而言之，马克思在这里透彻地分析了自然界对于人的外在性和对象性关系。接着，马克思又进一步说："一个存在物如果在自身之外没有自己的自然界，就不是自然存在物，就不能参加自然界的生活。一个存在物如果在自身之外没有对象，就不是对象性的存在物。"② 无须更多的引证了，人来源于自然界的事实，人生活于自然界的事实，自然界作为人的活动的对象性存在的事实，说明了"自然界是人的无机的身体"。但这一命题是与"自然界是不依赖于人而存在于人之外"相联系的。这两者是对立统一的关系。离开这种对立统一关系，紧紧抓住其中一个方面，从"自然界是人的无机的身体"推出自然界是从属于人的实践的实践本体论，确实有片面推论的谬误！

同样地，马克思在《关于费尔巴哈的提纲》中提出了实践的主体和客体的概念，后学也在大论客体主体化问题，试想如果不存在客体，主体化过程也不会存在！所以马克思在论述实践问题时并没有抛开物质范畴所

① 马克思：《1844年经济学哲学手稿》，人民出版社2000年版，第105页。
② 同上书，第125页。

表达的唯物论思想。马克思的功绩恰恰在于把物质范畴所表达的唯物论思想和实践范畴所表达的主体与客体互动的辩证思想结合起来，重新看待世界。马克思所看到的是，如果只坚持物质本体论，而没有引入实践思想，在理解事物和事件的形成、发展、演变的实际过程中，人的生存以及社会结构的演变等方面就会产生解释上的局限性。

三　对实践本体论的质疑

实践本体论认为"马克思关注的是人的生存异化状态的消除"，而"人类世界只能是实践中的存在，实践构成人类世界的真正的本体"，同时"实践是人存在的方式，即人的生存本体"。因此，认为马克思哲学是生存论的本体论，即实践本体论。而我们认为，马克思的实践本体论把人的存在本身作为哲学所追寻的目标。这样一种本体论所探求的并不是对象、现实、感性的存在到底是什么，即不是探求所谓的终极存在，而是探求对象、现实、感性的存在何以成为这样的存在，即它们存在的意义。实践本体论认为："实践的本体论意义不仅体现在世界的二重化以及人类世界的形成上，而且还体现在人类世界的不断发展中……人类世界是实践中的存在，而实践本身就处在不断变化发展之中。属人的对象世界是一个动态的、不断生成、不断形成更大规模和更多层次的开放体系。"① 实践本体论对我们理解马克思主义的实践观、深化我国实践哲学研究起到过积极的推动作用，提出了诸多颇具启发性的思想。但是实践本体论仅仅用实践去说明人类世界，把实践理解为人类世界的唯一本体，用本体论思维说明人类世界的本质，有很多值得讨论之处。

第一，人类世界不是离开自然界的孤立存在，把自然世界和人类世界割裂开来，单独说明人类世界的本质，是一种截头去尾的做法，它使人类世界失去了得以存在的根基，也扭曲了马克思的历史唯物主义的基本精神。

马克思研究人类社会是从现实的人的现实的活动出发的。由于现实

---

① 杨耕：《马克思的实践本体论：一种新解读》，载赵建英等《马克思的本体论思想》，社会科学文献出版社 2006 年版，第 174 页。

的人的生产活动而形成了特定的生产关系，也形成了生产力与生产关系及经济基础与上层建筑的矛盾及其运动；人们的物质生产活动是推动历史发展的决定力量。如果从物质生产活动出发，这就是人类实践的最基本形式。这种物质活动的实践，把人和自然界紧密地连结起来，统一起来。实践本身就体现了人和自然界不可分割的联系。马克思说"自然界是人的无机的身体"，就是揭示了这种有机联系。如果我们抛开实践的内容结构和有机构成去谈论实践，那么，实践就成为空洞的外壳与抽象的符号。这种无内容的外壳与无含义的符号，能作为人类世界的本体吗？实践本体论者要力图为人类世界作出本体论的说明，结果事与愿违，反而取消了本体的地位。所以，要说明人类世界的本体特征，必须进入实践的内容结构，进入生产力的内在矛盾，进入人与自然的矛盾。如果真要寻找人类世界的本体，除了人及其物质生产活动，找不到其他什么本体。

如果只说人类世界的本体，不涉及自然界，就割断了人类社会与自然界的关系，也就取消了生产力的基础地位，也就消解了人类世界，从而也就取消了论题本身！

第二，用本体论思维理解马克思哲学，形成实践本体论概括，不能体现马克思主义哲学的本质特征。

马克思重视实践的意义和作用的同时，并没有否认从对象、现实、感性出发认识世界。马克思反对对对象、现实、感性，仅仅是从客体的或者直观的形式去理解，而不把它们当作人的感性活动，当作实践去理解，但是要据此就把马克思主义哲学归结为实践本体论，首先引发的质疑之一是，既然实践注重的是改造世界，是人对对象的变革与建构活动，对世界本身没有一个基本看法、基本态度，何谈实践本体？卢卡奇从人们日常生活最简单的事实——劳动中去寻找对社会存在进行本体论考察的第一个出发点，开创了西方马克思主义新的研究路向，但是，他在晚年的著作《社会存在本体论》一书中还是对早期的著作《历史与阶级意识》中反对自然辩证法的态度作了更正："这本书的基本的本体论的错误是我只承认在社会中的存在才是真正的存在，由于自然辩证法被否认，马克思主义从无机自然推出有机自然，再从有机自然通过劳动范畴推出社会的那种普遍性就消失了。"① 他不得不承认社会存在是以自然存在为基础，因此，在改造世界过程中，物质第一的原则还是没能绕过去。

第三，只提实践本体、避谈物质实在；只强调实践本体，悬置物质、意识的争论，既回避了哲学的基本问题，也掩盖了实践本身的矛盾，同时也限制了实践的能动性。试想，如果把物质实在丢掉了只讲实践本体，那就是说，和实践发生关系的那一部分世界是在主体的实践本体之内，不和主体发生关系的那部分世界就不在实践本体之内了。那么，实践就在时间和空间中被封闭了。而事实上，马克思注重实践，也并非无视世界对人的先在性。"每个个人和每一代所遇到的现成的东西：生产力、资金和社会交往形式的总和，是哲学家们想象为'实体'和'人的本质'的东西的现实基础，是他们神话了的并与之斗争的东西的现实基础，这种基础尽管遭到以'自我意识'和'唯一者'的身分出现的哲学家们的反抗，但它对人们的发展所起的作用和影响却丝毫也不因此而受到干扰。"② 固然生产力、社会交往形式是人类实践的形式，但进一步追问，生产力反映了人与自然的关系，在人与自然的关系基础上才形成了人的交往关系。假如离开了人与自然、人与人之间客观的现实关系，一切都成为空中楼阁了。海德格尔的基本本体论就是悬置了客观世界的物质性问题，从"此在"出发研究哲学问题的。海德格尔把在世意义上的世界，即与此在融为一体的世界同通常我们理解的客观世界作了区分，提出客观世界并不是始源世界的观点。在海德格尔看来，所谓的客观世界是离开意识而存在并作为意识的对象的自然界，是世界上所有存在者的一个总体。它对其本身并不能有所察觉和揭示，客观世界只能在与此在的联系中由此在所领悟和揭示。人以外的其他存在物不可能提出存在的问题，也不可能领悟存在的意义，由此海德格尔认为没有此在在世就没有任何其他存在者来提出和谈论自然界存在的问题。海德格尔把客观世界是否独立存在的问题排除于哲学范围之外，认为哲学所谈论的世界只能是与此在融为一体并为此在所领悟和揭示的世界，不是离开此在而独立存在的世界，而是与此在共在的世界。现代

---

① 卢卡奇：《社会存在本体论》，载俞吾金等《国外马克思主义哲学流派新编·西方马克思主义卷》，复旦大学出版社 2002 年版，第 64 页。

② 《马克思恩格斯选集》第 1 卷，人民出版社 1995 年版，第 92、93 页。

西方哲学对人的生活世界的关注就深受海德格尔思想的影响。如哈贝马斯的生活世界、列斐伏尔的日常生活世界的概念。海德格尔实现的现代西方哲学路向的转折是把哲学对理性的关注，拉回到对人的生命实践的关注，也正是在这个意义上才有学者指出，海德格尔实现了哲学研究立足点的转向。海德格尔反对传统哲学认识论的主体和客体二元分立的观点，他认为这种观点的实质是预设了一个孤立的主体，然后去论证认识与之相对立的客体。哲学家们关于主体与客体的关系尽管各执一词，但是其实质都是把主体和客体分割开来，忽视或者有意避谈此在与世界的不可分割性，没有揭示此在在世的意义。在海德格尔看来，离开主体的世界固然是不能确证的，而离开世界的主体，无论是自我、我思等都同样无从确证。因为如果没有此在的存在，也就没有世界在此。他的基本本体论从此在出发，研究哲学、研究本体论，质疑并扭转了西方近代以来科学知识至上的价值取向，赋予人的存在以哲学本体论的地位，但却把哲学研究的起点止于了人类产生以后，避而不谈此在产生之前。离开人生活世界的自然界与人身处其中的自然界相比对人并无影响，但没有"那个"自然界，此在从何而来？没有先于人的生存结构的客观存在，在世的"烦"又是从何而来？从此在出发研究哲学问题，使我们把哲学的关注点只投向人的生活世界，这固然对现代西方哲学主题具有方向性的扭转，但是，基本本体论仍避不开一系列质疑：即便进入到人的生活世界的自然界如果不经人的实践，人不思考、不行动，不建构，也不能为人所体会、领悟；即便进入到人的实践领域的自然界，人违反自然规律肆意而为，或早或晚也会受到自然的报复。因此，单从此在出发或单从实践出发仍然绕不过世界的物质性问题。把对自然本体的研究仅仅推到自然科学研究的范围还不能说服人们在哲学层面悬置世界的物质性问题，马克思提出实践观念的同时，首先是承认现实的人及其实践的现实基础，这才解决了以往哲学从实体或主体客体二分的框架分析问题所遇的悖论。今天我们在实践中坚持物质性原则才能真正认识到实践的有限性，不至于把实践的魅力无限扩大，赋予其过多的期许、责任和重负。

　　所以，我们认为不能丢掉物质原则，把实践作为本体。丢掉了物质原则，实践的载体、主体从何而来？物质是存在于意识之内还是意识之外？实践的合理性问题也说不清楚。实践本体论把体现主体与客体双向互动活动当作本体，实际上是把活动的承载者、承担者丢掉了。所以，离开了物质实在讲实践本体，这种本体就缺乏基础。只讲实践本体就忽视了马克思主义哲学的客观性原则，把实践虚化了，不能全面准确地说明马克思主义哲学的本质特征。我们认为，认识马克思主义的世界观要坚持物质第一的观点，也要坚持实践观点，把二者统一起来。

另外，马克思主义哲学提出物质范畴的哲学史意义还在于它结束了自古以来的本体论思维方式。本体论思维方式，是要用一个不变的实体，或者用一个绝对的精神，或者要找到一个最初的"始基"去说明变化万千、纷繁复杂的世界，或者用一个超越物质与意识的一般原则去说明世界的本质。马克思主义的物质观认为，物质的唯一特性就是它的客观实在性，它独立于人的意识之外，人的思维又能反映它和认识它，并且通过人的实践活动又能引起它的变化。物质范畴的重大意义在于，承认世界如此存在，它是自己生成、自己运动、自我转化、自我发展，生生不息、运动不已的存在。它不是寻找一个凌驾于物质现象和意识现象之上的一个更一般的理论原则，去概括物质现象和意识现象，它也不需要运用世界之外的任何力量说明世界，而是从物质与意识的相互作用中揭示世界的本质特征。它确认，自然界是长期演化的，人类是自然界长期发展的产物，人类社会也是人与自然相互作用的实践生成物。所以自然界和人类社会都有自己的客观的运动规律。要说明和变革这个世界要从这个世界本身出发，才是唯一正确的途径。马克思主义哲学变革的重要标志就是结束了旧哲学的本体论思维方式。如果我们今天还要沿用本体论思维方式，那么就不是推进马克思主义哲学的创新，而是落入了马克思曾经批判过的旧哲学的窠臼。

四 实践物质观是马克思主义世界观的科学理解

如果把物质性原则和实践性原则统一起来，在坚持物质第一的原则的前提下，坚持实践的原则，就会自然地形成两个结论。第一个结论是承认物质世界的基础性和先在性、对象性；第二个结论就是物质是随着人类的实践作用而变化的，前人的实践结果——他们建构起来的新的社会事务、社会关系是后人实践的新起点。实践物质观正是针对以往本体论思维方式的不足提出的，就实践本身而言，物质原则强调的是作为后人的实践前提也是客观的，不依人的主观意识而存在的；而实践可以通过构建新的物质形式重建与其他要素的关联性，改变社会事务、事件之间原有的关系，形成他们之间相互影响的新的客观关联。所以，我们认为，把物质第一的原则和实践的原则结合起来既是揭示物质观的必要条件，也是揭示实践观的必要条件。如果从实践的观点看物质观，物质实在是在实践作用下的物质实在；从物质的观点看实践，实践是有物质前提的实践，是物质的实践过程。根据这两个论点，马克思主义的世界观的核心思想应当是实践物质论。我们理解世界，既要坚持物质与意识的辩证关系，又要引入实践和物质的改造关系。因此，我们提出了实践物质观的世界观命题。

实践物质观是世界观命题，它以物质范畴为基础，同时又超越了物质范畴，在物质范畴的基础上引入实践范畴，把两者结合起来形成对世界的看法、对世界的态度。在马克思的思想中，他追问构成社会生活的现实基础的物质性问题，并将物质原则纳入到感性的实践活动中。就物质而言，他一方面强调他所讲的物质是进入人的感性活动的物质，另一方面并没有忽视或者否认感性活动之外的物质性存在。马克思的哲学始终坚持唯物主义物质原则，他说："当我们真正观察和思考的时候，我们永远也不能脱离唯物主义。"[①] "没有自然界，没有感性的外部世界，工人什么也不能创造。"[②] 马克思讲的不能脱离唯物主义就是指不能脱离物质第一的原则，承认现实生活的物质性方面。但他并没有止于仅仅承认世界的物质性，而是在此基础上向前推进了一步——引入了实践的原则。实践原则的确立，在自在自然和现存的感性世界之间架起了过渡的桥梁。具体来讲，在自在自然各要素之间因果联系的链条上，介入了体现人的主体性、目的性的价值参数，而价值参数的引入提高了马克思主义物质原则在解释和说明人类社会各种现象中的解释力。

马克思早就区分了自然史和人类史，他说"历史可以从两方面来考察，可以把它划分为自然史和人类史。但这两方面是密切相联的；只要有人存在，自然史和人类史就彼此相互制约"[③]，在《1844 年哲学经济学手

---

① 《马克思恩格斯全集》第 32 卷，人民出版社 1974 年版，第 213 页。

② 《马克思恩格斯选集》第 1 卷，人民出版社 1995 年版，第 42 页。

③ 《马克思恩格斯全集》第 3 卷，人民出版社 1956 年版，第 20 页。

稿》中，马克思提出了"非现实的存在是非存在"、"被抽象地孤立地理解的、被固定为与人分离的自然界，对人说来也是无"① 的观点，就是指出没有进入人现存感性世界的存在对于人没有现实的意义，但没有否认它的物质性。物质不仅有客观性还因人的实践的介入而具有了开放性，这两种属性统一于实践过程。

从实践物质论的视角看世界，世界是一种动态的存在。世界究竟以何种面貌示人，人怎样看待世界的真面貌，要看它经过人的实践作用以后的结果。实践作为一种改变社会结构的能动作用范畴，它打通了人身处其中的实然世界和将要建构的应然世界的通道。对于进入实践的事物与其呈现给我们的世界之间的关系，我们可以将其表征为：

$W2 = F（W1）$，其中：

F 是实践的方式，由主体、条件、工具及其关系构成

W1 是某个实践作用发生以前的物质世界

W2 是实践作用的结果，是经过实践介入变化了的物质世界

进入实践过程的 W1，经过对象、主体、条件、工具等的作用，就会发生某些变化，形成实践作用之后的物质世界及客观性物质关系。进入人的实践的各个要素有着各自的运动规律，物有物的运动规律、人有人的运动规律，但是他们的联系方式在实践中和人的目的碰面，在具体的语境中就孕育着多种实现的可能性，不同的组合在具体的主体、时空条件下创造出不同的关联方式，产生不同的结果。因此对象、主体、条件、工具等要素将会形成怎样的制约关系会和人的实践方式密切相关。

从实践物质观来看，物质运动是一个在实践中不断实现新的存在形式和缔结新的客观性关联的过程。物质的客观性和人意识的能动性是在实践过程实现的互动、生成过程。进入到实践领域的物质是具有功能和结构的既有的物质形式，它是一个向人开放的存在者。马克思在《神圣家族》中说，物质"带着诗意的感性光辉对人的全身心发出微笑"，指出物质是富有生命活力、向人敞开的。物质中隐藏着无限的可能性等待着人去品评、探索、开发。由此可见，进入到实践范围的物质有如下特征：一是，物质是动态的存在者。它不是死寂的、机械的位移和逻辑演绎；物质的个

---

① 《马克思恩格斯全集》第 42 卷，人民出版社 1979 年版，第 178 页。

性不是如其所是的静止地在那里，而是在其活生生、本质力量的推动下获得的。二是，物质的以上特征需要人去感悟、去认识，以实践助其实现新功能、新结构。三是，物质的客观性也渗入着实践的力量，前一代人的实践所改造过的物质世界是渗入人的本质力量的、经过人的实践改造过的物质世界，但是对于后一代人来说他依然是客观的世界。物质世界的客观性也是在实践作用下具有开放性的！它呼唤着对其哲学层面的认识也不能是封闭的，必须将它放入到实践过程中去认识其客观实在性。

从实践物质论看实践，实践是一种主体与客体双向互动的生成过程。人的感性实践能够在思维中把人的主观理念转化为具体的实践智慧，在行动中将这种智慧诉诸客观对象，从而使自在的存在转化为创造的存在，同时在这种创造性活动中提升自身的主观认识。因此实践是一种主体与客体双向互动的生成过程。实践超越了感性直观，超越了理性推理，作为人的存在方式，成为连接自身和外部世界的活动范畴。从物质观与实践观的关系来看，世界的面貌既是物质的，客观存在的，又是发展变化的，还是在人的感性实践中，经过人的感性实践作用不断生成的。形成中的物质形式和其身处其中的其他要素结合形成新的关联也具有客观性。坚持唯物主义当然要对对象、现实、感性，从客体的或者直观的形式去理解，更要把它当作感性的人的活动，当作实践去理解，要从主体方面去理解。马克思强调从实践出发去理解对象、现实、感性，但并不否认以客体或者直观的形式去理解对象的合理性，而是强调要把二者结合起来。对对象、现实、感性的理解既要从客体本身的存在出发去理解，又要把它纳入主体的实践中去探寻客观对象的由来、根据、来龙去脉。马克思的实践观中体现出的生成性逻辑代替了静态的客观性原则。从实践的观点理解物质世界，物质和意识的对象性和生成性就不再是对立的，而成为相互的了。一方面，物质成为意识的对象，必须以实践为前提，离开实践任何物质事物都不可能是意识的对象。只有在实践过程中，才有关于实践客体的意识，意识才会生成。另一方面，意识只有通过实践，才能变革事物，使新的事物不断地生成。人工事物越多，社会事物越丰富和复杂，其相互之间的相关性就越纷繁。回望近现代以来的社会发展，特别是人类工程活动运用科学、技术所提供的智慧和手段创造出的巧夺天工的事物，可以看到社会工程建构的新型社会关系，推动了人属世界图景的变迁，同时人也在此过程中证明了自身的存在及意义。所以在实践过程中，人与自然界、社会以及自身的相互作用演化、形成了纷繁复杂的人类社会，呈现出丰富多彩的世界图景。

　　从实践物质论的观点看哲学基本问题，就会把思维和存在，物质和意识理解为一个双向互动的关系。在经典的哲学基本问题的理解中，我们注重强调的是物质与意识的认识关系。存在是思维以外的存在，是思维反映的存在，这种解释是缺乏实践论思想的。即使从可知论的立场引入实践观点，也是从认识论意义上引入实践观点的。因为要承认世界的可知性，必须要以实践为前提。所以经典的解释以认识论为基本立场。其实实践的最重要的意义是引起世界的变化。这就要强调思维和意识的作用了，思维和意识通过实践可以使世界发生变化，可以创造新的物质事物，可以引起存在的变化，使新的存在得以产生。

　　因此从实践物质论的观点看世界，世界呈现在人面前的图景就不再是一个固定的、静态的实物的集合，而是一个生成的过程。树立实践物质观的世界观一方面有利于我们正确认识社会发展过程中结成的新的社会关系、社会事务对人的实践活动的客观影响；另一方面，也有利于我们"祛魅"实践，正确定位实践在社会事务、社会关系形成中的地位和意义。正因为实践是有现实前提的实践，实践也不是万能之筐，实践的前提才有必要追问。

马克思"人的本质"思想的形成
过程和发展脉络

对"人"在马克思思想中的地位问题，学术界有多种看法，其中有一种观点认为，"人"只是马克思思想不成熟时期关注的问题，随着马克思思想的成熟和历史唯物主义的创立，马克思对"人"的关注就让位于对社会发展规律的关注了，如果过多地讨论马克思思想中"人"的问题，就有用不成熟的马克思取代成熟的马克思之嫌。

当前，在深入理解科学发展观关于以人为本的思想内涵时，也出现一些概念分歧和理论观点的争论。比如，有一种观点认为，以人为本思想的提出标志着执政理念强调人的普遍价值、人的类价值，并作为执政理念的理论基础。除此之外，不乏不同的理解方式，还有人从马克思的早期著作的一些表述来论证自己的观点。这些都涉及准确地理解科学发展观中以人为本的思想。为了准确、科学地理解以人为本思想的科学内涵，必须有辩证的思维和历史的思维，也必须从马克思人的本质思想的根本精神出发。如果离开马克思关于人的本质思想的历史发展，就会割断马克思一以贯之的精神实质，就会出现用马克思的这一观点否定马克思另一观点的情况。

马克思并不是天生的唯物主义者，更不是天生的历史唯物主义者，马克思的思想有一个形成、发展的过程。在这一过程中，"人"的问题，尤其是关于"人的本质"问题，不仅是马克思关注的一个重要问题，更是马克思历史唯物主义的立足点和出发点，离开了"人的本质"问题，就无法完整地理解马克思的历史唯物主义。

马克思"人的本质"思想的形成经历了一个过程，这一过程同他思想的发展过程是一致的，经历了从信奉黑格尔、用黑格尔的范畴来表达自己人的本质思想到信奉费尔巴哈、用费尔巴哈的范畴表达自己人的本质思想，再到形成自己唯物史观思想、用唯物史观范畴表达自己人的本质思想的过程。

一　马克思用黑格尔的范畴表达自己人的本质思想的时期

黑格尔哲学的核心是绝对精神，黑格尔哲学体系就是由绝对精神的不同发展形态——"逻辑学"、"自然哲学"和"精神哲学"——组成的。精神哲学是黑格尔哲学体系的最后一部分，也是黑格尔最为关注的一部分，因为绝对精神的主角是人，人是高于自然界、高于动物的，而人高于自然界和动物之处就在于，人本质上是一个能够"思考自己"，即具有"自我意识"的精神实体。

马克思在大学时期接受了黑格尔人的本质是自我意识的观点，马克思不仅积极参加青年黑格尔运动，而且在黑格尔"自我意识"的指导下完成了他的博士论文——《德谟克利特的自然哲学与伊壁鸠鲁的自然哲学的差别》。德谟克利特和伊壁鸠鲁都承认原子运动，但伊壁鸠鲁在德谟克利特"原子直线式下落"理论的基础上，提出了"原子偏斜"理论：原子除了直线式的下落外，还有脱离直线的偏斜运动。在《博士论文》中，马克思之所以推崇伊壁鸠鲁而批评德谟克利特，是因为德谟克利特的"原子直线下落"将"直线"视为必然，视为命定，没有给马克思所推崇的"自我意识"留下空间，而伊壁鸠鲁的"偏斜说"则否定了必然性，为自我意识的独立性和自由性提供了可能："被某些人当作万物主宰的必然性，并不存在，无宁说有些事物是偶然的，另一些事物则取决于我们的任意性。"① 为此，马克思高度赞扬伊壁鸠鲁，甚至认为"在伊壁鸠鲁那里，包含种种矛盾的原子论作为自我意识的自然科学业已实现和完成"②。

《博士论文》虽是在"自我意识"主导下完成的，但马克思对黑格尔并不是完全照搬，对青年黑格尔派也不是亦步亦趋。黑格尔试图调和自我

---

① 《马克思恩格斯全集》第 1 卷，人民出版社 2002 年版，第 25、26 页。
② 同上书，第 64 页。

意识和现实的关系，青年黑格尔派则把自我意识凌驾于现实之上，而马克思更多地关注自我意识与现实的相互作用，主张“世界的哲学化就是哲学的世界化”。但就整体而言，在人的本质问题上，此时的马克思还主要使用黑格尔的范畴来表达自己的思想。

二 马克思用费尔巴哈的范畴表达
自己人的本质思想的时期

大学毕业后，马克思到《莱茵报》工作，主要从事政论文的写作。由于工作的关系，马克思开始接触较多的社会现实问题，并第一次遇到了要对所谓物质利益发表意见的难题。尽管马克思努力地用自己的知识来说明诸如出版自由、林木盗窃法等一系列问题，但以自我意识为工具的说明总无法让马克思感到满意。现实的苦恼使马克思开始怀疑黑格尔哲学，怀疑自我意识，同时也促使马克思转向唯物主义。但这时马克思所转向的还不是历史唯物主义，而是费尔巴哈的人本学唯物主义。

费尔巴哈是伟大的唯物主义者，他将人及人生活于其中的自然界作为自己哲学的对象，宣布自己的哲学就是关于人的哲学，并将其称之为人本学。费尔巴哈的人本学重新恢复了唯物主义的权威，对正在寻找突破的马克思而言，无疑是甘露降临，马克思顺理成章地“成为费尔巴哈派了”。

费尔巴哈用人本学考察宗教，认为宗教不过是人的本质的异化。那么，人的本质是什么呢？费尔巴哈认为，孤立的、个别的人不具备人的本质，“人的本质只是包含在团体之中，包含在人与人的统一之中”①，而“包含在人与人的统一之中”的人的本质“就是理性、意志、心”，“一个完善的人，必定具备思维力、意志力和心力。……理性、爱、意志力，这就是完善性，这就是最高的力，这就是作为人的绝对本质，就是人生存的目的”②。这时，马克思转向费尔巴哈，用费尔巴哈批判黑格尔，开始了用费尔巴哈的范畴表达自己人的本质思想的时期。

---

① ［德］费尔巴哈：《费尔巴哈哲学著作选集》（上卷），荣震华等译，三联书店1959年版，第185页。

② 同上书，第28页。

1. 《黑格尔法哲学批判》及《〈黑格尔法哲学批判〉导言》时期，马克思"人的本质"思想的特点——用费尔巴哈人本学范畴批判黑格尔。

《黑格尔法哲学批判》是马克思批判黑格尔的开始，而批判的方式就是费尔巴哈的主客体关系"再次颠倒"法："我们只要经常将宾词当作主词，将主体当作客体和原则，就是说，只要将思辨哲学颠倒过来，就能得到毫无掩饰的、纯粹的、显明的真理。"① 在市民社会与国家关系问题上，马克思认为黑格尔国家决定市民社会的观点不过是思辨思维"头脚倒置"的结果，黑格尔"把这些谓语变成某种独立的东西，然后以神秘的方式把这些谓语变成这些谓语的主体"，而马克思所作的，就是将黑格尔颠倒的东西再次颠倒过来："家庭和市民社会都是国家的前提，它们才是真正活动着的"②，不是国家决定市民社会，而是市民社会决定国家；在人民与国家制度关系问题上，就像"不是宗教创造人，而是人创造宗教一样"，"不是国家制度创造人民，而是人民创造国家制度"③。《黑格尔法哲学批判》是马克思用费尔巴哈的方式对黑格尔进行批判的，《〈黑格尔法哲学批判〉导言》则是在费尔巴哈方式的基础上，更多地阐明了马克思这一时期对人的本质的看法。

马克思批判黑格尔受到费尔巴哈的启发，但马克思并没有停留于费尔巴哈，如同对黑格尔一样，马克思在受费尔巴哈影响的同时总是努力地超越他。在《〈黑格尔法哲学批判〉导言》中，马克思在肯定费尔巴哈宗教批判意义的同时，指出费尔巴哈提出的"是人创造了宗教，而不是宗教创造了人"观点，只完成了对宗教本身的批判，因其没有揭露产生宗教的原因，就不可能彻底批判宗教。马克思则在费尔巴哈的基础上，从人的社会性入手寻找宗教产生的根源，将对宗教的批判和对尘世的批判结合起来："人不是抽象的蛰居于世界之外的存在物。人就是人的世界，就是国家，社会。"④ "人的自我异化的神圣形象被揭穿以后，揭露具有非神圣形象的自我异化，就成了为历史服务的哲学的迫切任务。于是，对天国的批

---

① [德] 费尔巴哈：《费尔巴哈哲学著作选集》（上卷），荣震华等译，三联书店1959年版，第28页。

② 《马克思恩格斯全集》第3卷，人民出版社1995年版，第10页。

③ 同上书，第40页。

④ 《马克思恩格斯选集》第1卷，人民出版社1995年版，第1页。

判变成对尘世的批判，对宗教的批判变成对法的批判，对神学的批判变成
对政治的批判。"① 马克思更进一步指出了德国"置现实的人于不顾"的
思辨哲学产生的根源，是德国国家"本身置现实的人于不顾，或者只凭
虚构的方式满足整个的人"② 的现实。在超越费尔巴哈时，马克思自己的
"人的本质"观点——"现实的人"已开始显现，"现实的人"一旦出
现，哪怕只是一点端倪，就必然同费尔巴哈抽象的人发生冲突。

　　虽然"现实的人"已露出端倪，但这一时期，由于受制于这一时期
马克思思想的整体水平，马克思还在大量借用费尔巴哈的范畴表达自己的
思想，造成马克思自己思想同费尔巴哈思想的交织。马克思虽然提出了市
民社会决定国家的思想，但马克思认为市民社会的成员，即"市民"并
不是完善的人，因为他们还不"在自己的类存在中"，还不在"人的存在
中活动"；马克思虽然已开始使用"实践"概念，但"实践"的目的却是
将德国提高到"人的高度"，而"人的根本就是人本身"；马克思批判宗
教，但最终将对宗教的批判"归结为人是人的最高本质这样一个学说"；
马克思提出了无产阶级及其历史使命的问题，但马克思认为无产阶级的存
在，是"人的完全丧失"的结果，所以，无产阶级"只有通过人的完全
回复才能恢复自己"，无产阶级"唯一实际可能的解放是以宣布人是人的
最高本质这个理论为立足点的解放"。③

　　2.《1844 年经济学哲学手稿》时期，马克思"人的本质"思想的特
点——在继续借用费尔巴哈旧范畴表达自己的同时，努力寻找新范畴。

　　《莱茵报》时期遇到的要对所谓物质利益发表意见的难题，推动
马克思重新研究黑格尔法哲学，马克思在研究中发现不是国家决定市
民社会，而是市民社会决定国家。但是，市民社会又是由什么决定
的？这是摆在马克思面前必须解决的问题。迁居巴黎后，随着对政治
经济学的深入研究，马克思认识到"对市民社会的解剖"不应到观念
中去寻找，而"应该到政治经济学中去寻求"。④ 马克思在政治经济
学中寻找得到的理论成果，就是《1844 年经济学哲学手稿》（以下简

---

①　《马克思恩格斯选集》第 1 卷，人民出版社 1995 年版，第 2 页。

②　同上书，第 9 页。

③　同上书，第 16 页。

④　《马克思恩格斯选集》第 2 卷，人民出版社 1995 年版，第 32 页。

称《手稿》)。

马克思新的理论成果和费尔巴哈依然巨大的影响力,使得《手稿》具有自己明显的特点,马克思在继续借用费尔巴哈范畴表达自己思想的同时,也在努力寻找新范畴以表达自己有别于费尔巴哈的思想。

《手稿》中,马克思虽然仍然使用人是"类存在物"的提法,但已赋予它以新的含义:人之所以是"类存在物",并不是因为人共有的自然属性,而是因为人所从事的生产劳动,是生产劳动将人与动物区分开来,是生产劳动规定了人所以为人的本质。这时,马克思已经认识到了费尔巴哈的人本学实质只是解决了"人是自然的一部分"的问题,在"人是自然的一部分"的基础上,马克思发现了人超出自然、与动物不同的部分,这就是人的劳动。

马克思虽然也讲异化,但此时,马克思的异化已不再停留在人的本质的异化上,而是更多地谈论"劳动异化""异化劳动",将异化从思想领域引入到现实领域,大大地突破了费尔巴哈。

马克思已开始从实践的角度谈论人及人的本质。马克思虽仍承认人的类本质,但认为人的族类特征就是自由的自觉活动,"一个种的全部特性、种的类特性就在于生命活动的性质,而人的类特性恰恰就是自由的有意识的活动","有意识的生命活动把人同动物的生命活动直接区别开来。正是由于这一点,人才是类存在物","通过实践创造对象世界,改造无机界,人证明自己是有意识的类存在物,就是说是这样一种存在物,它把类看作自己的本质,或者说把自身看作类存在物","正是在改造对象世界中,人才真正地证明自己是类存在物"。①

三 马克思逐步走向唯物史观,走向用"现实的人" 表达"人的本质"思想的过程

《手稿》后,随着研究的深入,马克思思想开始逐渐步入唯物史观阶段。马克思也开始了用新的范畴表达自己"人的本质"思想的尝试,并最终找到了"现实的人"这一唯物史观的新范畴。

---

① 《马克思恩格斯选集》第 1 卷,人民出版社 1995 年版,第 46、47 页。

　　1.《神圣家族》时期，马克思开始用新范畴表达唯物史观萌芽的同时，也开始了用新范畴表达人的本质思想的尝试。

　　《神圣家族》的中心议题是批判青年黑格尔派的唯心主义思辨哲学，而批判的武器，除了费尔巴哈的人本学外，更重要的是马克思和恩格斯开始形成的新思想。

　　《神圣家族》尚没有完全摆脱费尔巴哈的影响，依然保留有费尔巴哈人本学的痕迹，马克思和恩格斯还在借用费尔巴哈人本学的范畴分析现实。如马克思还承认天赋的本质，固有的天性；强调群众自我异化的实际后果；还用人的本质异化论来分析资本主义社会无产阶级和资产阶级的对立以及无产阶级的历史使命："有产阶级和无产阶级同是人的自我异化"[①]，在异化中，"有产阶级获得人的生存的外观，是被满足的"，而无产阶级得到的则是"非人的生存现实"；无产阶级反抗私有制是因为无产阶级所处的"达到了违反人性的顶点"的"现代社会的一切生活条件"，使无产阶级"完全丧失了合乎人性的外观"；等等。但在费尔巴哈人本学范畴的外壳下，同"现实的人"有关的一些重要观点在《神圣家族》中已表露出来。

　　《神圣家族》开始以"历史中行动的人"代替费尔巴哈抽象的人。《神圣家族》首次提出了历史是"人的活动"的观点："'历史'并不是把人当做达到自己目的的工具来利用的某种特殊的人格。历史不过是追求着自己目的的人的活动而已。"[②]

　　《神圣家族》已初步表露出群众创造历史的思想。"历史是人的活动"，而"人的活动"就是群众创造历史的活动，因为"思想根本不能实现什么东西。为了实现思想，就要有使用实践力量的人"，而使用实践力量的人，就是群众。群众是历史的创造者，因为"群众给历史规定了它的'任务'和它的'业务'"[③]。群众不仅是物质财富的创造者，而且是精神财富的创造者，"工人才创造一切，甚至就以他们的精神创造来说，也会使得整个批判感到羞愧"[④]。群众创造历史离不开一定的动力，这个

---

①　《马克思恩格斯全集》第2卷，人民出版社1965年版，第44页。

②　同上书，第118、119页。

③　同上书，第101页。

④　同上书，第22页。

动力就是利益，"思想一旦离开利益，就一定会使自己出丑"。革命要想得到群众的支持，就必须代表群众的利益。

《神圣家族》包含着几乎已经形成的无产阶级历史使命的观点。马克思认为，不管"目前某个无产者或者甚至整个无产阶级把什么看做自己的目的"，他们迟早会觉悟到并担负起摧毁资本主义制度的历史使命，"能够而且必须自己解放自己"，因为，无产阶级"不是白白地经受了劳动那种严酷的但是能把人锻炼成钢铁的教育的"。① 而无产阶级的解放，必须"消灭它本身的生活条件"、"消灭集中表现在它本身处境中的现代社会的一切违反人性的生活条件"、消灭"制约着它的对立面——私有制"。②

2. 《关于费尔巴哈的提纲》（以下简称《提纲》）时期，马克思"人的本质"新范畴的初步表达——"社会关系的总和"。

到了《提纲》时期，随着实践观的形成，马克思已开始用唯物史观的新范畴来表述自己的思想。马克思不仅将《〈黑格尔法哲学批判〉导言》、《手稿》、《神圣家族》等著作中已显露出的实践观点摆放在最明显的位置，而且将实践的观点贯穿于《提纲》的始终："社会生活在本质上是实践的。凡是把理论引向神秘主义的神秘东西，都能在人的实践中以及对这个实践的理解中得到合理的解决"、"哲学家们只是用不同的方式解释世界，问题在于改变世界"。③ 正是实践概念的提出，使得马克思第一次将自己的"人的本质"思想置于现实的基础之上，使得马克思"现实的人"真正成为现实。

依据实践的观点，马克思开始彻底清算自己从前的哲学信仰。《手稿》时期，马克思还赞扬费尔巴哈"创立了真正的唯物主义和实在的科学"，而在《提纲》中，马克思则明确批判费尔巴哈"人的本质"的抽象性，指出费尔巴哈"人"的单个性、孤立性，并第一次将费尔巴哈唯物主义归为"以前的唯物主义"的范畴，标志着马克思同费尔巴哈"人的本质"思想的彻底决裂。在批判费尔巴哈"人的本质"抽象性的基础上，

---

① 《马克思恩格斯全集》第2卷，人民出版社1965年版，第45页。

② 同上书，第44、45页。

③ 《马克思恩格斯选集》第1卷，人民出版社1995年版，第56、57页。

马克思提出了自己的"人的本质"思想:"人的本质不是单个人所固有的抽象物,在其现实性上,它是一切社会关系的总和。"①《手稿》时期,马克思提出了劳动是人的本质的观点,《提纲》中,马克思通过"社会关系总和",进一步深化了自己的"人的本质"思想。《提纲》在《手稿》用劳动将人同动物区分开来的基础上,进一步用"社会关系的总和"将人与人区分了开来,劳动是人的共性,而人与人之间的差异性(尤其是资本主义社会无产阶级和资产阶级的差异性)正是在人具有的劳动属性的基础上、由人与人之间所处的不同的"社会关系的总和"决定的。如果说劳动是人的初级本质(人同动物的区别)的话,"社会关系的总和"则是人的高级本质(人同人的区别)。

《提纲》的"社会关系的总和"就是"现实的人'的前提,它不仅是马克思表达人的本质思想的新范畴,也是马克思历史唯物主义的立脚点。马克思认为,新旧唯物主义的不同,首先在于立脚点的不同,"旧唯物主义的立脚点是市民社会,新唯物主义的立脚点则是人类社会或社会的人类"②。旧唯物主义因为缺乏实践的观念,"至多也只能达到对单个人和市民社会的直观"③,只能把社会看作独立的个人的集合体,而看不到存在于这些人之间的联系和关系,但这些联系和关系事实上却构成了人存在的实质,新唯物主义则不同,它所讲的人不是孤立的个人,而是现实的人,是处于一定社会关系之中的人,是人类社会或社会的人类。

3.《德意志意识形态》(以下简称《形态》)时期,马克思明确表达了唯物史观"人的本质"思想的新范畴——"现实的人"。

《提纲》是马克思为《形态》所写的提纲,《形态》则是《提纲》的进一步展开,在《形态》中,马克思和恩格斯将《提纲》中的"提纲式"的问题逐一展开,不但第一次表述了马克思新的历史观,而且使马克思"人的本质"思想更加具体化和立体化。具体来说《形态》在以下几方面对《提纲》中的观点进行了深化和扩展。

进一步批判费尔巴哈"人的本质"的抽象性。马克思认为费尔巴哈

---

① 《马克思恩格斯选集》第1卷,人民出版社1995年版,第56页。

② 同上书,第57页。

③ 同上。

的人是抽象的人，因为他所"设定的是'一般人'，而不是'现实的历史的人'"①，因为他"把人只看作是'感性对象'，而不是'感性活动'"，因为他"仍然停留在理论的领域内，没有从人们现有的社会联系，从那些使人们成为现在这种样子的周围生活条件来观察人们"，"他还从来没有看到现实存在着的、活动的人，而是停留于抽象的'人'"②。

进一步强调马克思唯物主义的前提和唯物史观"人的本质"的实质——"现实的人"。"现实的人"就是《提纲》所言的处于"社会关系总和"之中的人。在《形态》中，马克思多次讲到新唯物主义的前提，并一再强调这一前提的现实性："我们开始要谈的前提不是任意提出的，不是教条，而是一些只有在想象中才能撇开的现实前提。这是一些现实的个人"。我们"所说的个人不是他们自己或别人想象中的那种个人，而是现实中的个人。""我们的出发点是从事实际活动的人"、我们的前提是人，"但不是处在某种虚幻的离群索居和固定不变状态中的人，而是处在现实的、可以通过经验观察到的、在一定条件下进行的发展过程中的人。"③

进一步将"一切社会关系的总和"、"现实的人"具体化为一定的生产关系。《形态》对"社会关系的总和"、"现实的人"的论述，侧重于"社会关系总和"和"现实的人"中所包含的生产关系（以及与生产关系密切相关的生产方式）。在马克思看来，人之所以是现实的，就在于其处于一定的具体的社会关系之中，而诸多的社会关系并不是平行的，其中起决定作用的是生产关系，而生产关系的形成离不开生产："一当人开始生产自己的生活资料的时候，……人本身就开始把自己和动物区别开来。"④一个人是什么样子"这同他们的生产是一致的——既和他们生产什么一致，又和他们怎样生产一致。因而，个人是什么样的，这取决于他们进行生产的物质条件"⑤。"而生产本身又是以个人彼此之间的交往为前提的。这种交往的形式又是由生产决定的。"⑥ 所以，"现实的人"之所以现实，

---

① 《马克思恩格斯选集》第 1 卷，人民出版社 1995 年版，第 75 页。

② 同上书，第 77、78 页。

③ 同上书，第 66、67、71、73 页。

④ 同上书，第 67 页。

⑤ 同上书，第 68 页。

⑥ 同上。

是因为他"受自己的生产力和与之相适应的交往的一定发展——直到交往的最遥远的形态——所制约"①。

　　至此，通过艰苦的理论探索，马克思解决了困扰自己已久的"人的本质"问题，形成了自己独有的"人的本质"思想，"现实的人"不但使马克思历史唯物主义有了坚实的立足点，也使马克思历史唯物主义对人的关注同以往任何思想相比更具有真实性。马克思历史唯物主义的核心是历史发展的动力问题，历史发展的最终动力源于生产力与生产关系的矛盾运动，而生产力和生产关系恰恰离不开"现实的人"，马克思所言的生产力是处于一定社会关系（主要是生产关系）之中的"现实的人"所具有的生产力，马克思所言的生产关系是"现实的人"在生产过程中所结成的关系，"现实的人"是马克思生产力与生产关系矛盾运动的基础。马克思关注生产力与生产关系的矛盾运动同关注人、关注"人的本质"不是矛盾的，而是在"现实的人"的基础上的统一。

---

① 《马克思恩格斯选集》第 1 卷，人民出版社 1995 年版，第 72 页。

马克思"人的本质是社会关系总和"论断的方法论意义

社会历史过程是通过社会历史主体活动实现的。研究社会历史过程，必须研究社会历史主体的作用，把"现实的人"作为社会历史研究的出发点；把人的本质理解为社会关系的总和；深刻理解人的社会主体活动与社会发展客观规律的辩证关系；深刻理解人的本质、人的发展与社会共同体的性质及其进步的辩证关系。

一　人的现实原型是社会科学研究的真实出发点

1. "抽象的人"、"现实的人"——社会科学中两种方法取向

马克思主义的关于人的学说和理论，是在对前人特别是德国古典哲学的人学理论的批判继承中创立的。它不仅批判了黑格尔哲学基于唯心主义立场的"抽象的精神的人"，而且批判了费尔巴哈旧唯物主义视野中的"抽象的自然的人"。作为德国古典哲学的代表人物之一，黑格尔把人的本质归结为"自我意识"，人是非对象化的存在物。人类社会的历史也因此在黑格尔的理解中，成为了抽象的绝对精神的生产史。马克思深刻地批判了其唯心主义立场，指出："黑格尔把人变成自我意识的人，而不是把自我意识变成人的自我意识，变成现实的人即生活在现实的实物世界中并受这一世界制约的人的自我意识。黑格尔把世界头足倒置起来"。① 黑格尔虽然认为劳动是人的本质，但是仅局限于在思辨的王国里讨论"劳动"。他认为劳动不过是抽象的精神劳动，一切都是抽象精神劳动的产物

---

① 《马克思恩格斯全集》第 2 卷，人民出版社 1965 年版，第 245 页。

和结果。费尔巴哈否认黑格尔的"抽象精神的人"的理解,指出人区别于动物就在于人有"类"意识,人是"社会的人",是在自然关系的基础上被联系起来的社会群体。费尔巴哈从人和自然的关系中探索了人的本质,但是忽视了人的现实活动和社会关系,脱离了物质生产活动,其理论中的人只能是一般、抽象的人。马克思说,费尔巴哈把上帝的本质归结为人的本质,但却停留在对人的抽象研究上。马克思批判他仅仅把人作为感性直观的产物而不是感性活动,不了解实践的意义,所以也不了解现实的人。马克思说:"当思辨在其他一切场合谈到人的时候,它指的都不是具体的东西,而是抽象的东西,即观念、精神等。"①

马克思主义关于人的学说产生之前,传统的人学理论存在着种种困境,不能科学合理地理解人,一个重要的原因在于他们在哲学史上的唯心史观和形而上学的方法论。马克思主义坚持从社会生活本身出发理解人,认为人是处于社会关系之中的,研究人必须深入社会关系总和之中,现实的人是社会关系中的人,是历史的人、发展的人、社会的人。历史主体是活生生的、现实的人,人是一切历史的真正创造者。研究社会历史问题从哪里开始,在马克思主义以前一直没有得到科学的解决。他们从"现实的人"所构成的现实社会之外寻找研究社会历史的出发点,所以就不是从社会历史活动的主体活动说明社会的发展,不是从社会本身去揭示社会历史的发展规律。他们或者是以神学家的方式,用超自然的力量说明历史过程与人类进步;或者从神秘的绝对精神出发,或者从人们的思想动机出发说明社会历史发展,因而其社会科学研究的根本方法论是不科学的。

2. "现实的人"是社会历史研究的出发点

现实的人首先是有生命的个体,是有血有肉的、有丰富情感、有各种物质需求和精神需求的具体的个人。这种有着各种生活需求的具体的个人,是社会的构成要素,是社会的组成细胞。离开了这些无数的有生命的个体的各种现实需求,去谈论"人",就一定是抽象意义的人。

现实的人,还是处于一定现实的社会关系之中的人。现实的个体的人,为了满足自己的物质需要和精神需要,就需要与其他现实的个体彼此之间结成一定的关系。例如原始社会里人们的集群狩猎,近代社会里人们

---

① 《马克思恩格斯文集》第 1 卷,人民出版社 2009 年版,第 265 页。

的分工合作，现代社会里人们之间复杂的市场交换，都是社会关系的表现形式。单个的人是无法从事和满足他的社会生活的，离开了他所赖以存在的社会关系，他就无法生存；个人的生存状态也是与他所存在于其中的社会关系的形式是一致的。所以，理解一个人，就是理解它所存在的社会关系的特点和性质，如果离开一个人所存在于其中的社会关系去理解他、研究他，就是一种抽象的研究方法。在现实社会中，每一个人都生存在特定的社会关系的集合中，都承载着特定的社会关系。因此，要在现实社会中把人与人相互区别开来，不是抓住单个人与生俱来的固有的特性，也不是通过静态的、共时性的比较和归纳所抽象出来的所谓永恒不变的共同性，而是要深入到现实的社会关系中去，把握其社会关系的特征。

　　"现实的人"是历史的、发展的人。"现实的人"不是处在固定不变状态中的人，而是处于历史发展过程中的人，是处在现实的、可以通过经验观察到的、在一定条件下进行的发展过程中的人。现实的人之所以是"现实的"，是因为他首先有物质生活与精神生活需要，而实现这种需要的满足，突出地表现为人的实践活动的进行，尤其是生产劳动的实现。人的生产活动是具体的、现实的，人的本质也并不是确定不变的，而是在社会历史的进程中现实生成的。马克思把人的本质归结为人的社会存在，归结为人与人之间的社会关系，在马克思看来这里的"前提是人，但不是某种处在幻想的与世隔绝、离群索居状态的人，而是处在一定条件下进行的、现实的、可以通过经验观察到的发展过程中的人"①。

　　3. "现实的人"是不同社会科学研究中关于人的假说形成的现实原型

　　一般社会科学是由不同门类和不同学科组成的，任何一个具体的社会科学学科的研究对象实际上只是"现实的人"的一个方面的属性，或者一个因素，它们都具有抽象性的特点。例如有的经济学所定义的"人"是自利的"理性人"；有的社会学所定义的"人"是生而平等的"平等人"；有的政治学所定义的"人"是生而自由的"自由人"。其实，这些所谓的人的假说，只是从一定角度对现实的人的某种逻辑抽象，作为某特定学科的逻辑出发点是可以理解的。但是，它与"现实的人"的现实特点是有很大差别的，它只存在于思维的抽象王国。"现实的人"是这些属

————————

① 《马克思恩格斯全集》第3卷，人民出版社1956年版，第30页。

性和特点的具体集合，而且这些不同的属性和特点在不同的人身上以不同的方式，相互约束和相互补充地聚集在一起，共同地表现着某个人的综合性特点。例如经济学中"人是自利理性的人"观点，马克思在《1857—1858 年经济学手稿》里面评论亚当·斯密的观点时说：这个自利的人，在商品经济的情况下，每个人都为自己奋斗，客观上增进了社会的财富。马克思认为这种分析看到了自利性的一面，看见了这只"看不见的手"的一面。但另一方面，每个人为自己利益奋斗的时候，他一定要妨碍别人利益的实现，他一定要反对别人的利益实现，因此，整个社会是一切人反对一切人的战争，对于这个问题要看到它的两个方面。可是今天在一些经济学人那里，只是宣传亚当·斯密这个方面，而不讲马克思的另外一个方面。我们今天搞社会主义市场经济，恰恰是需要把马克思的这个观点拿出来，既要看到每个人为自己利益奋斗，增值社会福利的作用，同时也要看到另外一个方面，一个人在为自己牟利的时候，他会可能影响别人的利益，甚至影响到社会的利益。因此从现实的人研究社会历史，而不是把某一个学科抽象出来的理论模型当成现实的人本身，才是科学的研究视角和方法。

二　从社会关系总和看人的本质

长期以来，人的本质问题是哲学和社会科学纠缠不清的一个问题。马克思主义产生以前，对人的本质问题的探讨已经进行了几千年。归纳起来主要形成了以下三种观点。一是先天人性论，把人的本质看成是生来具有，先天形成的；二是自然人性论，片面强调人的自然属性决定人的本性；三是抽象人性论，超阶级、超历史、超社会条件，抽象地谈论人的本质的共同性和永恒性。这些观点都没有科学地说明人的本质。马克思在《关于费尔巴哈的提纲》中指出："人的本质不是单个人所固有的抽象物，在其现实性上，它是一切社会关系的总和。"[①] 该论断才对人的本质作了科学说明，为如何正确研究人，提供了科学的社会研究方法论。

1. 人是自然属性与社会属性的统一体

自然属性只是人的本质的自然物质载体，不是人的本质的内容。人的

---

① 《马克思恩格斯选集》第 1 卷，人民出版社 1995 年版，第 56 页。

自然属性表现的只是人与动物的共同性。恩格斯说:"人来源于动物界这一事实已经决定人永远不能完全摆脱兽性,所以问题永远只能在于摆脱得多些或少些,在于兽性或人性的程度上的差异。"① 人的自然属性表示人与动物界的共同性或共通性,社会性则表示人与动物界的区别性、差异性。历史上形形色色的人性论者,大部分以人与动物区别为基点,往往把人的某一方面的共性特点抽象化、绝对化,以此来探讨人的主体行为选择与社会发展的关系。马克思在人与动物区别的基础上,揭示了人的本质的社会性基因,把人的本质理解为社会关系的总和,为社会科学的研究奠定了科学的方法论基础。马克思对人的理解集中表现为下列几点。第一,承认现实的人既受社会环境制约,又有自我意识的创造性,反对把人绝对化为思辨中存在的精神实体、抽象实体、绝对实体,或者是感性直观的、生物学意义上的人;第二,承认现实的人的生成的实践基础和面向未来创造性预设,反对把一种先验的(遗传)、前定的形而上学本性确定为人的本性,并形成人性公理作为某种思想体系建构的前提和出发点;第三,承认现实人是具有物质和精神、自然和社会、理性与非理性、思想与行为的统一体,反对把人理解为仅具有某种单一本质的存在物;第四,从人的存在现实性出发,承认人的本质的历史生成性和社会关系总和的规定性,反对使人成为脱离物质生产活动和社会关系的孤立的人,坚持从人所形成的社会关系中理解人、研究人。

　　2. 社会关系的复杂性和人的存在的复杂性

　　社会是由人构成的,每一个现实的人都是组成社会大系统的基本要素。随着人类实践活动的深入和扩展,形成了复杂多样、多种层次的社会关系。人要生存必须依赖一定的社会关系,而规定人的本质的社会关系不是单一的,而是人所具有的多方面的关系的总和,每一个社会历史阶段的各种社会关系,构成了社会系统。社会系统实际上是一个极其复杂的网络系统,包括多方面的关系的总和,其中主要有社会经济关系、政治法律关系、思想文化关系、伦理道德关系,以及血缘关系、业缘关系、地缘关系等。不同的社会关系之间不是杂乱的堆积,而是有其内在的秩序性和规律性,各种社会关系之间存在着决定、从属、包含以及相互影响和相互制约

---

① 《马克思恩格斯选集》第 3 卷,人民出版社 1995 年版,第 442 页。

的特性。人的本质就是这一切社会关系的集中体现，是复杂的社会关系之网上的一个纽结。但是这并不意味着各种社会关系对人的本质的影响具有同等的意义，处在不同层次上的社会关系对人的本质的影响的深度和广度是不同的。一般说来，经济关系的性质决定着整个社会关系系统以及其他个别社会关系的性质。另外，每一个人的存在必然涉及不同的社会关系，其中有一些社会关系对每一个人来说是共同的，比如经济关系、法律关系、政治关系，但有些社会关系却因为主体的成长环境、教育背景等有所差异，比如地缘关系、业缘关系、血缘关系等。因此，要真正认识人的本质，就应该从人所具有的多种社会关系中去考察，从人类社会发展的历史进程中去挖掘，才能准确认识和把握人的本质。

3. 人的社会关系是不断变化的，因此人的本质也不是凝固不变的

马克思主义认为，人是处在具体的历史进程中的人，社会历史发展、变化、前进的特征，决定了要对人的本质做动态的分析和理解。人是劳动的产物，社会的物质生产活动是人存在的基本前提和保障，人的劳动方式和劳动水平是处于动态的变化过程中的，因此人们之间以劳动为基础所结成的社会关系也是变化发展的，不同的社会历史条件下人们的社会关系是有所区别的，所以，现实的人的本质也是随着社会关系的变化而变化的。要揭示人的本质，就必须把人放在具体的历史条件和社会关系中去考察。从人类社会发展史来看，"现实的人"有其过去式、现在式，当然还有未来式，在每一个具体的社会历史时期，人们之间又存在着教育背景、知识结构、生活方式、情感交流、社会交往等差异性。因此，人的本质是历史的范畴，不是孤立的、片面的、僵死的、静止的。人不能离开社会关系而存在，现实的社会关系决定并制约着人的本质，每一个时代的人的本质都反映了当时代的社会关系。现实的人，他们的存在方式和生存方式必定受制于具体历史条件，特别是物质生产方式的制约，他们都是他所处的那个时代社会关系的产物，又是新的社会关系的主体和创造者。①

4. 马克思的人的本质理论科学地解决了社会科学方法论上的整体主义和原子主义的争论

马克思的人的本质理论科学地解决了社会科学方法论上的整体主义和

---

① 金建萍：《"现实的人"：马克思人的本质理论的逻辑基石》，《理论月刊》2011 年第 8 期。

原子主义的争论。在对于社会的研究上，历史上就存在整体主义方法论与个体主义方法论的分歧。原子主义的方法论认为，只有一个一个的个体才是真实的存在，而作为总体意义的社会，除去作为个体的集合的意义之外，是不可捉摸的。最为合乎逻辑的理解是社会是由真实的个体之间通过某种方式达成的协议所形成的。原子主义方法论的理论成果就是社会契约论，从古代的伊壁鸠鲁，到近代的霍布斯、洛克再到卢梭的社会契约论理论，都是建立在原子主义方法论的基础之上的。整体主义的方法论认为，社会分析的基本对象不是个体或个体现象，而是整体现象。法国社会学家迪尔凯姆是最典型的整体主义者，他的"社会事实"的概念，是指称具有整体性质的社会现象。他说："集合体和个人这两种现象通常具有不同的状况。……个人的思想存在于个人之中，集体的思想存在于集体之中，它独立于个人而发生作用。"① 整体主义方法论最大的特点是离开社会中的具体的个人，强调整体的意义和作用。马克思主义的社会研究方法论，从现实的人出发，发现现实的人的社会关系是社会的基本内容，现实的个人和他所组成的社会是一致的，既克服了离开个人的抽象的整体主义，又克服了离开社会关系的生物学意义上的个体特征的原子主义局限，还汲取了两者各自的合理成分，使社会科学研究方法论奠定在科学的基础上。

三　社会共同体是人的社会关系的表现形式

1. 社会共同体是人存在的基本前提

马克思关于人的本质思想不仅是如何研究人的方法论的理论基础，也是科学地认识社会共同体，以及人的解放与发展等问题的方法论思想。马克思主义认为，人是个人与社会的统一体，人与其所存在的社会，是互相构成和不可分割的。人只有在社会之中和通过社会才能存在和发展。同时，社会的发展状态也为人的进一步发展提供了条件。因此，从人的本质理论出发，认识社会的特征，是社会主体研究的一个重要内容。

社会共同体是人的社会关系的重要表现。人的社会性通过人们所组成

---

① ［法］迪尔凯姆：《社会学研究方法论》，胡伟译，华夏出版社1988年版，第7、8页。

的社会共同体表现出来。一定的社会共同体体现了人的特定的社会关系的性质和内容。人们所发生的社会关系不同，形成的社会共同体也就不同。社会共同体，就是指由若干社会个人、群体和组织在社会互动的基础上，依据一定的方式和社会规范结合而成的一个生活上相互关联的集合体，其成员之间具有共同的价值取向和生活方式，共同的利益和需求，以及强烈的认同意识。一个人生活在什么样的社会共同体中，他就会成为什么样的人，社会共同体的性质会在他身上打下深深的烙印。

社会共同体同一定的社会生产方式相联系。社会共同体的特征和形式受着社会生产方式发展状况的影响和制约。原始共同体是人的社会共同体的第一个形式，接着形成初级共同体即家庭，再接着是家庭联盟。随着生产力的发展，各种其他的社会共同体也随之形成和发展。人们所依赖的社会关系不同，就会形成各种各样的社会共同体。在阶级社会中，人总是一定经济关系和一定物质利益的承担者，个人总是隶属于一定的阶级，个人不能脱离阶级而存在。所以阶级关系是形成社会共同体的重要条件。阶级、民族和国家是最重要的社会共同体。

社会共同体的是人的存在和发展的必要条件。社会中的个人总是从属于一定的社会共同体。人的社会性决定了人只有在社会共同体中才能实现人的发展。只有生活在社会共同体中，个人才能获得发展所需要的各种经济、政治、文化和社会条件。社会生活共同体具有经济性、社会化、心理支持与影响、社会控制和社会参与等多种功能。离开特定的社会共同体，人就会成为一个离群索居的人。只有在社会共同体中，个人才能获得发展的各种社会经济文化条件。个人的自由也是相对于一定的社会共同体而言的。个人自由存在于特定的社会共同体内，同时也受特定社会共同体的规范约束；脱离任何社会共同体的绝对自由是没有的。

社会共同体的产生和发展经历了一个发展变化的过程。社会共同体性质与人的发展要求的矛盾推动社会共同体的发展变迁。一定的社会共同体提供了人的发展的基本条件，但它也会约束和限制人的发展，这种矛盾推动社会共同体的创新、发展与变革。社会结构的演化、发展，就体现为社会共同体的性质和类型的前进性变化。随着社会分工体系的进一步发展，社会关系类型也不断增多，社会共同体的类型和数量的不断增加，社会组织结构的复杂性程度也不断提高。

2. 社会共同体具有不同的性质

人不能脱离特定的社会共同体而生活，但社会共同体却有"虚假共同体"与"真实共同体"的区别。"真实共同体"是指符合全体社会成员的根本利益，有利于实现全体社会成员自由、全面发展的社会形式；"虚假共同体"是指在阶级存在的社会里，某一阶级为自己本阶级的利益所建立的社会共同体。这种共同体，"对于被统治的阶级来说，它不仅是完全虚幻的共同体，而且是新的桎梏"①。马克思主义认为，虽然个人发展离不开社会共同体，但并不意味着所有的社会共同体都是促进个人实现自由和全面发展的条件。历史上迄今为止的很多社会共同体，都是虚假共同体。

马克思主义认为，不同的社会共同体对人的发展的影响是不同的。个体以何种方式结成共同体不是任意的，人们以何种方式结成社会共同体归根结底要由生产力的发达程度来决定。特定的社会共同体在不同生产力发展阶段上对人的发展的影响是不同的。在阶级存在的社会里所建立的社会共同体所具有虚假性就在于，某一阶级为自己的本阶级的利益而建立的共同体，却说成是代表全社会利益的共同体，它会限制甚至束缚个人创造性能力的发挥和发展。"真实共同体"符合了人的解放和自由，有利于社会生产力的发展，最终会使人摆脱阶级、国家、货币等形式的困扰，是实现人最终和全面发展的必由之路。

社会进步的总体趋势是社会共同体的虚假性逐步消除和真实性不断实现的过程。阶级社会的社会共同体，一般既有真实性的一面，又有虚假性的一面：其虚假性就在于，统治阶级为自己的本阶级利益建立的共同体，却把自身的利益说成是全社会的利益，它会限制甚至束缚劳动者阶级个体创造性能力的发挥和发展；其真实性在于，当它处于上升与发展时期，它代表了生产力发展要求，他所建立的生产关系相对于旧的生产关系来说是有生命力的，这是它的真实性的一面，但是随着其日益没落，最终转变成完全的"虚假共同体"。无产阶级所建立的社会主义国家，反映了以无产阶级为代表的最广大人民群众的根本利益，在虚假共同体走向真实共同体的历史进程中迈出了决定性的一步。共产主义社会则是全面体现社会共同体本质的社会。

---

① 《马克思恩格斯选集》第1卷，人民出版社1995年版，第119页。

四　分析社会共同体的性质及其关系是社会结构分析的重要方法

社会结构表现为不同社会共同体组成的复杂性体系。家庭、家族是社会共同体的早先形式，接下来以特殊利益为基础，以特殊生产方式和生活方式为基础的社会群体也就是社会共同体，不同社会共同体可以组成一个复杂结构的社会关系体系，形成一个复杂的社会结构。社会结构的复杂性分析要求引入社会共同体的视角。通过社会共同体之间利益关系的分析，可以确定社会共同体的性质、特点及其在社会结构体系中的地位。社会阶级和社会阶层是社会共同体的重要形式。在分析社会结构时要坚持阶级分析和阶层分析相结合的方法。阶级分析与阶层分析从根本上来说，是考察社会结构特点和性质的最基本的方法，也是社会发展动力学的分析方法。通过阶级和阶层法分析，可以明确人们的社会态度和政治倾向。

阶级分析的优势在于能够科学地揭示主要阶级之间的关系，对社会进行深层次的认知和解释。阶层分析主要是根据人们的收入水平、社会声望、社会地位等指标将社会成员进行归类。阶层分析的长处就在于能够以同一阶级为对象，深入分析阶级内部各个不同社会共同体之间的利益关系。阶层分析不仅注意研究生产关系对社会分化的影响，而且注意社会地位、收入水平、社会声望、教育程度、职业状况等因素对社会分化所产生的种种影响，这就使人们可以更全面、细致地认识整个社会结构，使人们可以更深刻地理解个体及群体的态度和行为。但是阶层分析是以收入水平等为主要分析要素，容易把同一收入水平但却属于不同阶级的人划归一类，忽视了人们的生产关系和经济关系，这样就会模糊人们的分析视野。所以，对于具有复杂性特点的社会结构来说，常常将阶级分析方法和阶层分析方法结合起来使用。阶级分析用于分析社会结构中的阶级结构，而阶层分析针对某一阶级进行细化分析；或者在阶层分析的框架下，对同一个收入阶层的人们进行阶级归属的分析，深刻认识社会的复杂性。所以，两种分析方法相辅相成，互为依托，形成一个完整有机的社会结构分析框架，有利于达到全面、深刻、细致的分析结论。

恩格斯《反杜林论》中的平等观及其意义

  《反杜林论》是恩格斯批判德国小资产阶级社会主义者 E. 杜林的一部论战性著作，在这部著作中，恩格斯对杜林所创造的"体系"，进行了彻底的批判。其中专设一章，以"道德和法。平等"为题，对杜林的平等观进行了深刻的批判。恩格斯的批判，首先是对杜林论证平等观的方法论原则进行批判，在指出杜林论证平等的先验主义本质的基础上，进一步揭露了杜林平等观的抽象实质。但恩格斯并没有停止于对杜林的批判，而是在以自己的见解反驳杜林见解的过程中，把"消极的批判"转变成了"积极的批判"，论战转变为马克思和恩格斯所主张的"辩证方法和共产主义世界观的比较连贯的阐述"①，深刻地阐述了马克思主义的平等观，也为我们提供了理解平等问题的马克思主义的方法论原则。

一　恩格斯对杜林研究平等问题的唯心主义先验论方法的批判

  为了阐述他的社会主义理论，杜林不但创造了一个涉及自然、人类社会、思维等诸多方面的庞大体系，而且还自称他所创造的体系在哲学、政治经济学和社会主义学说等方面作了真正的改革，这一科学体系是永恒的最后的终极真理。

  在论述平等问题时，杜林首先构造了一个社会平等模型作为其全部理论的出发点。这一社会平等模型是：社会是由两个意志完全平等的人组成

---

① 《马克思恩格斯选集》第 3 卷，人民出版社 1995 年版，第 347 页。

的。所谓意志完全平等，就是其中一个人不能向另一个人提出任何肯定性的要求。按照杜林的思想方法，社会至少应由两个人组成，因为一个人不成其为社会，三个人的社会关系模型有点复杂，而两个人是最简单的社会模型。但两个人的社会模型并不等于社会平等模型，于是杜林给这个简单的社会模型加上一个"平等"的规定性：平等的两个人是"其中一个人不能向另一个人提出任何肯定性的要求"。有了这个"平等"的规定性，杜林就得到一个社会平等模型，他的关于社会平等的讨论就是从这个最简单的社会平等模型出发的。第一步，先把研究对象分解为"最简单的要素"；第二步，再把简单的"公理"应用于这些"要素"；第三步，由此得出杜林自己的结论；第四步，宣布这一结论是"永恒的真理"。杜林正是运用这一方法研究平等问题的。在研究平等问题时，他首先把两个抽象的人作为社会的"简单要素"；然后把两个人的意志"完全平等"当作"公理"运用于"两个人"身上；再据此推出他的人与人"完全平等"的平等观，并宣布这一发现是永恒真理。

恩格斯对杜林平等观的批判，首先就是对其研究平等问题的方法论的批判。方法论不对，研究结论肯定有问题。在《反杜林论》的"道德和法。平等"这一章的一开始，恩格斯就开宗明义地指出，杜林的研究方法就是一种先验主义的方法。杜林的研究，总是"把每一类认识对象分解成它们的所谓最简单的要素，把同样简单的所谓不言而喻的公理应用于这些要素，然后再进一步运用这样得出的结论"①。这种方法，不是从"现实本身推论出现实，而是从观念推论出现实"，"不是从对象本身去认识某一对象的特性，而是从对象的概念中逻辑地推论出这些特性。首先，从对象构成对象的概念；然后颠倒过来，用对象的映象即概念去衡量对象"，"这时，不是概念应当和对象相适应，而是对象应当和概念相适应了"，②使用这种先验主义的方法研究平等问题，就只能得出唯心主义的结论。恩格斯对杜林先验主义方法论的批判，并不只是仅仅指出其方法的唯心性，而是在此基础上，进一步揭示了构成杜林先验主义方法论的材料的性质。恩格斯说这些材料主要有以下两种："第一，是在那些被当作基础

①　《马克思恩格斯选集》第 3 卷，人民出版社 1995 年版，第 436 页。
②　同上书，第 437 页。

的抽象中可能存在的现实内容的一点点残余，第二，是我们这位玄想家从他自己的意识中再次带入的内容。"①恩格斯在这里进一步揭露：第一，即使杜林关于社会至少是由两个人组成是可以理解的话，这两个人的模型丢掉了现实社会生活最丰富的内容，只是抓住了现实社会生活的丰富内容的一点点残余信息，不能作为说明现实社会的基础；第二，即使作为这种社会生活残余信息的简单模型，也不能说明社会平等问题，所以杜林不得不把自己头脑中已有的关于平等的观念嫁接到这个社会模型中去构成社会平等模型。

二　恩格斯揭露了杜林平等观的抽象实质

杜林从"简单要素"和"公理"出发，认为社会的最简单的要素就是两个人，"两个人的意志，就其本身而言，是彼此完全平等的，而且一方不能一开始就向另一方提出任何肯定的要求"。因此，"道德上的正义的基本形式就被表述出来了"。② 在恩格斯看来，杜林的平等观就是一种抽象的平等观，这种抽象的平等在现实生活中是根本无法存在的。

1. 揭露了杜林的平等观的"两个人"模型的虚假性

杜林认为，两个人的意志是完全平等的，这是"公理"。恩格斯评价道，"两个人或两个人的意志就其本身而言是彼此完全平等的——这不仅不是公理，而且甚至是过度的夸张。"③ 因为从最简单的生活经验看，现实生活中人与人之间的差别是非常明显的，根本不可能有彼此完全的平等。首先，两个人可能有男女之别，在性别上不平等；其次，我们可以假定这两个人性别平等，比如是两个男人，但这样的话，由于两个男人无法承担繁衍后代的任务，社会一开始就注定要灭亡；最后，我们还可以再进一步假设这两个男人是两个家长，但这只能证明家长的平等，并不能证明人的平等，而且因为没有考虑到女性，就意味着男女的不平等。所以，从最简单的生活经验就可以推出杜林平等观存在的问题。

---

① 《马克思恩格斯选集》第 3 卷，人民出版社 1995 年版，第 437 页。
② 同上书，第 438 页。
③ 同上。

2. 揭露了杜林平等观所赖以存在的基础——"两个人"——不过是对 18 世纪观点的抄袭

杜林的平等观所赖以生存的基础,就是杜林"创造"的意志完全平等的"两个人",但即便是这"两个人",其实也不是杜林先生的"创造",他们是 18 世纪的思想家所共有的。卢梭的政治学、亚当·斯密和大卫·李嘉图的经济学都已经出现过这两个人。只不过,按照"公理",他们得出了和杜林截然相反的结论。卢梭在他的《论人类的不平等的起源和基础》中,就是从"两个人"出发论述了不平等的起源。亚当·斯密和大卫·李嘉图的劳动价值说也是从两个平等的抽象的人——猎人和渔夫——出发的。看似平等的"两个人",一旦从事不同的行业、一旦相互交换自己的产品的时候就是不平等的。同时,在卢梭、亚当·斯密和大卫·李嘉图的理论里,"两个人"不过是充当说明的例子而已,而杜林则把"这种举例说明的方法提升为一切社会科学的基本方法和一切历史形态的尺度"①,他这样做,也许只是想把"关于事物和人的严格科学的观念"② 变得简单些,但这显然是不符合实际的,是做不到的。因为,"这两个人应当是这样的:他们摆脱了一切现实,摆脱了地球上发生的一切民族的、经济的、政治的和宗教的关系,摆脱了一切性别的和个人的特性,以致留在这两个人身上的除了人这个光秃秃的概念以外,再没有别的什么了"③。杜林所说的"两个人"是没有任何现实内容、无法在现实中生存的抽象的人。

3. 揭露了杜林平等观的自相矛盾

杜林只要把他的两个意志"完全平等"的公理运用到现实社会,就会立即陷入困境。为了摆脱这一困境,杜林不得不步步退却,指出平等观是有例外的。面对杜林的退却,恩格斯指出,退却的结果就是杜林不得不承认不平等的存在,而这恰恰暴露了杜林平等观内容上的自相矛盾。

杜林也发现他所谓的绝对平等观念是有例外的,对于这些例外,恩格斯认为是杜林从绝对平等观点立场上的退却。这种退却反映了杜林平等观上的自相矛盾。恩格斯揭露了杜林的平等观存在三大退却。退却之一:对

---

① 《马克思恩格斯选集》第 3 卷,人民出版社 1995 年版,第 439 页。

② 同上。

③ 同上。

缺乏自我规定的意志来说，平等是无效的。杜林以儿童为例，儿童"是一个受压制的意志即一个不足的意志"，由于心智发展受限制的原因，儿童的自我意识和成人相比较明显不足，所以，在成人的世界里，对儿童而言，是无平等可言的；退却之二：人与人之间存在着"道德上的不平等"，一个人是有人性的人，另一个则带有兽性，平等在此就完结了；退却之三："如果一个人按照真理和科学行动，而另一个人按照某种迷信或偏见行动"，那么，"照例一定要发生相互争执"，在这种情况下，按科学行动的人就有权采取"暴力行动"，"暴力不仅仅是对付儿童和疯人的最后手段。人的整个自然集团和文明阶级的本性，能够使得对它们的由于本身荒谬而成为敌对性的愿望进行的压服，即促使这种愿望向共同联系手段的还原，成为不可避免的必要"①。平等化为乌有。所以，恩格斯指出，"两个意志的完全平等，只是在这两个意志什么愿望也没有的时候才存在；当它们不再是抽象的人的意志而转为现实的个人的意志，转为两个现实的人的意志的时候，平等就完结了"②。

三　论述了马克思主义的平等观

恩格斯批判了杜林抽象的平等理论，但是并没有否认平等观念的客观存在。平等观念不仅是一种客观存在着的社会意识，而且在近代社会历史中起着积极的进步作用，只是杜林对平等观念作了错误的理解。所以恩格斯说："虽然我们关于杜林先生对平等观念的浅薄而拙劣的论述已经谈完，但是我们对平等观念本身的论述并没有因此结束。"③ 与杜林的平等观不同，马克思主义的平等观是建立在唯物史观基础上的平等观。

1. 平等观是一个历史的范畴

平等观从来就是历史的，不同历史时期平等观的内容是不同的。恩格斯追溯历史发展的历程，分析了古代公社、古罗马奴隶社会时期、基督教中的平等观念以及中世纪封建社会时期中的情况。在古代公社中，最多只

---

① 《马克思恩格斯选集》第 3 卷，人民出版社 1995 年版，第 442 页。

② 同上书，第 443、444 页。

③ 同上书，第 444 页。

谈得上公社成员之间的平等，妇女、奴隶和外地人是被排除在平等之外的；在古希腊，希腊人和野蛮人、自由民和奴隶、公民和被保护民在政治地位上有着天壤之别；在罗马时期，也存在着自由民和奴隶的不平等；而基督教所谓的平等是承认一切人的原罪的平等和上帝选民的平等。所以，根本就没有抽象的、"一般人的平等"，平等都是有条件的。从原始的朴素平等观念——"一切人，作为人来说，都有某些共同点，在这些共同点所及的范围内，他们是平等的"①——到对国家和社会中的平等权利——"一切人，或至少是一个国家的一切公民，或一个社会的一切成员，都应当有平等的政治地位和社会地位"②——要经过而且确实也经过了几千年。

平等是具有丰富的社会历史内容的。在近代历史时期，资产阶级的平等要求是相对于封建特权提出的，并且是建立在资本主义生产方式的基础上的。

随着社会的发展，在封建的中世纪的内部产生了市民等级（资产阶级），市民等级是封建社会内部靠手工业生产和产品交换为生的特殊等级，15世纪海上新航路的发现，使市民等级所从事的贸易冲破了国与国之间的疆域甚至开始在洲与洲之间进行，为其开辟了一个新的更加广阔的活动场所，随着海上贸易不断发展，手工业无法满足日益增长的需求，"在最先进的国家的主要工业部门里，手工业为工场手工业代替了"③。但是，当时社会政治结构并没有随着社会经济生活条件的剧烈变革立即发生相应的改变。"当社会日益成为资产阶级社会的时候，国家制度仍然是封建的。"④ 在大规模的国际贸易中，平等成为社会生活正常进行必须具备的条件，但现实是，在"经济关系要求自由和平等权利的地方，政治制度却每一步都以行会束缚和各种特权同它对抗"⑤，"一切安排旨在满足或应该满足某些行业的要求。这些行业享有独家或联合垄断权，他们拼命维护自己的特权……城市当局不能始终控制局势，或早或晚，当局总得听任某些特殊行会确立特殊地位。这些行业财力雄厚或有权势作后援，他们享

---

① 《马克思恩格斯选集》第3卷，人民出版社1995年版，第444页。
② 同上。
③ 同上书，第446页。
④ 同上。
⑤ 同上书，第446、447页。

有的荣誉和占有的明显优势得到一致公认"①，经济基础和上层建筑的矛盾日益突出，平等成为时代最强的呼声。资产阶级的这种要求对整个社会产生了巨大影响，"社会的经济进步一旦把摆脱封建桎梏和通过消除封建不平等来确立权利平等的要求提上日程，这种要求就必定迅速地扩大其范围"②。自由和平等也很自然地被宣布为人权。但后来的发展表明，这个表面上的普遍人权实质上只是资产阶级的人权，表面上的人人自由平等也只是资产阶级的自由平等，这种平等是不包括无产阶级的。

2. 不平等的根源在于经济基础

从所谓"公理"出发，杜林认为平等是绝对的好事，不平等是绝对的坏事，不平等的原因在于暴力。"两个意志中一方不能向另一方提出任何肯定的要求。如果一方竟然这样做了，并以暴力来实现他的要求，那就产生了非正义的状态"。③ 恩格斯批判了杜林不平等起源于暴力的历史唯心主义观点，指出不平等并不是使用暴力的结果，而是随着私有制的出现而出现的。

在《反杜林论》的"政治经济学篇"的"暴力论"中，恩格斯集中批判了杜林的这一观点。在"道德和法。平等"一章中，恩格斯只是简要指出，两个有意志的人，无须暴力就会走向奴役和不平等。因为在现实中人的意志本身就是不平等的。从政治学说史的角度来看，卢梭在他的《论人间的不平等的起源和基础》一书中，就是排除了外来的暴力，仅从两个人出发，就推导出奴役和不平等的。人的生产能力不同，得到的剩余产品及数量也不同，私有制就是在这种差异中产生的。从纯粹的逻辑推理方面来看，假设有 A 与 B 两个人流落于一个荒岛之上，两个人的意志在形式上看来是完全平等的。但这两个人的意志在素质上存在着巨大的差别，就会形成不平等和奴役。就好比《鲁宾孙漂流记》中的鲁宾孙和星期五，没有暴力，两个人似乎自愿形成一种主仆关系，但形成这种主仆关系的实质是鲁宾孙所占有的现代的生产工具（火枪、生存技能等）。从历史史实的角度来看，在整个中世纪以及普鲁士在 1806 年和 1807 年战败

---

① ［法］费尔南·布罗代尔：《15 至 18 世纪的物质文明、经济和资本主义》，施康强等译，三联书店 1997 年版，第 447 页。

② 《马克思恩格斯选集》第 3 卷，人民出版社 1995 年版，第 447 页。

③ 同上书，第 439 页。

之后，刚刚废除农奴制时，都出现过农奴甘受奴役的现象。当时废除了依附农奴制，取消了领主照顾贫病老弱的依附农的义务，当时的农奴向国王请愿甘愿继续处于受奴役的地位，以换取自己在遭遇不测时，可以得到有农奴主的照顾的机会。由此可见，经济地位上的差异，决定了奴役和被奴役的地位，建立在经济不平等基础之上的意志平等是不可能的。只有摆脱了一切社会关系、一切性别和个人特征的、完全抽象的意志才是完全平等的，而拥有这样抽象的意志平等的人在现实中是不存在的。所以恩格斯说："两个人的模式既'适用'于不平等和奴役，也同样'适用'于平等和互助"①。只要存在经济上的不平等，就会产生意识上的从属观念。"暴力仅仅是手段，相反地，经济利益是目的"②，"暴力虽然可以改变占有状况，但是不能创造私有财产本身"③，私有财产是剩余劳动的结果，"鲁滨逊怎样能够从星期五的劳动中获得好处呢？这只是因为星期五以他的劳动所生产的生活资料，多于鲁滨逊为维持他的劳动能力而不得不给予他的东西。"④ "暴力本身的'本原的东西'是什么呢？是经济力量"⑤。"不是暴力支配经济状况，而是相反暴力被迫为经济状况服务。"⑥ 不平等的根源不是暴力，而是经济上的不平等，抹杀不平等产生的经济根源，就掩盖了剥削阶级对广大劳动人民奴役的实质。

3. 无产阶级的平等观及其本质

恩格斯认为，平等不仅是资产阶级的要求，也是无产阶级的要求。伴随着资产阶级的产生，它的影子无产阶级也相应地产生了，随着资产阶级平等要求的产生，也就有了无产阶级的平等要求。但这两种平等要求的内容是截然不同的，资产阶级的平等针对的是阶级特权，它要求消灭阶级特权，实现政治平等；无产阶级的平等要求针对的是阶级本身，要求消灭阶级，实现社会的、经济的平等。"无产阶级平等要求的实际内容都是消灭

① 《马克思恩格斯选集》第3卷，人民出版社1995年版，第440页。
② 同上书，第503页。
③ 同上书，第505页。
④ 同上书，第503页。
⑤ 同上书，第517页。
⑥ 同上书，第524页。

阶级的要求。任何超出这个范围的平等要求，都必然要流于荒谬。"①

　　无产阶级的平等要求，经历过以下两种形式：最初是宗教的形式。如16世纪德国农民起义中的托马斯·闵采尔派提出的平等要求。他借用早期基督教中建立公正、平等的理想社会的信条，要在人间建立没有阶级差别、没有私有财产的大同社会。另外一种形式是法国大革命时期巴贝夫提出的共产主义社会的平等要求，这种平等要求以资产阶级启蒙学说的平等理论为依据，指出平等不应该仅限于政治、国家领域中的平等，还应当延伸到更深层次的经济领域中，实现经济上的平等。自从法国无产阶级提出了社会的、经济的平等的要求后，平等不仅成为法国无产阶级的特有的战斗口号，而且也影响着后来各国无产阶级的革命运动。平等对无产阶级具有双重的意义，无产阶级的平等观既是"对明显的社会不平等，对富人和穷人之间、主人和奴隶之间、骄奢淫逸者和饥饿者之间的对立的自发反应"，同时也是"发动工人起来反对资本家的鼓动手段"。无产阶级从资产阶级的"平等要求中吸取了或多或少正当的、可以进一步发展的要求，成了用资本家本身的主张发动工人起来反对资本家的鼓动手段"，"在这种情况下，它是和资产阶级平等本身共存亡的"，"无产阶级的平等要求的实际内容都是消灭阶级的要求。"②

　　恩格斯于是得出结论："平等的观念，无论以资产阶级的形式出现，还是以无产阶级的形式出现，本身都是一种历史的产物，这一观念的形成，需要一定的历史条件，而这种历史条件本身又以长期的以往的历史为前提。所以，这样的平等观念说它是什么都行，就不能说是永恒的真理。"③ 平等不是永恒真理，平等是历史的产物，是和每一时代的生产力的发展紧密联系在一起的，"到现在为止的一切历史对立，都可以从人的劳动的这种相对不发展的生产率中得到说明"④。要想实现平等，就必须大力发展生产力，只有经济不断发展，才会带来更多的事实上的平等，这同样适用于当代中国。

---

① 《马克思恩格斯选集》第3卷，人民出版社1995年版，第448页。
② 同上。
③ 同上。
④ 同上书，第525页。

四 学习马克思主义平等观的现实意义

在当前各种思想文化处于交流、交融、交锋的大背景下，深刻理解恩格斯对杜林的先验主义研究方法的批判精神，深刻领会恩格斯所阐发的马克思主义的平等观，深刻领会恩格斯在分析平等问题时所体现的马克思主义的方法论思想，对于我们今天在改革开放的时代研究文化问题、价值问题，增强文化自信和文化自觉，具有重要的方法论指导意义。

1. 任何反映人类价值现象的思想命题都是历史的，不是什么永恒的"绝对真理"。对于某个历史时期的价值观念，不能抽掉它的历史条件，宣布为任何历史时期都成立的永恒真理。

2. 任何反映社会文化现象的思想命题都是有条件的。在阶级差别和阶层差异存在的社会里，人们的文化观念都根源于他们的经济基础和社会生活条件，离开人们的社会生活条件和经济基础，把某个特定范围的文化现象说成是所有社会成员的文化规范是缺乏事实基础和逻辑基础的。

3. 不能因为东西方社会都存在的一些价值现象就简单地断言存在所谓的"普世价值"。虽然我们在东西方文化交流中发现了一些共同认可的价值现象，但是我们也看到东西方在很多基本的价值观念上存在鲜明的差别和对立。所以，"普世价值"是一个含混不清的概念，它不能解释复杂的价值现象。它消解了价值现象的社会历史性、条件性、阶级性甚至民族性，抽掉了价值现象借以成立的条件，把东西方民族在有限条件下、在某种共同的交往方式中形成的价值现象，说成是无条件的"普世价值"，这不仅在理论上和逻辑上是错误的，而且在实践上是极其有害的。

资本与阶级理论研究

马克思资本主义精神思想及其当代价值

自从德国社会学家马克斯·韦伯从资本主义产生和发展的高度对资本主义精神进行分析以后，西方学者纷纷对资本主义精神进行了研究。其实早在韦伯等西方学者以前，马克思作为对资本主义进行"天才分析"、周详透彻地研究的第一人，对这一问题已经有所论及。马克思对资本主义的分析自始至终沿着以下两条路线演进：一是从经济事实层面对资本主义的经济规律进行的科学性分析，一是对这一经济过程的价值性的精神批判，二者相辅相成。因此，在马克思关于资本主义的分析中包含着丰富的资本主义精神思想。本文结合对《资本论》的分析，试对马克思的这一思想加以研究。这对当代构建社会主义市场经济精神具有重要价值。

一 马克思在何种意义上谈资本主义精神

我们说《资本论》是一部政治经济学著作，这无疑是正确的；说它含有丰富的经济伦理学思想，也无疑是正确的。那么，什么是马克思资本主义精神思想？马克思又是在何种意义上谈资本主义精神的？

首先来看第一个问题。在马克思关于资本主义的研究中，虽然没有明确提出资本主义精神这一概念，但不等于没有资本主义精神的分析和批判思想。国内学术界对马克思的资本主义精神思想主要从经济伦理学的角度进行研究，如章海山①、王小锡②、李志祥③等人所作的研究，他们普遍认

---

① 章海山：《经济伦理论—马克思主义经济伦理思想研究》，中山大学出版社，2001 年版，第 38 页。

② 王小锡：《简论马克思恩格斯的经济伦理观》，《伦理学研究》2002 年第 1 期。

③ 李志祥：《〈资本论〉也是一部经济伦理学著作》，《马克思主义研究》2001 年第 2 期。

为《资本论》既是一部经济学著作，也是一部经济伦理学著作。从经济伦理的角度对《资本论》加以分析，为我们理解资本主义精神提供了重要思想理论资源。然而，统观《资本论》以后就可以发现，在马克思那里，资本主义精神一方面是资本主义经济伦理的表现；另一方面又不能完全归结于经济伦理这一单一层面上，它是与经济伦理相区别相联系而存在的。资本主义精神是指生产、分配、交换、消费等经济过程和经济行为等所决定的主体的精神状况，是市场经济主体的思想意识、心理动机、道德伦理以及价值取向的抽象、综合表达。它集中反映了主体经济活动中的经营理念、动机、思维方式、行为准则等。在《资本论》中它是反映经济行为的一种特殊意识形式，本质上是经济行为在主体精神上的表现。

现在来看第二个问题，马克思在何种意义上谈资本主义精神。马克思在分析资本主义精神的时候，其实从三个层面上首先对市场经济精神进行了论述，这就是对一般商品经济社会的市场经济精神的分析、对资本主义精神的批判、对未来社会的展望。它们形成了一个贯穿于马克思市场经济分析的逻辑主线。

马克思首先对一般商品经济社会的市场经济精神进行了分析。在市场经济活动中，主体的经济活动与精神的关系本质上是实践—意识的关系。马克思认为资本主体精神是经济实践的反映，一定的经济精神只能是一定的生产方式的意识表现，他认为在一般商品经济社会，公平、正义、自由是题中应有之义。但这些又不是抽象的，马克思由早期的文本学批判转向后来的深入经济过程的分析，在《资本论》中自始至终透露出浓浓的人文关怀、对正义的追求和对和谐、文明的向往。

马克思对资本主义精神进行了批判。马克思认为，资本主义精神是资本主义生产方式的意识表现形式，一般商品社会追求的是使用价值，资本主义社会追求的是交换价值，因而主体就有着不同的精神动机和追求。马克思对资本主义生产过程中各种非人道、不道德现象，对资产阶级的经济伦理道德进行了批判，在两个小节的标题中分别使用了"贪欲"和"节欲论"等范畴，多次对资本家的精神动机进行分析。在"1833—1864年英国的工厂立法"和"资本原始积累"等四处具体论及资本精神。他还剖析了资本主义社会人的关系状况，如拜物教现象、人的异化等。

马克思对未来社会进行了展望。马克思认为，在未来社会里产生各种不道德、非人道的精神现象的基础已经不存在。伴随着社会物质财富的丰富，人的经济活动只是人的自由全面发展和未来"自由王国"的手段。人们对货币、资本的认识，经济主体的动机、道德伦理、思想意识将发生根本转变，人的精神世界将不再单一地以经济为核心，而变得全面和极大丰富。

可以看出，马克思正是在论述市场经济精神中对资本主义精神加以分析的，而且正是对资本主义精神的分析构成了总体分析的重要一环。

二　马克思资本主义精神的内涵

资本主义精神到底是指什么？归纳起来，马克思资本主义精神思想的内涵有四个方面，这就是资本主义精神表现为贪欲精神、剥削精神、利己精神和拜物教精神。

资本主义精神表现为占有剩余劳动的贪欲精神。马克思认为资本的积累来自贪欲。他指出，"在资本主义生产方式的历史初期，致富欲和贪欲作为绝对的欲望占统治地位"[①]，"对直接生产者的剥夺，是用最残酷无情的野蛮手段，在最下流、最龌龊、最卑鄙和最可恶的贪欲的驱使下完成的"[②]。此外，资本的生产来自贪欲。马克思把工场主和封建领主对剩余劳动的贪欲作了比较，封建主从剥削形式上、程度上、劳动界限上以及劳动立法等方面都无法和工场主相比。资本"不仅突破了工作日的道德极限，而且突破了工作日的纯粹身体的极限"[③]。马克思批评了西尼耳的"节欲论"。他指出，资本积累不是靠"在毗湿奴神前的现代赎罪者资本家的自我修行"和摆脱诱惑的殉道[④]。事实上，在资本主义社会，资本越是积累，资本家就越挥霍，挥霍甚至成了必不可少的道具。

资本主义精神表现为无情的剥削精神。工作日问题是资本主义经济过程和剩余价值生产过程中的核心问题，在《资本论》中占有极其重要的位置。因此，它也最能体现资本主义的剥削精神。1867 年 11 月 30 日马克思

---

① 马克思：《资本论》第 1 卷，人民出版社 2004 年版，第 658 页。
② 同上书，第 873 页。
③ 同上书，第 306 页。
④ 同上书，第 689 页。

在给库格曼的信中，建议库格曼夫人学习《资本论》第一卷，可以从第八章（即"工作日"一章）先开始。在这一章中，马克思运用了大量材料，用血和火的文字揭露资本家榨取工人血汗的残酷方法和制度，他还以花边业、陶器业、火柴业、壁纸业、面包业、铁路工人、女裁缝、铁匠等为例进行了具体分析。马克思在《资本论》中多次批判了资本家对童工、妇女的残酷压榨和使用，对资本的原始积累进行了揭露。他指出："1833 年到1864 年的英国工厂立法史，比任何东西都更能说明资本精神的特征！"①

　　资本主义精神表现为利己精神。在资本主义生产条件下，由于生产资料的私人占有，资本主体在这一经济活动中的基本精神表现是利己精神。首先，表现为企业家社会责任缺失，为个人利益不惜牺牲公众利益。马克思在谈到面包掺假时，引用了法国化学家舍伐利埃论商品掺假的文章，其中详细列举了糖、橄榄油、牛奶等 11 种商品的掺假方法，"甚至仁慈的上帝也不能逃脱这种命运"，就连圣物都是伪造的。② 其次，表现为资本家的价值取向。在资本家眼中只有金钱，为了自身利润可以不顾工人死活，各种矿难、生产事故不断。资本家的信条是："我死后哪怕洪水滔天！"最后，表现在市场关系中。在流通领域"使他们连在一起的并发生关系的惟一力量，是他们的利己心"③。利己精神也许是"英国资本灵魂深处的秘密"④。重要的是，资本主义由经济领域所形成的这种精神，在文化、社会生活等领域肆意蔓延，进而成为了资本主义的普遍的价值观。

　　资本主义精神表现为拜物教精神。在私有制的条件下，私人劳动只有通过抽象一般性的形式，才能变成社会劳动。而劳动的抽象一般性又必须通过劳动产品的交换才能表现出来，"但它在人们面前采取了物与物的关系的虚幻形式"⑤，这种幻觉类似于宗教世界的幻境，这就是商品的拜物教。马克思认为，商品拜物教的形成是由于生产商品的私人劳动所特有的社会性质，采取了价值、价值量、货币等特殊形式引起的。在拜物教社会中，由于人与人之间的关系是物的关系，往往"见物不见人"，拜金主

　　① 马克思：《资本论》第 1 卷，人民出版社 2004 年版，第 321 页。

　　② 同上书，第 289 页。

　　③ 同上书，第 204、205 页。

　　④ 同上书，第 693 页。

　　⑤ 同上书，第 90 页。

义、实用主义盛行，除了对金钱的追求外，人的精神空虚、信仰缺失，人
的关系状况恶化，并因此导致社会生活领域整体精神扭曲。

三　马克思资本主义精神的分析视角

分析研究《资本论》以后就可以发现，生产方式、资本逻辑、批判
意识、辩证方法、历史观点等是马克思分析资本主义精神的不同视角，马
克思由这些多维视角出发所作的分析构成了自己关于资本主义精神的思想
体系。

第一，资本主义精神决定于资本主义的生产方式。生产方式是马克思
研究资本主义精神的出发地。马克思从资本主义的生产活动出发，把社会
关系作为分析资本主义精神的核心。《资本论》所要研究的是"资本主义
生产方式以及和它相适应的生产关系和交换关系"，揭示的是资本主义经
济发展过程的内在构造和运行规律。资本主义精神是资本主义生产及其各
种社会关系的意识表现形式，因而，生产方式及其社会关系成了理解它的
钥匙。马克思批判了古典经济学家把资本主义经济活动看作是由个人利己
本性决定的错误观点，深刻阐明了资本家的意志是由资本主义生产方式决
定的这一本质。

第二，资本主义精神内涵于资本运行的逻辑之中。资本主义精神从本
质上是资本属性的逻辑展开和必然反映，资本主义市场经济条件下人们的
竞争、效率、民主、法制、平等、自由等思想观念和意识，是资本属性的
必然产物。只是在资本主义社会，资本家"只有在越来越多地占有抽象
财富成为他的活动的惟一动机时，他才作为资本家或作为人格化的、有意
志和意识的资本执行职能"①。在以资本运营为典型特征的社会，人的行
为动机、目的意图、道德表现、理念和行为都以市场为中心，以盈利为目
的展开。随着资本要素在越来越大的市场范围内重组，资本家有时也强调
道德伦理规范和社会责任，进行"理性"交易，似乎具有"利他性"，尽
管如此，《资本论》的分析表明，这只是无意识地增进了社会公共利益，
资本的逻辑始终未变，资本主义精神的实质未变。

---

① 马克思：《资本论》第1卷，人民出版社2004年版，第178页。

　　第三，资本主义精神呈现于经济过程和资本主义经济伦理中。超时工作、掺假、使用童工、矿难、尔虞我诈、破坏生态、社会责任缺失等是资本主义经济过程的普遍现象，而这一切又是由于资本家对剩余价值的追求引起的。资产阶级经济学家看不到这一点，所以只能寻找其它原因处处为资本家辩护。在《资本论》中，马克思满篇洋溢着批判精神，对这种经济过程的不人道进行了揭露，公然宣称自己的学说是为工人阶级服务的，是为了人的自由和解放的理论，具有鲜明的政治立场和价值取向。科学的分析、犀利的批判、鲜明的立场使《资本论》这部巨著更加具有了说服力。

　　第四，资本主义精神表现在资本主义的矛盾运动中。首先，资本自身发展与其主体精神表现之间存在着矛盾。资本促进了资本主义生产的巨大发展，但却是"用血和火的文字载入人类编年史的"[①]，资本主义一边是物质文明；另一边是道德、动机等精神上的虚伪、欺诈和野蛮。其次，资本主义文明自身的矛盾不断深化。在《资本论》中，可以发现资本主义文明自身矛盾演化的过程，就是由单一性矛盾和危机向综合性矛盾和危机发展，由经济危机所导致的"文明危机"引向社会文化领域，进而成为一种包括经济危机、社会危机、政治危机、生态文明危机、意识形态危机在内的综合性、普遍性的危机，最终由民族—国家范围的矛盾转化为整个资本主义社会的矛盾。最后，资本主义精神与生产方式的矛盾。高度发展的生产力与精神的狭隘性、扭曲性，这种文明的矛盾深化和合规律性的演进，预示着它终将被更高的精神文明形式所取代。

　　第五，资本主义精神消除并完成于未来社会的行进中。马克思认为资本主义精神是人类历史发展中的一个"特例"，取代它的是自由人的联合体。资本主义的灭亡和资本主义精神的消除是历史的必然。马克思在谈到商品拜物教的时候，曾认为在自由人联合体中，人们同他们的劳动和劳动产品的社会关系，无论在生产上还是分配上，都是简单明了的，因此，不存在商品拜物教。但这一过程是一个长期的历史过程，马克思认为它必须具备以下条件：其一，生产资料公有制；其二，实行计划经济；其三，一定的社会物质基础。这里必须强调指出，经典作家所设想的社会主义社会

[①]　马克思：《资本论》第 1 卷，人民出版社 2004 年版，第 822 页。

由于没有商品生产，因而不存在资本运营基础上的精神分析。在实行社会主义市场经济的今天，这恰恰是我们需要思考的问题。

四　马克思资本主义精神批判思想的当代价值

今天，研究《资本论》中的资本主义精神思想的最大启示和价值就在于建构社会主义市场经济精神。

首先，建构社会主义市场经济精神必须以资本主义为借鉴。马克思对资本主义精神的多维视角的分析表明，资本主义由于对利润的追求最终导致了经济与道德精神的冲突和分裂，主观的精神价值和客观的经济价值的分道扬镳。因此，借鉴资本主义，构建社会主义市场经济精神，首先，就是要把道德精神和社会主义生产方式统一起来。社会主义的本质、生产目的、生产资料所有制形式等，与资本主义追求交换价值的根本目的有本质的不同，它实现的是最广大人民的利益，追求的是社会的和谐进步，因此，社会主义市场经济精神的建构必须以社会主义生产方式为基础。其次，对资本运营加以道德节制。在市场经济活动中，在企业家身上还"应该流着道德的血液"。社会主义市场经济要避免资本主义社会中的资本逻辑，现代化的、以增长为导向的经济背后的动因或者"精神"，必须是社会主义市场经济精神。最后，正确认识资本主义。在马克思之后一百多年的今天，资本主义虽然取得了巨大发展，但它的本质没有变。这也许就是我们重温《资本论》的真正原因所在。

其次，建构社会主义市场经济精神必须以马克思主义理论为指导。一段时期以来，人们对西方经济学只是就经济而谈经济，对资本主义只有借鉴没有批判，马克思的政治经济学被忽视甚至"边缘化"了。构建社会主义市场经济精神有以下三种思想资源：一是市场经济和中国传统思想文化相结合；二是以西方经济学为指导形成所谓具有"普世价值"的市场经济精神；三是以马克思主义为指导，形成具有中国特色的社会主义市场经济精神。今天，在建构社会主义市场经济精神的三种资源中，必须坚持的一条原则就是以马克思主义理论为指导。因为马克思的学说和全部理论是建立在对资本主义的全面而深刻的分析基础之上，《资本论》不仅是马克思主义思想理论的一个重要组成部分，也是今天构建社会主义市场经济精神取之不竭的思想宝库。

最后，积极探索具有中国特色的社会主义市场经济精神。有学者指出，对于中国的企业和企业家们来说，现在最重要的任务不是如何积累资本，如何找钱找项目，而是要寻找、探索支持中国市场经济的一种精神，找到中国企业家应具有的灵魂。社会主义市场经济精神对于我们的企业长期持续发展具有重要意义。这是一场真正的革命，其意义比资本主义的物质前提，比资本原始积累更为重大。在今天社会主义市场经济条件下，我们就是要寻找这种"灵魂"，它既要和中国传统伦理道德相承接，体现民族特色和时代特色，又要坚持马克思主义的分析方法而不是西方学者的方法，把马克思主义理论与中国目前的市场经济结合起来。如何形成既包容多样又以核心价值体系为指导的具有中国风格和气派的市场经济精神，既是研究马克思资本主义精神思想和《资本论》的价值所在，也正是当今中国社会主义市场经济伦理问题的关键和核心。

资本的双重属性和资本运动的双重逻辑

现代科学技术革命改变着或改变了社会生产的结构和过程，从而使社会系统结构表现出新的特点。这个新的特点给人们认识和理解原有的社会经济问题提供了新的历史参考系，使人们有可能对已有的一些理论概念作出新的理解。资本的概念就是面临这种新的历史条件进行重新理解的一个经济范畴。

一　一般资本的内涵与外延

马克思最早对资本概念的内涵和外延作了科学而深入的分析。马克思在《资本论》中是把资本和剩余价值作为资本主义经济的特有范畴来阐述的。从本质和内涵上，马克思通过对资本范畴和剩余价值范畴的透彻分析，把资本主义中产业资本家、商业资本家、借贷资本家、土地所有者共同剥削工人的经济关系揭示得清清楚楚。马克思把资本理解为带来剩余价值的价值，恩格斯在阐述马克思的观点时说，按马克思的观点，"一定的价值额，只有在它产生剩余价值，从而增殖价值时，才变为资本"①。《资本论》第一卷第二篇整整三章的篇幅都是用来阐述这个道理的。马克思把 G—W—G′ 这个公式称作资本流通公式，以区别于 W—G—W 的货币流通公式，他认为："G′ = G + ΔG，即等于原预付货币额加上一个增殖额，我把这个增殖额或超过原价值的余额叫作剩余价值。"② 工人超出必要劳动时间的界限做工的时间为剩余劳动时间，在剩余劳动时间内消耗的劳动

---

① 《马克思恩格斯选集》第 3 卷，人民出版社 1995 年版，第 550 页。
② 《马克思恩格斯文集》第 5 卷，人民出版社 2009 年版，第 176 页。

称为剩余劳动，剩余劳动形成的价值称为剩余价值。"把价值看作只是劳动时间的凝结，只是对象化的劳动，这对于认识价值本身具有决定性的意义，同样，把剩余价值看作只是剩余劳动时间的凝结，只是对象化的剩余劳动，这对于认识剩余价值也具有决定性的意义。"① 前者从量的规定性上来说明剩余价值，指出它是预付资本的一个增殖额；后者从质的规定性上来说明剩余价值，指出它是剩余劳动时间的凝结，是物化的剩余劳动。

　　然而，剩余劳动和剩余劳动时间并非是资本主义社会特有的范畴。纵观人类经济发展史，人类所创造的物质文明是不断积累的，必要劳动时间所创造的物质财富被劳动者消费，以维持劳动力的再生产，不断增多的物质财富主要是劳动者在剩余劳动时间创造的通过扩大再生产累积起来的。马克思把资本与剩余价值范畴作为资本主义社会的特有范畴，是为了反映资本主义社会中资本雇佣劳动进行生产活动的特有的现实状况，说明资本主义社会资本所有者剥削劳动者的社会本质，揭示资本主义必然走向灭亡的历史发展趋势。

　　奴隶社会与封建社会的经济形态是自然经济，资本主义社会的经济形态是商品经济与市场经济。在奴隶社会与封建社会中，剩余劳动所创造的价值，被超经济的力量所控制，被奴隶主和封建主强行剥夺，而在资本主义社会表现为剩余价值被资本家无偿占有。马克思说得很清楚，正是榨取剩余价值的形式的区别，把奴隶社会、封建社会和资本主义社会区别了开来。

　　显然，从学理上讲，资本与剩余价值范畴反映的是商品经济与市场经济社会的普遍特征，资本主义经济是商品经济，社会主义市场经济也是商品经济，资本与剩余价值范畴应该是社会主义与资本主义的共有范畴。不同的是，资本主义市场经济是私人所有制下的商品经济，社会主义市场经济是以公有制为主体的商品经济，这种差异必然导致剩余劳动和剩余劳动时间所创造的价值的分配方式不同，反映的社会关系与劳动关系不同。

　　马克思在《资本论》中所分析的是私人资本这种特殊的资本形式，他不仅解析了私人资本的基本属性，而且从各个角度与各个层面分析了资本的各种形态，揭示了不同角度与不同层面上物质资本的外延：从资本处于再生产过程的领域区分生产资本和流通资本；从资本是否具有价值增值

---

① ［德］马克思：《资本论》第 1 卷，人民出版社 2004 年版，第 251 页。

功能区分不变资本和可变资本；从资本的价值转移形式区分固定资本和流动资本；从参与剩余价值分割的角度把资本区分为产业资本、商业资本和借贷资本。

可以看出，马克思所指的资本是物质形态的资本，所分析的资本形态是指不同层面上的物质资本的各种形态。在马克思所处的时代，物质财富的数量极为贫乏，人们的需求主要表现为对物质财富数量的需求，与物质资本数量相比，劳动力数量相对富足，在社会生产中必然表现为资本雇佣劳动，而不是劳动雇佣资本。财富增长主要源于物质资本的积累，或者说物质资本的积累是经济增长的源泉，资本形态表现为物质形态，与当时的历史条件相一致。

二　经济全球化彰显了资本的双重属性

当社会主义国家接受了市场经济的观念以后，尤其是经济全球化的历史进程加速以后，世界经济结构出现了新的变化，社会主义的经济结构发生了新的变化，资本主义的经济结构也有了新的变化，出现了新的企业类型，产生了新的经济因素和新的经济事实。这些给我们重新认识资本范畴提供了新的基础。最引人注目的是，当新的企业类型逐步出现以后，资本所反映的社会关系也相应地有所变化。

首先，经济全球化的进程支持了把资本范畴一般化的做法。经济全球化首先表现为各个国家的经济主体在贸易、投资、金融、生产等领域的经济形式是跨国公司。跨国公司的经营目的是追求资本的投资回报率，而且越高越好。资本主义国家的跨国公司如此，社会主义国家的跨国公司也是如此。经济的全球化意味着在某一国内市场上也允许外国企业参与国内市场的竞争。假如在某一个国家的国内市场上，一个社会主义国家的国有企业与某一个资本主义国家的企业在某一个竞争领域展开竞争，就其在竞争过程中的资本运作方式与资本运动的直接目的来说，没有什么区别。在这里所表现的是资本的一般规定性。如果把国际竞争过程中的社会主义企业所投资的最初资金和进一步的追加投资资金不叫作资本，而用另外的什么概念加以概括，那么它就必须具有新的、不同的特性，必须服从不同的规律。那么在同一竞争过程中的不同性质的企业就遵循不同的规律，从而竞争就失去了共同的舞台和裁定竞争胜负的共同准则，竞争也就无法进行。因此，不管什么性质的企业都应该承认资本范畴的价值。所以，资本作为一个一般性的范畴，资本主义企业要利用，社会主义企业也要利用；资本主义社会存在着资本现象，社会主义社会也存在着资本现象。社会主义社会与资本主义社会的区别，不在于有没有资本，而在于资本体现和反映着什么样的社会经济性质。社会主义企业的资本运动为社会主义服务，资本主义企业的资本运动为资本主义服务，这是由社会经济系统的性质规定着资本运动的目的所决定的。社会经济系统的性质虽然规定着资本运动的目的，却不规定企业资本运动的过程。

其次，资本运动的规律集中地体现为资本无限增值的本性。资本无限增值的本性是存在于资本运动的过程中的。根据马克思关于资本运动的理论，在资本可分为商品资本、货币资本、生产资本、金融资本的条件下，每一种具体的资本存在形态只有在与其他的资本形态相联系时才能存在。任何一种具体的资本形态都是在与其他的资本形态的相互作用与相对运动、相互转化过程中才能存在；只有在不断的运动过程中，资本的具体形态才会存在和增值，资本也才会有意义。资本运动展现在国际范围，资本价值的实现存在于全球领域的资本运动之中，这就是经济资本全球化的本质。资本无限增值的本性是经济全球化的动因，它通过跨国公司的形式推动着经济全球化的进程。跨国公司的发展过程就是国际资本的运动过程。国际资本运动是一般资本运动的特殊形式，它仍然是资本运动过程中资本无限增值的本性的表现。

再次，资本运动的规律性与资本运作的主体的区别是问题的关键所在。我们首先要注意到的是资本运动的主体与资本运作的主体是有区别的。资本运动的主体就是资本本身。资本就是资本运动的物质承担者。资本是一种客观的存在，只要市场经济存在，企业作为市场经济的活动主体存在，就必然存在资本现象。一旦资本现象发生，资本就必然具有不断增值的目标，就必然遵循资本运动的规律。资本运作的主体，与资本运动的主体不同，它是运作资本的社会主体，社会主体的目的和利益，是通过对资本的运作，形成资本的运动去实现的。所以，资本的运动过程除了遵循资本运动的固有规律外，还深深地打上了社会主体的印记。资本的本质所反映的社会关系的具体内容，会随着运作它的社会主体的社会属性的转换而变化。

最后，资本运作的主体包括资本所有的主体与资本经营的主体，资本的社会化是资本占有主体的社会化与资本经营主体的社会化，资本的社会化是资本运动的方向。马克思揭示了资本主义社会的基本矛盾是生产的社会化与资本占有的私人性之间的矛盾。这个基本矛盾支配着资本主义社会的发展进程，预示了资本主义必然灭亡的历史结局。这个规律要求解决这个矛盾，矛盾解决的标志是生产关系适应生产力的发展状况。然而，矛盾的解决是通过矛盾运动的形式与过程来实现的。现在看来，资本占有的形式在两个方向上展开，一方面是私人积聚资本的规模愈来愈大；另一方面是资本的社会化过程进一步发展。资本的社会化在两个层面上展开，一是在资本规模扩大的条件下资本所有主体与资本经营主体的分离，打破了资本运作主体的绝对私人化，表现为资本运作主体的社会化过程；二是表现为资本所有主体的多元化与分散化的过程。在资本主义社会，资本的社会化过程是资本主义基本矛盾渐进解决的过程。

资本的社会化过程发生在两种不同的社会环境中，在资本主义的社会制度中，资本的社会化过程虽然在社会化大生产的推动下得到发展，却受到了资本主义社会制度的限制；在社会主义的社会制度中，公有制的社会制度为资本的社会化进程开辟了广阔的社会空间，但是，生产力发展的滞后性拖住了资本社会化的后腿。

资本作为经济运动的一种形式，它虽然最早发生、发展于资本主义社会，但它却是伴随人类社会化大生产和社会分工发展的产物，不是资本主义经济的专利。社会主义的经济运动过程，也存在资本运动的形式。正如有资本主义市场经济，也有社会主义市场经济一样，既有资本主义的资本运动过程，也有社会主义的资本运动过程。所以，资本主义能够驾驭资本运动过程，社会主义也能够驾驭资本运动过程。由于社会性质的不同，资本主义的资本运动过程体现的是劳动剥削关系；社会主义的资本运动过程体现的是劳动合作关系。从目前的形势来看，经济全球化作为资本运动的全球表现，发达的资本主义起着主导的作用，在经济全球化的进程中居于优势地位。但与此同时应该看到，资本运动是经济运动的一般形式，资本主义能够利用，社会主义也能够利用，因而经济全球化就不一定是资本主义生产关系的全球化；而且，随着全球化进程的发展，社会分工的进一步高级化，社会交往的进一步复杂化，社会各部门之间的相互依赖深度化，社会主义生产关系的生命力将会愈来愈强盛。

三　科技革命引发资本运动类型的扩展

在科技革命的影响之下，一方面，伴随着经济发展，人们在满足了对物质资料数量上的需求之后，对技术含量高的商品的需求不断上升；另一方面科技革命的新成果以越来越快的速度进入生产领域。物质资本在经济增长与获取利润中的重要性日趋下降，物质产品的最终价值中包含着大量的非物质因素，具有高附加值与高回报率的高科技产品在市场独领风骚，基本上使用同样数量的物质材料而包含不同技术含量、不同品牌的产品，在市场上的价格可以相差数十倍之多。如此高的价格差额是由什么原因造成的呢？唯一的答案是，除了物质资本之外，在商品价值增值的过程中，必然还有其他的资本形态在商品生产中参与了价值创造，由此也提出了资本运动类型新型式问题。

美国经济学家萨缪尔森和诺德豪斯对资本特征的理解是不自觉地从资本运动主体的角度出发的。他说："资本是一种生产出来的生产要素，一种本身就是经济的产出的耐用投入品。"这个定义的含义包括：（1）资本的投入性与生产性。物品和货币必须投入到生产经营中去才叫做资本，没有投入到生产经营中的物品和货币不叫资本。资本投入到生产经营中的目的显然是为了牟求利润，不管是否真正获得利润。（2）资本的价值性。资本本身应该具有价值，应该是经济的产出。没有价值的生产资料（物品）不是资本。萨缪尔森强调的是"生产出来的"或"经济的产出"的物品才行。实际上，凡是有价值的投入品都应该是资本。例如专利技术是发明者智慧的产物，而不是生产出来的，但是目前我国的公司法规定可以把专利技术作为资本。（3）资本的耐用性。资本应该具有相对长时间使用的特性，对于使用时间具体应多长需根据具体用途而定，短期地、一次性地投入生产经营的物品不能作为资本。（4）资本的多样性。货币和金融证券作为资本符合资本的条件，无可争议；符合资本条件的实物形态的物品作为资本也是可以的。把符合资本条件的非实物形态非货币的东西，如人力、智力及其知识产权等当作资本，也应该是可以的。资本在其形态上应该具有多样性，符合资本条件的东西都可以当作资本，无论其有形还是无形。根据萨缪尔森对资本主体的解释，资本应该具有投入性、价值性、耐用性和多样性，他对资本特性的进一步阐释，是沿着资本运动主体的路线进行的。这一见解为资本运动类型扩展作了理论说明。在20世纪中叶以来的新技术革命的推动下，随着新的经济事实不断出现，人类对资本运动类型的理解不断深化，非物质资本在新财富的创造过程中发挥着越来越重要的作用，人力资本理论、社会资本理论与知识资本论相继出现，极大地丰富了人们对资本概念的理解。

人力资本理论是美国著名在经济学家舒尔茨教授在20世纪60年代创立的。人力资本理论在人类社会历史上，第一次扩展了社会财富创造中的资本概念，将原来相对狭窄的货币资本、物质资本概念扩展到人在财富创造中的增殖作用，提出了人力资本的概念，揭示了从工业经济社会向知识经济社会转化过程中，人的知识和创新能力在财富创造中的决定作用。首先，人力资本具有投入性。舒尔茨教授在明确定义人力资本基本概念内涵为人的知识和能力的基础上，将"二战"以后地区与地区之间、国家与国家之间经济发展的结果作了比较，并得出结论：决定一个地区或一个国家发展的关键因素不再是货币投入多少，物质基础厚薄，而是人的质量高低即人力资本的多寡，是人力资本参与了财富的创造，人力资本在经济增长中发挥了重要的作用。其次，人力资本具有价值性和耐用性。人力资本是其他经济活动的产出，是有经济价值的，并不会在生产活动中被一次性消耗，潜藏在人体中的人力资本能够持续相当长的时间。舒尔茨教授对人力资本的形成作了系统探讨，他将健康保健设施和各种服务的开支、正规学校教育和在职培训的支出、成人教育训练、劳动力国内流动和移民入境的支出等看成是对人力资本的支出，人力资本是教育活动的产出，由此得出结论，教育支出的水平作为主要因素决定人力资本质量的高低。随后的贝克尔、卢卡斯、罗默等人都从教育（包括正规教育与非正规教育）对人力资本的形成作用方面进行了深入探讨。

20世纪八九十年代，美国学者科尔曼、普特南等人先后提出了社会资本理论，并将社会资本理论作为人力资本基础上的理论发展加以阐述，显现出国际学术界对于一国经济与社会发展中的人际关系的重视，深化了舒尔茨教授在20世纪60年代开始的对人与经济发展关系的研究。按照美国著名政治学家普特南教授的定义，社会资本是指社会组织的那些可通过促进协调行动而提高社会效能的特征，比如信任、规范及网络。科尔曼教授从社会资本的功能角度指出：许多具有两个共同之处的主体，它们都由社会结构的某些方面组成，而且他们都有利于行为者的特定行动。就像其他形式的资本一样，社会资本是生产性的，这使得没有社会资本就不可能达到的特定目标成为可能。与此同时，社会资本也具有耐用性与价值性。综合国际学术界关于社会资本的研究成果，可以得出这样一个结论，即社会资本是指在一个国家或地区内，通过民众自由地将个体人力资本进行横向的社会结合，而生成的能够促进一个国家经济和社会持续发展的社会关系结构和社会心理结构。最后，社会资本也具有多样性，大致可包括：合作性企业和自愿性社团组织、畅通和谐的横向交往网络、民主自治的社会契约，以及互相信任的心理认同、互学共进的合作创新心态。

然而，人力资本与技术知识、教育水平密切相关，人力资本的质量是靠知识积累逐步提高的。近几十年的世界经济发展现实也表明，要获得持续高速的经济增长，离不开高科技的支持。美国经济学家加尔贝雷斯首先提出了知识资本的概念，他认为知识资本是一种知识性的获得，是一种动态资本，而不是固定的资本形式。联合国经济合作与发展组织（OECD）于1996年首次在国际组织的文件中使用"知识经济"这个名词，指出知识经济是建立在知识和信息的生产、分配与使用上的经济，知识经济是以知识资源为基础的经济形态，"是以知识为基础的经济"。对知识企业而言，最重要的资本将不再是传统的物质资本或人力资本，而是知识资本。据当时的测算，到2001年全球以知识为载体的产业产值高达3.5万亿~5万亿美元，成为世界第一大产业。现代知识作为资本有如下特性：（1）知识的实践性与价值性。知识必须从实践中得来，没有实践就不可能产生知识。古代与近代的知识主要源于个人的兴趣与少数人的实践，而现代知识生产是地地道道的经济生产活动，新技术革命造成了庞大的知识产业。（2）知识具有投入性与耐用性。没有知识与信息的参与，现代企业的生产活动是难以进行的，或者在激烈的市场竞争中就难以存活。（3）知识具有多样性。包括认识和经验或编码知识和未编码知识。凡属人们在实践中所获得的认识和经验都是知识，无论这些认识和经验是否可以用某种方式表达出来。我们认为，知识资本是社会组织拥有的一种特殊的资本品。

可以看出，科技进步与科技革命一方面推动经济全球化的进程；另一方面也是资本的外延逐步扩展的过程。社会资本理论与人力资本理论的提出，使人们对资本概念的内涵与外延有了全新的理解。

四 资本运行的双重逻辑与世界结构的变化

资本的运行包括资本运动和资本运作，是运动和运作的统一体。资本运动主体就是资本本身，资本运动规律就是资本不断增值的规律，即资本在市场经济条件下，通过再生产活动不断实现价值增值的"滚雪球"运动。资本运作主体即资本的所有者，因为任何资本都不是"无主之物"，而且资本运动不可能离开资本所有者的利益指向和利益追求，这就要求提出资本运作规律，即资本运动满足资本运作主体利益的规律。在资本主义社会，资本运作规律无非就是资本家发财致富的这一"铁律"；而在社会主义社会，资本运作规律却是全体社会劳动者共享资本增值结果、共同富裕的"规律"。资本运动规律和资本运作规律是有区别的。尽管将资本运作主体与资本运动主体区分开来，从他的运动属性分析与运作主体的关系，但是，随着资本运动主体基本属性的不断展开，会引起资本运作主体的变化。因为资本本身不是一种个人力量，而是一种社会力量，随着资本运动规律的充分展开，资本运作主体就不能是狭小的"资本家"和"资产阶级"，客观上要求一个更大的社会主体来充当资本运作主体。这一资本运动的规程和趋势是与科技革命的影响密不可分的，尤其是科技全球化与经济全球化的相互带动、相互促进、相互融合的过程性特点，也使得资本运作主体呈现新的形式。这些新的形式体现着社会主义的因素。这个过程的进行，将推动着社会主义因素不断增长，并预示着未来世界的社会主义的前景。

1. 科技革命导致了经济全球化

经济要素在全球范围内流动，经济资源在全球范围内尽可能合力地配置，在生产、流通、消费、交换、分配的各个环节、各个层次，以多种形式进行交织和融合，这些都依赖于以信息科学技术为核心的高新科技体系的支撑和带动。首先，经济全球化是以交通全球化、信息全球化、科技全球化为支撑体系和联系纽带的。以高新技术为背景的全球服务体系是经济全球化的先决条件。当前,国际互联网的发展,电子商务业务的普及,给全球经济往来与经济结算提供了便捷的技术手段;海、陆、空立体的全球性的运输网络,为经济要素的全球流动奠定了物质条件。高新科技体系为全球性的物质要素流动、信息要素流动、技术资源转移等创造了便利的条件,使整个地球变成了一个"村庄"。如果没有以高新科技为背景的全球服务体系的建立,经济全球化是不可能的。其次,在经济全球化时代,高新科学技术成了提高劳动生产效率的最重要的手段和发展社会生产力的主要方向,依靠高科技成果改造生产力,已成为经济发展的首要课题。最先进的、技术复杂的高技术产业的发展对于形成经济的现代结构和经济增长的现代类型具有头等重要的意义;传统产业也将在高科技的渗透和影响下,全面地更新和改造其技术基础并以崭新的面貌出现在社会产业结构之中。目前,高新科学技术和高新技术产业已成为一个国家综合国力的主要标志。哪个国家在这个领域居于主导地位,那它就会在经济全球化的进程中居于主导地位。所以,高新科学技术对于一个处于经济全球化过程中的国家来说,具有高度的战略地位。目前,各国都将发展高新科技提高到立国之本的高度来认识,各国为了夺取国际竞争中的制高点和主动权纷纷制定自己的科技发展战略,实施自己的关键技术计划,培植自己在全球化进程中的优势地位。

2. 经济全球化有利于调整全球科技能力分布格局

从经济全球化的发展进程看,科学技术的发展是经济全球化的先导力量,只有占有科技优势的国家,才能在经济全球化的过程中处于优势地位。当前,在全球科技能力分布的格局中,西方发达国家处于主导的地位。发展中国家的科学技术能力比较薄弱,在世界科学技术的竞争格局中处于弱势地位。全球科技能力的分布呈现出偏正结构的特点。首先,世界贸易呈现出高附加值、高技术含量的特点。如果从世界贸易额的角度看,发达国家所占的份额达到 60% 以上;在高技术产品的进口和出口方面,西方发达国家也占有明显的优势,并且,世界高技术产品贸易的大部分是在西方发达国家之间进行的。其次,从科技资源的占有与开发的历史状况与现有格局看,发达资本主义国家处于优势地位。科学技术本身并不为某个民族、国家所专有,但事实上,世界科学技术中心曾经有过的几次大转移,都是在发达国家之间进行的。从当前世界科技能力的分布结构看,发达资本主义国家仍然处于优势地位。发达国家拥有先进的技术、雄厚的资金、齐备的人才、尖端的试验设备、强大的信息网络、完善的产品推销系统，这些都是发展中国家所稀缺的。但是，从科学技术发展的客观要求来看，经济全球化为发展中国家迅速发展科学技术提供了有利的条件。科学技术是没有国界和意识形态的区别的，相反地，它是在各科学技术部门的相互交流、相互借鉴、相互渗透的过程中发展的。过去社会主义国家采取了自我封闭的政策，阻隔了科学技术交流的通道，制约了科学技术的发展。而在当今世界，经济全球化使科技要素通过经济要素的流动而流动。更重要的是，由于世界经济结构的不平衡，社会主义国家和资本主义国家之间在对立、竞争的同时，存在着相互的合作和利用。发达资本主义国家具有技术与资金的优势，而发展中国家具有资源和市场的优势。两种不同的优势只有相互结合与利用，才能形成经济与社会的优势，这是一种不可抗拒的历史趋势。所以，经济全球化有利于调整全球科技能力分布的偏正结构。

3. 科技革命引发的经济一体化是社会主义因素的孵化体和催生器

生产力是人类社会发展的最终动力，科学技术是第一生产力。人类历史上具有重大影响的三次技术革命都催生了社会结构的变化，引致了社会革命的发生和社会发展的进步。三次技术革命的推进和发展，一步一步地揭示了这样一个事实：科学与技术越来越与经济体制、经济结构的变化结合在一起，并且制约和影响着社会结构的变化。科技经济一体化发展的趋势，使科学技术的社会化要求与经济发展的社会化要求日益融合在一起，表现为当代生产力社会化发展的新特点，使得当代社会的生产关系结构也具有了新的特点。例如生产规模大幅度的扩张，超出了单个资本家的投资能力，股份经济的形式就应运而生；再例如，社会分工的极端细化，社会生产的间接过程复杂化，使得投资者的知识结构的局限性高度突出，也就出现了资本社会化的新形式，代理基金和基金托管成为社会资本的一种新形式；又例如，一些大的复杂性工程，比如宇航工程、大型科学试验、巨额水电工程、生态工程等，都需要由社会和政府出面组织才能实现。另外，经济过程的科技化，使得劳动方式智能化，这就引致体力劳动与脑力劳动分离的状况逐步消除，智力劳动者的比重上升，其社会地位也不断提高，尤其是与资本所有者相对的社会地位在提高，资本家再也不能使用传

统的管理方式去对待工人。所以，以科技因素为基本特点的生产过程的社
会化，必然要求社会生产关系的形式反映这种社会化要求，这是人类社会
发展的必然规律。经济全球化所反映的正是这一客观趋势。因此从社会发
展规律的层面上分析，经济全球化所预示的不是资本主义的永恒，而是社
会主义胜利的光辉前景。

　　4. 新资本观与社会主义前途

　　在马克思所处的资本主义时代，资本形态主要表现为物质资本，在资
产阶级超经济的政治力量的庇护下，物质资本为极少数资本家所有，工人
只能依靠出卖自己的劳动力而生存，工人所创造的剩余价值完全被个别资
本家无偿占有。然而，随着经济的发展和新资本形态的凸显，劳动者在生
产中创造的新价值的分配出现了新的变化趋势。首先，如果说工人在劳动
中所创造的新价值由资本所有者拥有，那么人力资本、社会资本与知识资
本所有者也参与了新价值的分配，而这些资本的主要所有者就是广大的劳
动者。在资本主义国家中，由于资本所有者的社会化与多元化，导致了工
人创造的剩余价值分配的社会化趋势，马克思时代一无所有的工人，在新
的历史条件下，已被"白领或蓝领"这样的名词所取代，不断改善的生
活条件就是劳动者拥有一定量非物质资本的最好证明。在社会主义国家
中，物质资本与非物质资本为国家和劳动者所有，劳动者创造的剩余价值
归社会主义和劳动者共同拥有。其次，随着人力资本、社会资本与知识资
本在新价值的创造中扮演比物质资本更为重要的角色，新技术革命所引发
的经济全球化，会使财富创造的生产活动的竞争日趋激烈，拥有非物质资
本的劳动者雇佣资本的现象将会不断出现，非物质资本所有者分割新价值
的能力将会不断得到强化。

　　所以，新资本观是科技革命引发的必然后果，反映的是社会剩余价值
财富分配的社会化趋势，是社会主义因素不断增长与发展的过程。

当前资本良性运营的引导和规范

资本是生产的要素。资本不足会使经济社会发展缓慢停滞，资本充足但不能良性运营，会扰乱整个经济社会秩序，影响社会稳定。现时期，资本并不短缺，尤其是民间资金数额巨大，由于存在行业壁垒、身份歧视、流动渠道不畅等现象，不断聚积的民间资本在逐利的自然属性驱使下左冲右突，民间融资乱象丛生，出现非法集资、高利贷、资金链断裂等问题，其运营过程亟需引导和规范。如何使资本既能驰骋千里，又不至于成为脱缰野马？本章节就此作一些理性思考。

一　资本的属性与资本的运营

何为资本？"资本"是马克思《资本论》中的一个核心范畴。现代西方经济学将资本视为一种生产要素，而马克思指出："黑人就是黑人。只有在一定的关系下，他才成为奴隶。纺纱机是纺棉花的机器。只有在一定的关系下，它才成为资本。"① 资本是能够带来剩余价值的价值，资本不是物，而是资本家和人与人之间的社会关系。但是，当新的企业类型逐步出现以后，资本所反映的社会关系就有所变化。"如果资本运作的主体不同，那么，资本所反映的社会关系的性质就有所不同……在私人所有制企业、混合所有制企业、股份制企业、共有制企业、集体所有制企业、公有制企业的'资本'所反映的社会经济关系显然是不同的。"②

资本是一个一般性的范畴。"社会主义与资本主义的区别，不在于有

---

① 《马克思恩格斯选集》第 1 卷，人民出版社 1995 年版，第 344 页。

② 王宏波：《经济全球化与资本范畴的一般化》，《西安交通大学学报》2001 年第 4 期。

没有资本现象，而在于资本现象体现和反映着什么样的社会经济本质。社会主义企业的资本运动为社会主义的目的服务，资本主义企业的资本运动为资本主义服务，这是社会经济系统的性质规定着资本运动的目的所决定的。"① 资本有多种存在形态，有金融资本和实业资本、私人资本和社会资本、物质资本与知识资本、经济资本与人力资本、有形资本和无形资本等。如无形资本以技术、品牌、商誉、特许经营权等为代表，具备资本的一般属性，虽不具有实物形态，但有着比有形资本更强大的价值增值能力。

资本有两重性，即自然属性和社会属性。自然（Nature），广义而言指的即是自然界、宇宙、物质世界、普遍意义上的生命，通常认为是一切事物的总和。自然是容纳各种介质物的空间体，不同介质会互相转化。在中国，自然的最初含义亦指非人为的本然状态。我们所指的资本的自然属性，是指天然的、非人为的、内在的、必然的、一般不受外界干预的属性。资本的自然属性决定了资本要不断扩张、变化形态，规避风险，实现价值增值和收益最大化。这也决定了资本总是会向能够获得高额利润的产业或产品集中，总是要通过竞争表现自己的活跃，总能强力渗透到社会经济生活的各个领域，以展现自己是社会经济运动的强大动力。资本的社会属性则体现了资本归谁所有、资本收益分配权属。由此，我们发现，资本能否增值、增值多少，是由资本的自然属性而不是由资本的社会属性决定的。计划经济时代，我们过于强调资本的社会属性而忽略资本的自然属性，资本未能发挥更大作用；市场经济时代，我们要重视并利用资本的自然属性，通过资本的合法运作来实现增值和扩张。

资本在运营中增值。资本运营就是指以最大限度增值和利润最大化为目的，以价值形态经营为特征，对资本进行市场化运作，让资本在流动中呈现活力并增值的一种方式。它是市场经济条件下优化资源配置的一种重要方式，是虚拟经济与实体经济相结合的产物。资本单纯以货币形态存在时是难以增值的。当前，资本运营十分活跃，已在调整产业结构、优化国有资本配置、盘活企业存量资产等方面发挥作用。

资本运营具有规律性。"资本运动的规律集中地体现为资本无限增值

---

① 王宏波：《经济全球化与资本范畴的一般化》，《西安交通大学学报》2001年第4期。

的本性。根据马克思关于资本运动的理论，在资本可分为商品资本、货币资本、生产资本、金融资本的条件下，每一种具体的资本存在形态只有在与其他的资本形态相联系时才能存在。任何一种具体的资本形态都是在与其他的资本形态的相互作用与相对运动、相互转化过程中才能存在；只有在不断的运动过程中，资本的具体形态才会存在和增值，资本也才会有意义。"① 资本是一种客观存在，只要企业作为市场经济的活动主体存在，就必然存在着资本现象，就必然要遵循资本运动的规律。

资本运营具有主体性。资本运动的主体与资本运作的主体是有区别的。资本运动的主体就是资本本身，资本就是资本运动的物质承担者。资本运作的主体是运作资本的社会主体，一般是资本所有者或资本所有者委托或聘任的经营者。社会主体的目的和利益，是通过对资本的个性化运作实现的。所以，"资本的运动过程除了遵循资本运动的固有规律外，深深地打上了社会主体的印记。资本的本质所反映的社会关系的具体内容，会随着运作它的社会主体的社会属性的转换而变化"②。

二　资本良性运营需要方向引导和道德舆论引导

在当前，资本运营方向不明、道德缺失，主要表现为：一是资本的自然属性膨胀、资本特别是民间资本过多地集中在高风险、高收益的虚拟经济领域，投资者热衷于钱生钱的游戏，对实体经济视而不见，投机性、趋利性强烈，短期炒作行为明显；二是资本运营的主体整体素质不高，缺乏道德理性、经济伦理，打着民间借贷的旗号做非法集资诈骗的勾当者屡见不鲜，出现种种损人利己的行为，扰乱了我国的金融秩序，更损害了市场经济的健康发展。那么，应当如何引导我国社会主义市场经济的良性运转呢？

（一）资本良性运营中的方向引导

以物质资料的生产经营活动、精神产品和服务的生产流通等为主要内

---

① 王宏波：《资本的双重属性与经济全球化的两种走向》，《教学与研究》2002 年第 8 期。
② 同上。

容的实体经济，在国民经济发展过程中有着提供基本生活资料、提高人的生活水平的功能，直接与民生疾苦和企业生存相联系，是人类社会赖以生存和发展的基础。但是，当前我国资本尤其是民间资本虽然充裕，却并不愿意投向实体经济，当然这也与全球性后金融危机时代经济发展环境不好有关。地方政府对资本的管理引导能力主要体现在引导资本的集聚上，即让资本在何种企业、产业、产品上集聚。政府通过市场力量和行政力量的合力推动资本运营，把沉积的资本调动起来参与流通，积聚到实体经济，迅速转化为生产力，或转化为消费资本，从而达到优化资本配置，实现资本增值，繁荣地方经济，带动地区发展的目的。那么，如何把资本特别是民间资本引导到实体经济领域中去，让不断"赌"高风险下的高收益的金融资本更多地转化为实业资本呢？

如在我国沿海发达地区温州，"草根"的民营经济勇立市场经济大潮中，约 6000 万民间资本受自然属性驱使，或通过地下钱庄来寻找暴利，或进入高风险高收益的价格炒作之中。2011 年，温州爆发的民间借贷资金链危机以及小企业资金困境，凸显出民间资本的充裕与小企业"缺血"的结构性失衡，也使大家看到，民间资本脱离实体经济，会增加区域性金融风险和经济系统性风险。为规范民间金融运作，2012 年 3 月 28 日，国务院常务会议决定设立温州市金融综合改革试验区，试图在完善地方金融组织体系、健全民间资本市场体系、创新金融服务体系、构建地方金融监管体系四个重点领域取得突破。4 月 26 日，温州民间借贷登记服务中心正式挂牌，该平台集聚了民间融资中介服务、备案管理及监测体系等功能，旨在推动民间借贷阳光化和规范化。2012 年 5 月，温州出台振兴实体经济的"1 + X"政策，加快产业转型升级、促进实体经济发展。其中，"1"作为纲领性文件，是指《关于加快产业转型升级促进实体经济持续健康较快发展的意见》；"X"包括《企业综合评价和分类管理暂行办法》《关于进一步加大全市工业投资力度的实施意见》等 19 个配套文件。其中，根据《温州市人民政府办公室关于加大支持融资性担保行业发展的实施意见》（温政办［2012］75 号）精神，在推进融资性担保机构健康发展，缓解中小企业融资困难方面有不少扶持政策。① 目前，新政的效果

① 《解读温州振兴实体经济"1 + X"新政》，《温州日报》2012 年 5 月 14 日。

还有待观察。要引导数额庞大的民间资本从炒作中离场，还应畅通其他投资渠道，如行业协会设立互助基金会、金融服务中心帮助项目与资金对接、风险投资、政府向民间融资投资民生工程、民营银行发行高于银行利息的中长期债券投资基础建设等。

（二）资本良性运营中的道德舆论引导

资本的聚积尤其是民间金融的超常规发展，容易带来诸如经济人理性缺损问题。美国次贷危机、浙江吴英非法集资案、温州民间借贷资金链断裂后的老板跑路潮等案例，让我们深刻地认识到，资本运营需要道德舆论的引导，不能为追求超额利润而铤而走险、损人利己。

道德秩序是社会内聚力的源泉。市场经济条件下，要依靠经济伦理来制约经济人不择手段地从事个人边际收入大于边际成本的机会主义及谋利行为。"金钱并无罪恶。一切与金钱相联系的罪恶都是人恶。"[①] 资本本身虽然没有道德属性，但资本所有者、资本运营主体是人，其道德水准的高下，就决定其在使资本增值时能否协调利欲与理性、自利追求与道德实现的关系，能否在资本所有者、运作人、参与人之间寻找利益均衡点，决定其是"义利并举"还是"见利忘义"。虽然在自由竞争中，出现过道德逆淘汰现象，但从长远来看，任何无序的恶性竞争，都会导致资本所有者、市场主体、消费者的利益同时受损。所以，我们要让资本所有者、资本运作者自觉承载道德心，以不损害最广大人民群体的利益为根本出发点，让道德秩序来为资本良性运营护航。

资本运营的道德秩序需要正确价值观的指导。目前金融领域存在的信用风险、操作风险、市场风险，说到底还是资本运作人没有正确的价值观指引而造成的。那么，如何引导资本运作人的价值观呢？一是树立符合社会主义市场济、和谐社会建设准则的价值立场、价值追求、价值关怀，使其"君子爱财取之有道"，而非唯利是图。二要提升个体的社会责任感。社会责任感是每个人内心对他人和社会的伦理关怀和义务。社会是人与人互相支撑、相辅相成的整体，纯粹独立的个人是不存在的。在使资本最大限度增值的同时，应当赋予资本投资运营者以责任边界、行为标准，引导

---

① 张曙光：《经济学家如何讲道德》，《读书》1999 年第 1 期。

其在利益诱惑面前始终保持应有的原则与理性，既要追求利润最大化，更要注重经济效益与社会效益的双赢、社会责任与个人良知的统一。

资本良性运营需要舆论引导。所有经济活动的目的都是为了满足民众的利益和日益增加的需求，民间资本多为民营企业的流动资产、家庭的金融资产、个人资金的民间资本，涉及千家万户的利益，投资是否安全事关社会能否稳定。因此，要加大社会舆论的引导力度，把各地发生的各种各样新型的资本骗局和陷阱告知群众，增强其安全意识和鉴别能力。新闻媒体立场要鲜明，要敢于曝光、揭露和抨击非法金融组织、资本运营者违法违纪行为，积极宣传、褒扬社会上通过遵纪守法、规范地、智慧地运营资本的创富故事，以弘扬正气，抑恶扬善。通过舆论引导，在社会上形成重利轻义不足取，失信违规不足凭，急功近利受唾弃的金融文化，这是资本的良性运营的长久之策。

三　资本良性运营需要政府监管、行业自律和法律保障

当前，无论是国有资本还是民间资本的运营，都有着种种困扰，迫切需要政府监管、企业和行业的自律。国有资本在运营中存在决策主体非市场化、盲目进行多元化扩展的问题，部分国有企业领导以权谋私、抱残守缺，人为阻碍国有资本的合理流动和重组，无法盘活资产，资本在企业改制中大量流失，割裂资本经营和生产经营的关系，致使企业负债或亏损严重，不良资产范围扩大。民间资本所有者的行为缺乏规范，长期处于自由放任状态，投机炒作狂热，非法集资猖獗。如民间资本充裕的浙江，已成为我国非法集资的重灾区。据《法制日报》报道："在过去5年间，该省共有219人因犯集资诈骗罪而被判处刑罚，因集资诈骗获刑人数从2007年的8人上升到2011年的75人，5年增长数超过8倍。过去3年，浙江全省至少有10人因犯集资诈骗罪而被判处死刑、死刑缓期执行。"[①] 由于缺乏规范管理，在资本自然属性的驱动下，民间融资乱象丛生，非法集资类案件屡打不绝，社会影响恶劣。

---

① 陈东升：《暴利驱动定罪模糊致浙江非法集资泛滥》，《法制日报》2012年2月9日。

（一）资本良性运营中的政府监管

任何与公众利益有关的行为都需要规范。资本不论通过什么渠道活动、通过哪种方式运营、通过什么方式竞争，都必须遵循一定的规则，否则资本运营会进入一种狂乱无序、不平等、不公正、缺乏安全感的状态，损害的是资本运作主体、投资者和整个社会的利益。资本运营的监管是地方政府干预经济发展的重要内容，主要体现在以下几方面：

1. 构建政府监管体系。这是避免国有资产流失、民间融资越界的重要手段。对于民间资本运营来说，就要明确民间融资的监管主体、划清民间融资与非法集资的界限、对民间融资进行分类监管、建立民间融资监测机制、优化外部环境等。如"随着国内首个《关于加强和改进民间融资管理的若干意见（试行）》的出台，浙江正探索对民间融资实行自愿备案与强制备案相结合的监管方式，对巨额融资实行强制备案以预防金融风险，对自认融资额度小且较安全的融资主体，采取自愿备案方式，给予融资主体对利弊得失充分考量的自由空间，从而使备案制度适应了民间融资的灵活性和风险性，通过规范引导与监管，为民间融资打造一个安全港"[①]。

2. 及时出手干预资本市场。政府要在资本市场失灵、缺乏理性时及时出手干预。现代史上出现过多次金融危机，几乎没有哪次能离得开政府的干预。如在 2008 年美国金融危机中，美国证交会（SEC）采取临时紧急措施，英国金融监管部门积极干预，俄罗斯政府为遏制金融市场暴跌暴涨、防范银行倒闭，数次下令市场暂停甚至停止交易。[②] 这种政府及时出台禁令，避免市场环境急剧恶化的举措，对我们应对极端情形下的资本市场风险、运营危机，不无借鉴意义。政府要监管民间资本运营，必须加强信息监测和沟通协调，建立备案查询制度、登记备案利率保护制度、登记备案税收优惠制度、金融监管机构风险预警机制、金融风险救助制度以及建设民间融资的服务平台等。

---

① 陈东升：《暴利驱动定罪模糊致浙江非法集资泛滥》，《法制日报》2012 年 2 月 9 日。
② 赵红、陈雨蒙：《中国高技术产业资本配置效率差异的实证研究》，重庆大学学报 2012 年第 3 期。

3. 要保证政策设计的理性公正。政府进行理性制度设计是平衡各种社会矛盾、理顺各种社会关系的需要。"一种制度就是一种公开的规范体系。"① 这种规范设定必须依据原则、标准，体现社会的价值取向，指导社会成员的社会生活，规定个人和集团的社会义务和责任。建构统一的行为规范和行动准则，形成相对稳定有效的制度机制，协调不同利益主体的矛盾和冲突，维护社会稳定和发展是社会领导者和管理者最重要的任务。② 政府在制定公共政策特别是金融政策时，要广开言路，集思广益，理性公正，减少主观差距和客观差距，兼顾企业利益与公共利益，加强决策的科学性和民主性。

4. 要公平对待不同属性的资本，消除歧视和偏见。不管是国有资本还是民间资本，都有自然属性，都需要在公正平等的外部条件下增值扩张。不管是什么社会属性的资本，只要能为社会创造财富，只要符合最广大人民群众的根本利益，都应当得到保护。随着《国务院关于鼓励和引导民间投资健康发展的若干意见》的出台，我国正在逐步消除对民间资本的歧视，继续放宽民间资本市场准入，依法保障民间投资合法权益。目前，《关于鼓励和引导民间资本进入银行业的实施意见》对民间资本投资银行业的范围和对象没有限制。民间资本已是我国银行业资本金的重要组成部分，不少民间资本还成为股份制商业银行的主要股东，符合规定的小额贷款公司可以依法改制为村镇银行。③ 此外，国防科工局、总装备部还联合制定印发了《关于鼓励和引导民间资本进入国防科技工业领域的实施意见》，明确提出在坚持"积极鼓励、正确引导、同等对待、确保安全"的原则下，吸引和鼓励民间资本进入武器装备科研生产、国防科技工业投资建设、军工企业改组改制、军民两用技术开发等国防科技工业领域。④

---

① 王自力：《道德风险与监管缺失：美国金融危机的深层原因》，《中国金融》2008 年第 20 期。

② ［美］约翰·罗尔斯：《正义论》，何怀宏等译，中国社会科学出版社 1988 年版，第 51 页。

③ 王宏波等：《制度设计与社会理性——社会工程活动的核心环节》，《人文杂志》2004 年第 4 期。

④ 《鼓励和引导民间资本进入银行业》，《新民晚报》2012 年 5 月 27 日。

（二）　资本良性运营中的行业自律

行业自律，是一种自我管理、自我规范、自我约束，它能克服政府规制中存在的缺乏专门性、独立性的缺陷，在一定程度上替代昂贵的政府规制，并力求降低行业的负外部效应，使行业管理更为完善。金融行业是金融资本运作的主阵地，是连接国民经济各部门的中心枢纽，资本运营活动由众多的金融主体参与，行业自律显得特别重要。金融行业自律可通过各金融主体自发地组织起来订立一些金融公约或合约以规范金融行为，并自觉地遵守金融公约和行规来进行，这样能让不同所有制的不同主体减少损人利己行为，以维护金融秩序和利益。

同时，要强化监管者自我约束与有效纠错机制。发达国家监管机构都有成熟的自律制度。我国资本运营主体众多，资本量大面广，管理监督难，因此，监管机构自身建设以及监管人员自身素质提高是确保监管质量的根本，当务之急是要形成监管者自我约束、自我监督、提高监管效率、减少官僚主义、抑制监管腐败的有效措施和机制。如我国引入 QFII 制度将有利于监管者建立有效纠错机制。金融监管部门、资本市场监管者，在资本市场投机活动和监管行为的动态博弈中，逐步将监管制度严密化、监管规则规范化、监管行为高效化。

（三）　资本良性运营中的法律保障

健全的法律规范能维护秩序、行使社会控制和整合的职责，法律规范着人的行为，也规定了人在资本运营时必须遵守的准则。如民间资本运行需要明确的法律保障机制，清晰界定民间资本主体，明确民间资本主体的权利义务；需要健全民间资本市场准入的法律规制，建立民间资本运行程序的法律保障机制、民间资本运行的法律责任机制。

一些法律法规的不健全，如暴利驱动的定罪模糊，是浙江非法集资泛滥的重要原因。罪与非罪，此罪与彼罪界限模糊，使得司法实践中，对民间借贷还是非法集资类犯罪，非法吸收公众存款罪还是集资诈骗犯罪的认定，往往交织在一起，很难严格区分。这类案件有五大难题，即定性难，与合法民间借贷的界限不明确；适用难，定罪标准过低；查证难，与集资诈骗罪的界限模糊；信访多，影响案件独立审判；追赃难，影响案件审判效果。民间借贷迫切需要明确的法律设定来降低法律风险，不论是企业之间、公民之间还是公民与企业之间的融资借贷，在现有的民事法律规制与刑事法律规制的配合与衔接上亟须调整。对合法融资需求从"堵"到"疏"是大势所趋，这就要将民间融资行为纳入到金融监管体系中，使其法典化、合法化，这是避免民间融资转换为非法集资的关键。当前，加强民间资本立法，制定"民间资本保护与促进法"，对民间资本运行的主体立法、市场准入立法、程序立法，形成监督与责任机制，再分层次构建系统的民间资本法律保障体系，将有利于资本运行的健康有序。

在当前，重视、肯定并利用资本自然属性，顺应资本运营的规律性，引导资本良性运营，获得合理合法的增值，资本就能在经济社会发展中起重要作用。通过转变投资方向，积极参与实体经济，推进经济发展方式转变，加强资本的专业化、市场化、国际化的运作；努力使资本运营者成为有社会责任感、道德心的人；强化资本良性运营的方向引导和道德舆论引导，加强资本良性运营的政府监管、行业自律和法律保障，资本才能真正成为中国未来经济持续健康发展的"加油站"。

准确理解马克思恩格斯股份公司
"过渡点"的科学含义

一 理论界对马克思恩格斯股份公司
"过渡点"认识的分歧

当前时期，学术界在马克思恩格斯关于股份公司"过渡点"问题的认识上存在理论分歧，没有达成一致看法。分歧的一个表现就是在 2004 年关于"新公有制"问题的学术讨论中，马克思恩格斯关于股份公司"过渡点"的论述被争论双方作为支持各自观点的论据。北京大学厉以宁教授在《经济学动态》2004 年第 1 期发表《论新公有制企业》一文，在文章中提出新公有制企业的四种形式，即经过改制的新的国家所有制企业、由国家控股或国家参股的股份制企业、建立了完善的法人治理结构的公众持股企业、公益性基金所创办的企业。[1] 该文发表之后，2004 年、2005 年的《经济学动态》公有制实现形式研究栏目下相继发表了大量争鸣论文。争论的焦点是公众持股企业的性质问题。无论是支持厉以宁教授观点的文章，还是反对厉以宁教授观点的文章，一个重要理论依据就是马克思恩格斯关于股份公司"过渡点"的有关论述。支持者认为马克思恩格斯所说的股份公司"过渡点"就是资本主义向社会主义过渡，是资本主义私有制的根本质变；反对者认为马克思恩格斯所说的股份公司"过渡点"就是资本主义私有制内部所有制关系的调整，仅仅是资本社会化、产权社会化程度的提高。

分歧的另一个表现就是在 2007 年关于民主社会主义问题的学术讨论

---

[1]　厉以宁：《论新公有制企业》，《经济学动态》2004 年第 1 期。．

中，也涉及到的对马克思恩格斯关于股份公司"过渡点"的认识问题。如谢韬教授在《民主社会主义模式与中国前途》一文中认为"马克思、恩格斯晚年是民主社会主义者，是'和平长入社会主义'的首倡者，民主社会主义是马克思主义的正统"，其中一个重要理论依据就是马克思恩格斯关于股份公司"过渡点"的论述，认为过渡就是资本主义向社会主义的过渡。① 反对者，如梅荣政教授在研究《资本论》第 3 卷第 27 章的基础上，认为马克思恩格斯关于股份公司"过渡点"的说法是指由自由资本主义向垄断资本主义的过渡，而不是资本主义向社会主义的转变。②

由此可见，人们在马克思、恩格斯关于股份公司"过渡点"论断的理解和认识上还存在分歧和争论，这种分歧和争论产生了以下三个方面消极影响：第一，影响了人们对马克思主义一些基本思想和观点的准确理解，容易导致思想认识上和理论上的混乱，对马克思主义的许多错误理解和附加就是在这种情况下发生的。第二，影响了人们对一些重大改革政策的准确认识和改革方向的正确把握，例如，如何认识股份制的性质问题，如何认识股份制与资本主义和社会主义的关系问题。第三，影响了人们对社会主义、资本主义、民主社会主义三者关系的科学认识。所以，准确理解马克思恩格斯关于股份公司"过渡点"的科学含义，不仅在理论上，而且在现实中都具有重要意义。

二　马克思恩格斯关于股份公司及"过渡点"的经典论述

当前理论界之所以在马克思恩格斯关于股份公司"过渡点"问题认识上存在分歧和争论，一个重要原因就在于大都引用马克思恩格斯的某一句话、某一段论述为依据来支持其观点，而很少对马克思恩格斯有关股份公司及股份公司"过渡点"的论述从上下文、写作背景和发展过程进行整体性研究。所以，要澄清是非、准确把握股份公司"过渡点"的科学含义，首先有必要对马克思恩格斯有关股份公司及"过渡点"的文献进

① 谢韬：《民主社会主义模式与中国前途》，《炎黄春秋》2007 年第 2 期。
② 梅荣政：《自由资本主义向垄断资本主义过渡的历史趋势的科学分析》，《马克思主义研究》2007 年第 4 期。

行完整梳理和系统研究。

马克思在《资本论》第一卷（1867 年出版）第 23 章论述"资本主义积累的一般规律"时，认为资本集中是"资本家剥夺资本家，是许多小资本转化为少数大资本"，这一过程是"以已经存在的并且执行职能的资本在分配上的变化为前提"。① 资本集中有以下两种方式：一种是"通过吞并这条强制的途径来实现"；另一种是"通过建立股份公司这一比较平滑的办法把许多已经形成或正在形成的资本溶合起来"。② 这里马克思只是强调了股份公司在资本积累中的重要地位和作用，至于股份公司的发展前途问题还没有论及。

马克思在《资本论》第三卷中有两次集中提到"股份公司"。一次是在第 27 章阐述信用在资本主义生产中的作用时对股份公司是向新社会的"过渡点"进行集中论述，他认为："在股份公司内，职能已经同资本所有权相分离，因而劳动也已经完全同生产资料的所有权和剩余劳动的所有权相分离。资本主义生产极度发展的这个结果，是资本再转化为生产者的财产所必需的过渡点，不过这种财产不再是各个互相分离的生产者的私有财产，而是联合起来的生产者的财产，即直接的社会财产。另一方面，这是再生产过程中所有那些直到今天还和资本所有权结合在一起的职能转化为联合起来的生产者的单纯职能，转化为社会职能的过渡点。"③ 这里股份公司向新社会的"过渡点"，就其原义来说，就是向社会直接占有生产资料，即社会主义公有制的过渡；另一次是在增补内容中论述交易所时，认为交易所的发展与股份公司的发展具有同步性，并且二者相互促进。"自 1866 年危机以来，积累以不断加快的速度进行"，"工业逐渐转变为股份企业"，需要巨额投资的铁业、商业、银行和其他信用机构、农业、国外投资等，都普遍采取股份公司形式。④ 这里只是指出了股份公司已经成为资本主义企业的普遍形式问题，没有提及股份公司的未来发展问题。

恩格斯在 1876—1878 年写成的《反杜林论》中分析股份资本对于缓解资本主义基本矛盾的作用后，指出了股份公司本身也无法适应生产社会

---

① 马克思：《资本论》第 1 卷，人民出版社 2004 年版，第 722 页。
② 同上书，第 723 页。
③ 马克思：《资本论》第 3 卷，人民出版社 2004 年版，第 495 页。
④ 同上书，第 1028—1030 页。

化的进一步发展的要求，从而出现了国家资本、国有企业。"无论是信用无限膨胀的工业高涨时期，还是由大资本主义企业的破产造成的崩溃本身，都使大量生产资料不得不采取像我们在各种股份公司中所遇见的那种社会化形式。……在一定的发展阶段上，这种形式也嫌不够了：资本主义社会的正式代表——国家不得不承担起对生产的领导。"① 由此看来，股份资本、股份公司不再是资本主义发展中最高的资本形态和最后的企业组织形式。

恩格斯在《1891年社会民主党纲领草案批判》中指出，在股份公司以外，出现了托拉斯等垄断组织和新的企业组织形式，使得资本主义生产由无政府向有计划转变。"由股份公司经营的资本主义生产，已经不再是私人生产，而是由许多人联合负责的生产。如果我们从股份公司进而来看那支配着和垄断着整个工业部门的托拉斯，那么，那里不仅没有了私人生产，而且也没有了无计划性。"②

恩格斯在19世纪90年代整理马克思遗稿、编撰出版《资本论》第三卷时，在阐述马克思遗稿中有关股份公司是向社会主义"过渡点"的内容之后，增加了新的内容。认为资本主义在股份公司之后，出现了"新的产业经营形式"，主要有卡特尔、国际卡特尔、托拉斯等垄断组织。"这些形式代表着股份公司的二次方和三次方"，"一定部门的大工业家会联合成一个卡特尔"，"在有些部门，只要生产发展的程度允许的话，就把该部门的全部生产，集中成为一个大股份公司，实行统一领导。在美国，这个办法已经多次实行；在欧洲，到现在为止，最大的一个实例是联合制碱托拉斯。"③

通过对马克思恩格斯关于股份公司及股份公司"过渡点"论述的梳理，可以得出以下三点结论：第一，马克思、恩格斯关于股份公司是向新社会"过渡点"的论述在内容上确实有差别。在《资本论》第三卷中，马克思原来的表述和后来恩格斯的表述是有差别的，马克思认为股份公司是资本主义向社会主义转变的"过渡点"，恩格斯认为股份公司是资本主

① 《马克思恩格斯选集》第3卷，人民出版社1995年版，第628页。
② 《马克思恩格斯选集》第4卷，人民出版社1995年版，第408页。
③ 马克思：《资本论》第3卷，人民出版社2004年版，第496页。

义从自由竞争阶段向垄断资本主义发展的"过渡点"。第二，马克思、恩格斯在对股份公司的地位认识上有一定差别。马克思大力强调股份公司的作用，对股份公司这一新的社会资本组织形式给予较高的评价；而恩格斯在承认股份公司作用的同时，对新的社会资本形态如垄断资本和国家资本、对新的企业组织形式如垄断组织极为关注。第三，马克思恩格斯在对股份公司地位认识过程中前后存在差异。马克思恩格斯在19世纪60年代极为重视股份公司，并认为股份公司是向社会主义转变的"过渡点"，而在19世纪70年代至90年代，却改变了这种看法，在重视股份公司的同时，对垄断组织的发展和作用更加关注。

正是由于马克思、恩格斯对股份公司"过渡点"认识的差异，以及对股份公司"过渡点"认识过程中的差异，后世的研究者才往往就其中一个方面进行研究，得出不同的结论；更有甚者，将马克思与恩格斯的认识差别和马克思恩格斯认识过程中的前后差别当作论据来"制造"马克思与恩格斯之间的相互矛盾、马克思思想的内部矛盾。

三　从资本社会化看股份公司"过渡点"的科学含义

通过文献梳理发现，在理解股份公司"过渡点"的问题上，马克思与恩格斯之间、以及马克思恩格斯前后确实存在差别，这是各种分歧和争论产生的基点。然而，从资本社会化运动的基本趋势和具体过程看，马克思与恩格斯之间以及马克思恩格斯前后存在的认识差别并不矛盾；结合资本社会化发展，就能完整准确地理解马克思恩格斯关于股份公司"过渡点"的科学含义。

生产社会化与生产资料资本主义私人占有这一基本矛盾，表明资本主义必然会被社会主义所代替，但并不意味着资本主义生产关系就不能进行调整；正是资本主义私有制不断创新实现形式，才推动生产社会化持续发展，否则，就无法解释资本主义几百年来生产社会化的不断发展。资本社会化是资本主义生产关系调整和私有制实现形式创新的基本方向，资本社会化通过资本规模扩大化、资本筹集多样化、资本主体多元化、资本权力分裂化等具体内容表现出来，是资本私人性向社会性转变、私人资本向社会资本转变的历史过程。通过资本社会化发展，资本主义社会在一定程度上缓和了自身的基本矛盾，促进了生产力发展，这是资本主义私有制适应生产社会化发展的一种独特方式。"在资本主义生产方式范围内私人资本适应生产社会化发展要求进行调整，主要是通过变革私人资本的社会结合方式来实现的。私人资本在其发展过程中不断地相互结合在一起呈现出一个资本社会化的发展过程，而社会资本在这个过程中也不断地取得了自身的各种发展形式，资本社会化发展的程度也存在着一个不断提高的趋势。"①

资本社会化与社会资本形态变化密切相关，股份资本、金融资本、法人资本、国有资本、国际垄断资本等社会资本形态既是资本社会化发展的结果，又是推动资本社会化发展的社会资本形态；另一方面，资本社会化与企业组织形式变化密切相关，股份公司是资本社会化发展中典型的企业组织形式。在股份公司中，所有权与控制权分离，所有权股份化并掌握在股东手里，但股东仅仅掌握着价值形态的资本所有权，不能再像私人业主制企业那样直接控制企业，实际所有权集中在股份公司那里；法人财产权制度的建立，使得股份公司获得了相对独立的法人资格和独立经营公司实物财产的权力，在制度设计上有效地防止了股东作为资本所有权人对股份公司独立财产权的侵犯；有限责任制度的形成，股东只以自己出资额为限度承担有限责任，股份证券化并可以在股票、证券市场进行交易，使得股东规避风险能力大为提高、股东具有了开放性。这些产权制度设计使股份公司资本集中、主体多元、资本自由流动，股份资本具有极高的社会性。正因为这样，马克思认为股份资本和股份制企业有别于私人资本和私人企业，是一种社会资本和社会企业。

更重要的是，股份公司具有极强的包容性，不仅仅是股份资本的企业组织形式，许多其他社会资本形态都采取了股份公司这一企业组织形式，股份公司成了现代企业的典型形式。其根本原因在于：一方面，人类社会直到目前为止的资本社会化、产权社会化仍然是在市场条件下进行的，特定产权主体的存在及其差异既是产权社会化的前提、又是产权社会化需要突破的障碍，在这种条件下，既不能简单否定特定主体的利

① 张彤玉：《社会资本论—产业资本社会化发展研究》，山东人民出版社 1999 年版，第 79 页。

益差别、实行无差别的社会直接占有财产，同时又要实现资本社会化，在这种情况下，所有权股权化、所有权与控制权分离的产权组织形式就是最好形式，而这正是股份公司的产权组织形式；另一方面，股份公司也在不断完善和发展，股份公司经历了资本所有者绝对控制、所有者相对控制、经理人控制等发展阶段，股权日益分散化，内部治理结构逐渐规范化。

但资本社会化是一个充满矛盾的过程：一方面，资本社会化发展在一定程度上缓和了资本主义基本矛盾，适应了生产社会化发展要求，促进了生产社会化进一步发展；另一方面，资本社会化发展创造出新的自己无法驾驭的社会生产力，导致社会资本的自我否定和新的社会资本形态的出现。资本社会化既是矛盾解决的过程，又是新的矛盾产生的过程。这种资本社会化"悖论"的原因就在于资本主义基本矛盾，因为资本社会化改变的只是资本的社会结合方式，而不是资本主义本身。也就是说，作为私人资本的生产资料和劳动的分离这一资本主义生产的前提性矛盾不加以根除，资本社会化内在矛盾就不可能根本解决，由资本形态变化所推动的资本社会化也不可能获得根本性改变。资本社会化不可能根本改变资本主义基本矛盾，只有社会主义公有制才能完全解决私有制与生产社会化的矛盾，也才能从根本上适应生产社会化发展。由此可见，资本社会化发展的趋势和最终结果是社会直接占有生产资料，即社会主义公有制；而在资本社会化发展的具体过程中尽管私有制性质没有根本改变，但私有制已经是带有社会性的私有制，私有制已经发生量变和部分质变。然而，资本社会化在什么时候、以什么形式突破私人资本性质，向社会主义公有制过渡和飞跃，却是非常复杂的，是多方面因素综合作用的结果，大体上这要看社会资本形态和社会企业组织形式容纳生产社会化的潜力以及社会资本与生产社会化的矛盾状况等。

从资本社会化运动过程来看，马克思、恩格斯之间，以及马克思恩格斯不同时期关于股份公司"过渡点"认识上的差别并不矛盾。马克思认为股份公司是资本主义向社会主义的"过渡点"，反映了19世纪70年代之前资本社会化的发展状况，以及在当时情况下对资本社会化发展前景进行的科学预测。《资本论》第三卷的主要内容来源于马克思1863—1865年政治经济学研究草稿，"在1863年和1867年之间"，马克思"已经为

《资本论》后两册写成了初稿"。① 也就是说，在 19 世纪 60 年代，马克思已经完成了《资本论》第二、三卷初稿，而在当时，股份资本、股份公司是主导的社会资本形态及社会企业组织形式，垄断资本以及卡特尔、托拉斯等垄断组织形式还没有普遍出现，在这种情况下，马克思才对股份公司极为重视，认为股份公司是资本主义向社会主义转变的"过渡点"。而从 19 世纪 70 年代第二次工业革命以来，资本主义生产社会化迅猛发展推动了资本社会化进一步发展，特别是在 19 世纪末期，垄断资本、垄断组织等新的社会资本形态和社会企业组织形式普遍出现，资本社会化发展进入一个新的发展阶段。恩格斯在整理、编撰《资本论》第三卷时，就敏锐地认识到新的社会资本形态和新的社会企业组织形式，就不再把股份公司看成是资本主义向社会主义转变的"过渡点"，而给予垄断资本和垄断组织以更多关注。这是马克思和恩格斯之间、《资本论》第一卷和第三卷之间、《资本论》第三卷中马克思原来的表述和恩格斯后来的编撰之间出现差别的根本原因所在。

所以，从整体性角度研究马克思恩格斯的文本，并结合资本社会化发展的历史趋势和具体过程来看，不能简单地说马克思恩格斯关于股份公司"过渡点"的含义就是资本主义向社会主义转变或者是自由资本主义向垄断资本主义发展，这都是有局限的。马克思、恩格斯之间，以及马克思恩格斯不同时期关于股份公司"过渡点"认识上的差别恰恰反映了资本社会化发展的历史趋势和具体过程的辩证统一。准确理解这一点，有利于纠正当前关于资本社会化发展前景的模糊认识，以及资本主义向社会主义转变的简单化倾向。

四 如何看待股份制是公有制主要实现形式问题

对于马克思恩格斯关于股份公司"过渡点"认识的分歧影响了人们对股份制性质以及股份制是公有制主要实现形式命题的理解。所以，搞清楚马克思恩格斯关于股份公司"过渡点"的科学含义，对于准确把握股份制是公有制主要实现形式命题具有重要意义。

---

① 马克思：《资本论》第 3 卷，人民出版社 2004 年版，第 7 页。

第一，社会主义公有资产要以公有资本形态出现。在社会主义市场经济和经济全球化条件下，社会主义公有资产必然要以公有资本的面目出现，才能实现保值增值、才能巩固公有制经济的主导地位。公有资本要能自由流动，不断地转换其赖于负载的实物形态，积极参与资本竞争，广泛吸纳社会资本，遵循资本增值规律，这个过程也是公有资本的资本社会化发展过程。当然，公有资本的资本社会化发展要体现公有资本的社会主义性质，在剩余价值的占有和分配上、以及生产过程中资本与劳动的关系上，本质上都有别于资本主义私有资本条件下的"剩余价值规律"和"资本雇佣劳动"关系。所以，对公有资产的管理要善于从公有资本的角度进行经营，按照现代市场经济的发展要求，使公有资本积极参与国内国际资本竞争，在竞争中实现保值增值。

第二，股份制是社会主义公有资本的基本企业组织形式。与私有资本的资本社会化一样，公有资本的资本社会化也需要一定的企业组织形式。由于公有资本与私有资本，区别只在于资本所反映的社会关系，而在资本社会化发展的要求上则具有共通性。在这个意义上，股份公司也是公有资本实现资本社会化发展的基本企业组织形式。这里需要说明的是，股份公司内部的产权结构没有固定模式，股份公司本身也处在不断的发展中，也在不断创新其具体形式，股份公司作为现代企业组织形式，尽管与私有产权社会化发展相同步，但资本主义社会资本社会化的企业组织形式并不是现代企业形式的全部。所以，股份制是社会主义公有资本的基本企业组织形式，并不意味着要照搬私有产权社会化所要求的股份公司形式，而应当从资本主义"现代企业"形式中剥离出反映产权社会化一般要求的产权组织形式，并结合公有资本的社会属性要求，创新出适合自身资本特点、符合现代市场经济时代特点的股份公司产权结构。

第三，准确理解产权社会化与社会主义公有制的关系。长期以来，人们认为社会主义公有制就是国有制、集体所有制；20世纪90年代以来，人们逐渐认为混合所有制经济中的国有成分和集体成分也属于社会主义公有制经济范畴。国有制和集体所有制分别是在全社会范围和一定社会范围内社会成员平等、无差别、共同占有生产资料，产权主体一律平等，从而防止一部分人借助于生产资料占有上的优势地位剥削压迫另一部分人，产权主体的平等状况成为公有制的唯一标准。但实际上，社会主义公有制应当有两个衡量标准：一个是产权主体之间的平等程度，以平等的产权主体地位保证劳动者不受剥削，体现社会主义的价值追求；另一个是产权主体的范围大小，以日益社会化的产权关系来适应生产社会化的发展要求，体现社会主义的内在规律。产权主体范围不断扩大的产权社会化，本身就是社会主义公有制应当包含的内容，因此，不能离开产权社会化而仅从产权主体平等程度去认识社会主义公有制。恩格斯在批评那些离开生产社会化、产权社会化发展，无条件地将国有制与社会主义等同起来的观点时说："自从俾斯麦致力于国有化以来，出现了一种冒牌的社会主义，它有时甚至堕落为某些奴才气，无条件地把任何一种国有化，甚至俾斯麦的国有化，都说成是社会主义的。"① 还需要明确的问题是，从社会主义公有制的上面两个衡量标准看，除了无差别的社会直接占有生产资料这一公有化程度和水平最高的公有制形态外，还存在着一个公有范围和公有程度不断发展、提高的过程。当产权社会化有所发展、而产权主体地位不平等时，是社会化产权而非社会主义公有制，但包含着一定的社会主义因素，例如股权差距悬殊的股份公司；当产权社会化有所发展、产权主体地位又相对平等时，就包含着更多的社会主义因素，甚至就是社会主义公有制，例如股份合作制。

---

① 《马克思恩格斯选集》第 3 卷，人民出版社 1995 年版，第 628 页。

马克思阶级理论的当代境遇和时代价值

马克思的阶级理论作为科学完整的理论体系，是马克思主义理论的重要组成部分，是分析人类社会发展的"解剖刀"。然而，在当代社会，马克思的阶级理论面临着严峻的现实挑战和理论压力。因此，准确理解马克思阶级理论作为一种科学的社会分层理论所坚持的基本思想方法，并根据当代社会和时代发展要求进行理论创新，对恢复和重现马克思阶级理论的"生命力"，以及准确分析当前社会阶级阶层结构、制定科学合理的社会政策，具有重要理论价值和现实意义。

一　马克思阶级理论的当代境遇：边缘化与重塑

阶级范畴和阶级分析方法是马克思、恩格斯根据唯物史观，构建科学社会发展理论的核心范畴和基本方法，阶级分析法是揭示社会历史发展规律的一把"钥匙"。所以，马克思、恩格斯在《共产党宣言》中开篇就说："至今一切社会的历史都是阶级斗争的历史。"[①] 依据阶级分析法，马克思恩格斯对十九世纪主要资本主义国家的阶级状况和发展趋势进行了深入分析，由此创立了科学社会主义学说。阶级理论和阶级分析法是无产阶级分析革命形势、制定革命策略的重要理论基础和思想方法，在革命斗争中发挥着十分重要的作用。

然而，在当代社会，马克思阶级理论在对社会阶级阶层问题分析上越来越显得"力不从心"，马克思阶级理论逐渐被"边缘化"。在国外，随着资本主义工业化、信息化纵深发展，"后工业社会"已不仅仅是一个简

---

① 《马克思恩格斯选集》第 1 卷，人民出版社 1995 年版，第 272 页。

单的学术概念，还包含着更多关于社会阶级阶层结构的新变化。伴随生产社会化、资本社会化发展趋势，以科技人员、管理人员和服务人员为主体的新兴中产阶级队伍不断壮大，典型的无产阶级、资产阶级二分法社会结构已经不复存在。因而，许多西方学者认为：阶级存在的社会条件已经消失，划分阶级的界限已经模糊，阶级作为历史的主体已经结束，作为理论的客体也被"解构"。东欧剧变和苏联解体，似乎更加确证了"历史的终结"、"意识形态的终结"和"社会阶级的死亡"。事实上，在西方社会，也有个别"左翼"学者声称自己是马克思主义者，对马克思阶级理论持支持态度。他们认为，从本体论来看，尽管资本主义社会发生了各种制度性和结构性变迁，社会阶级仍然是资本主义内在的、不可分割的一个特征①；从方法论看，阶层分析的是结果，阶级分析的是原因，嵌于控制关系中的阶级关系决定了职业内容和职业顺序②。但是，他们主张从多维度标准和价值取向分析社会结构，从而间接否定或淡化社会生产方式变革是社会阶级阶层结构发展原动力的历史唯物主义基本观点。因此，西方"左翼"学者所理解和"坚持"的马克思阶级理论与分析方法实际上名不副实。

改革开放以来，源于西方社会学的阶层分析方法在中国社会阶级阶层结构分析上占主流地位，"去阶级化"倾向明显。代表人物及著作有李培林主编的《中国新时期阶级阶层报告》（1995）、朱光磊等著的《当代中国社会各阶层分析》（1997）、陆学艺主编的《当代中国社会阶层研究报告》（2002）。阶层研究一般以职业和对社会组织资源、经济资源、文化资源的分配和占有将社会划分为不同的阶层。出现这种倾向的主要原因有：第一，改革开放前阶级斗争扩大化造成的负面影响依然存在，阶级理论被视为斗争和冲突的政治意识形态工具。第二，以马克斯·韦伯的阶层分析为理论基础、以社会实证调查为研究方法的当代西方阶层研究范式的引进和影响。第三，阶层分析方法借助于市场转型理论提供的理论辩题和研究策略，使分层研究变得更加细致、严谨和规范。

可喜的是，近年来，呼吁"重返阶级分析"的理论诉求愈来愈多、

① ［英］理查德·斯凯思：《阶级》，雷玉琼译，吉林人民出版社 2005 年版，第 12 页。
② 同上书，第 29 页。

声音也越来越大。① 此外，理论界还对"重返阶级分析"的必要性和可能性进行了试探：第一，认为当代中国社会处于整体性大转型过程中，对于社会阶级、阶级结构和阶级关系整体重构，阶层分析方法无法把握这些"真问题"，需要阶级分析方法。第二，认为阶级分析和阶层分析的分野在于冲突论和功能论，所以选择什么样的研究范式取决于社会现实和研究需要，而当前中国社会矛盾和社会问题日趋增多，因此需要"重返阶级分析"。第三，探讨了阶级分析的具体方法，提出从社会稀缺性生产要素占有关系解读当下中国阶级状况及其相互关系的阶级分析思路。

应该说，在马克思阶级理论被"边缘化"的今天，理论界发出"重返阶级分析"的呼吁具有远见卓识，值得赞赏和肯定。因为阶层分析范式是社会表层结构分析而非本质分析，是社会结构结果分析而非深层原因分析，是社会结构静态分析而非动态演变过程分析。但"重返阶级分析"已经不是人们传统理解意义上的马克思阶级理论与阶级分析方法的简单回归。在这个意义上，"重返阶级分析"是马克思阶级理论在当代境遇中面临的时代性问题；同时，马克思阶级理论也只有在应对和回答当代社会阶级阶层问题中才能成功完成"重返阶级分析"，并在此过程中恢复和重现马克思阶级理论和阶级分析方法的"生命力"。

二 马克思阶级理论作为社会分层研究所坚持的基本思想方法

马克思阶级理论在当代社会被"边缘化"，其中一个最重要的原因就是长期以来理论界对马克思阶级理论存在误读、误解，马克思阶级理论被个别结论和教条式理解所遮蔽，从而使得解释力大打折扣，这又为社会阶层分析范式大行其道留下了空间。因此，走出马克思阶级理论在当代被

---

① 参见沈原：《社会转型与工人阶级的再形成》，《社会学研究》2006 年第 2 期；仇立平：《回到马克思：对中国社会分层研究的反思》，《社会》2006 年第 4 期；仇立平：《社会结构与阶级的生产结构紧张与分层研究的阶级转向》，《社会》2007 年第 2 期；吴清军：《西方工人阶级形成理论述评——立足中国转型时期的思考》，《社会学研究》2006 年第 2 期；冯仕政：《重返阶级分析？——论中国社会不平等研究的范式转换》，《社会学研究》2008 年第 5 期；刘保国：《阶级观点和阶级分析方法的当代意义》，《马克思主义研究》2009 年第 8 期。

"边缘化"的困境，"重返阶级分析"，不仅需要摆脱将马克思阶级理论等同于阶级斗争的传统理解，更需要将马克思阶级理论放在社会分层研究理论界域中来审视。因为对一个社会进行分层研究，是把握一个社会的现实状况以及发展趋势的重要途径，社会分层研究既是社会问题研究的重要领域，同时也是社会问题研究的一种基本方法。在这个意义上，马克思阶级理论属于社会分层研究的理论与方法，更重要的是，马克思阶级理论是一种科学的、深刻的社会分层研究理论与方法。作为一种社会分层研究理论，马克思阶级理论始终坚持以下两个最基本的思想方法。

第一，立足于社会生产方式研究社会分层是马克思阶级理论的基本方法。阶级的产生、发展、消亡是一定社会生产方式的产物。"生产以及随生产而来的产品交换是一切社会制度的基础；在每个历史地出现的社会中，产品分配以及和它相伴随的社会之划分为阶级或等级，是由生产什么、怎样生产以及怎样交换产品来决定的。"① "这些互相斗争的社会阶级在任何时候都是生产关系和交换关系的产物，一句话，都是自己时代的经济关系的产物。"② 阶级现象始于原始社会后期剩余产品的出现、脑力劳动与体力劳动的分工以及私有制的形成。"分工的规律就是阶级划分的基础。"③ "分工发展的各个不同阶段，同时也就是所有制的各种不同形式。这就是说，分工的每一阶段还决定个人与劳动资料、劳动工具和劳动产品有关的相互关系。"④ 由此可见，生产力发展水平决定分工，分工决定着生产资料的所有制关系，进而决定着阶级及其阶级关系。社会阶级状况、阶级关系的深层次根因在于一个社会的生产方式。因此，马克思阶级理论从社会生产方式研究社会分层，就抓住了社会分层及其变化的深层原因。

第二，社会分层是由主导分层和次级分层相结合形成的社会分层体系。任何一个社会都有占主导地位的生产方式，该生产方式是社会分层的主要决定因素，但不是唯一因素，因为除占主导地位的生产方式之外还存在其他生产方式。社会生产方式的这种复杂性特点，决定了社会分层的复杂性，即由主导分层和次级分层相结合形成的社会分层体系。马克思、恩

---

① 《马克思恩格斯选集》第 3 卷，人民出版社 1995 年版，第 617 页。

② 同上书，第 365 页。

③ 同上书，第 756 页。

④ 《马克思恩格斯选集》第 1 卷，人民出版社 1995 年版，第 68 页。

格斯在《共产党宣言》中说："过去的各个历史时代，我们几乎到处都可以看到社会完全划分为各个不同的等级，看到社会地位分成多种多样的层次。在古罗马，有贵族、骑士、平民、奴隶，在中世纪，有封建主、臣仆、行会师傅、帮工、农奴，而且几乎在每一个阶级内部又有一些特殊的阶层。"① 在西欧中世纪时期，占主导的社会分层是以国王为代表的封建主与农奴阶级，但由于城市手工业和商品经济的发展，出现了行会师傅、帮工。尽管在资本主义社会主要的阶级是资产阶级和无产阶级，但是，"实际的社会结构，——社会决不仅仅是由工人阶级和产业资本家阶级组成的"②。按照收入源泉，马克思划分出资本主义生产方式基础上的三大阶级：雇佣工人、资本家和土地所有者；在《法兰西阶级斗争》中，马克思列举出金融资产阶级、工业资产阶级、商业资产阶级、小资产阶级、农民阶级、无产阶级、流氓无产阶级等；在《德国的革命与反革命》中，马克思划分出封建贵族、资产阶级、小资产阶级、富农和中农、小自由农、农奴、农业工人和工业工人等。由此可见，在马克思阶级理论中，社会分层是由占主导地位的生产方式所决定的主导分层和由非主导地位的生产方式所决定的次级分层相结合而形成的社会分层体系，这是马克思阶级理论作为一种社会分层理论所坚持的另一个基本思想方法。

需要指出的是，马克思阶级理论作为科学完整的理论体系，其内部具有层次性，有些理论属于基本原理的层次，有些属于具体结论和个别论断。以前之所以对马克思阶级理论存在误读误解现象，根本原因就在于对马克思阶级理论缺乏整体性解读和层次性分析，将一些具体结论和个别论断无限放大，认为是"放之四海而皆准的普遍真理"。与此相对应，马克思阶级理论的基本原理，特别是马克思阶级理论所坚持的基本思想方法却没有引起人们的足够重视。没有自觉运用这些思想方法去分析当代社会分层问题，更谈不上在此过程中丰富和发展马克思阶级理论，由此导致马克思阶级理论被"边缘化"。可见，准确把握马克思阶级理论的基本原理特别是基本思想方法尤为重要，这也是提出马克思阶级理论作为社会分层研究所坚持的基本思想方法问题的意义之所在。

---

① 《马克思恩格斯选集》第 1 卷，人民出版社 1995 年版，第 272、273 页。
② 《马克思恩格斯全集》第 26 卷，人民出版社 1973 版年，第 562 页。

马克思阶级理论作为社会分层研究所坚持的基本思想方法，仍然具有生命力，是"重返阶级分析"须臾不能放弃和背离的理论基石。坚持从生产方式角度研究社会分层，就可以将马克思阶级理论成功运用于对社会主义社会以及当代资本主义社会的社会分层研究，尽管在马克思恩格斯时代，没有、也不可能对社会主义社会以及当代资本主义社会的社会分层问题给出完整答案。坚持从主导分层与次级分层相结合的社会分层体系进行分层研究，就能从理论上妥善解决阶级分析与阶层分析的"分野"。所谓"阶级"，实际上是与占主导地位的生产方式相联系的社会分层，反映了一个社会分层的基本结构、基本关系及发展趋势；所谓"阶层"，实际上与占非主导地位的生产方式相联系的社会分层。两者是宏观与微观、总体与局部的辩证统一关系，共同构成社会分层图景和分层关系。因此，阶级分析、阶层分析并非泾渭分明、无法对话，从生产方式角度分析社会分层，阶级分析与阶层分析完全可以实现沟通对话和研究范式的重新"整合"。

三　在应对和回答当代社会阶级阶层问题中展现时代价值

正本清源，真正把握马克思阶级理论作为一种社会分层理论所坚持的基本思想方法，只是为"重返阶级分析"、恢复和重现马克思阶级理论的"生命力"提供了可能性，因为理论只有在回应和解决不断涌现的时代性问题中，才能真正被人们所认可和接受。因此，马克思阶级理论还必须应对和回答当代社会阶级阶层问题，才能成功完成"重返阶级分析"，才能展现其时代价值。

（1）马克思阶级理论视域中的当代资本主义社会分层分析

马克思阶级理论在马克思恩格斯时代侧重于工业化、私人资本主义背景下的社会分层研究，突出强调资产阶级与无产阶级的矛盾和对抗，应该说是符合当时资本主义国家社会分层事实的。二战以来，当代资本主义社会生产方式发生了深刻变化，社会分层也发生了深刻变化。西方许多学者对马克思阶级理论的认识仍然停留在马克思恩格斯的时代，更谈不上运用马克思阶级理论的基本思想方法去研究当代资本主义阶级阶层新变化，由此得出马克思阶级理论"过时"的结论，显然是理论上的一种"轻率"。

事实上，运用马克思阶级理论的基本分析方法，完全可以对当代资本主义社会分层问题进行科学研究。

当代资本主义社会生产方式发生了深刻变化，主要表现在科学技术的迅猛发展及其在生产领域的广泛应用、资本主义生产关系的重大调整、国际分工和产业结构的调整。这些变化导致当代资本主义社会分层呈现出一系列新变化：就资产阶级而言，食利资本家和企业管理者不断增加；"政治精英"和"知识精英"阶层快速发展；资产阶级分化为垄断资产阶级和中等资产阶级。[1] 就无产阶级而言，工人队伍扩大、技能提高；工农业物质生产部门工人人数减少、非物质生产部门工人人数增加；白领工人人数增长速度超过蓝领工人。[2] 当代资本主义资产阶级与无产阶级的这种新变化导致中产阶层的出现，无产阶级与资产阶级的矛盾趋于缓和。

对于当代资本主义社会分层的新变化，我们必须要坚持运用马克思阶级理论与分析方法去研究。首先，当代资本主义社会阶级阶层新变化是当代资本主义社会生产方式的产物，要承认这种新变化，并对这种新变化进行如实研究、客观评价。其次，不能因当代资本主义社会阶级阶层出现了新变化，就否定当代资本主义社会资产阶级与无产阶级的矛盾和对立。只不过围绕社会生产方式的新变化，当代资本主义社会的无产阶级与资产阶级的矛盾和对立以新的内容、新的形式表现出来而已。因此，既不能否认当代资本主义社会无产阶级与资产阶级之间的矛盾对立，也不能将矛盾对立简单化。所以说，客观分析当代资本主义社会无产阶级与资产阶级关系的新变化、斗争的新内容新形式，是马克思阶级理论展现其时代价值的重要内容。

（2）马克思阶级理论视域中的当代中国社会分层分析

当代中国社会阶级阶层状况是当代中国社会生产方式的产物。对当代中国社会分层问题的研究，需要坚持马克思社会分层研究的基本思想方法，这个方法就是从分析当代中国社会生产方式入手。

当前中国处在从农业社会向工业社会、信息社会的转变过程中，新型工业化道路是当代中国生产方式的第一个基本特点。这就意味着传统的工

① 靳辉明、罗文东：《当代资本主义新论》，四川人民出版社 2005 年版，第 472—476 页。
② 徐崇温：《当代资本主义新变化》，重庆出版社 2005 年版，第 538—540 页。

人阶级范围的扩大和内涵的丰富，由农民阶级向工人阶级转变的阶级、产业工人、服务业工人、技术工人，都是工人阶级；而从工人阶级所处的所有制状况来看，既有国企工人、集体所有制企业工人、混合所有制企业工人，还有私营企业工人、外资企业工人，这些都是工人阶级。中国的城市化过程将是一个非常特殊的过程，不可能一下子实现西方国家现代化过程中的市民化、都市化，只能一部分农民市民化，另外一部分农民将在商品化、信息化背景下离开土地但是不离开乡村从而变成新型农民，还有一部分农民将继续从事农林牧副渔业等传统农业。此外，信息化的发展，还产生了大量围绕信息生产、传送、使用的新阶层。

当前中国处在社会主义初级阶段，通过社会主义市场经济配置资源是社会主义生产方式的第二个基本特点。这就导致在社会阶级阶层上的两个结果：其一，各种生产要素所有者具有各自的具体利益和利益实现方式，形成特定社会阶层；其二，社会主义市场经济条件下，通过要素资本化，形成以资本增值为利益内容和利益实现方式的阶层。这种社会阶层不是通过劳动的付出，即不是通过简单劳动或复杂劳动、体力劳动或脑力劳动付出实现其利益，但在社会化大生产中，通过贡献自己的生产要素，贡献其力量并实现其利益。

当前中国处在经济全球化国际背景下，积极参与国际分工，是社会主义生产方式的第三个基本特点。这就要求在研究当代中国社会分层时，需要分析国际分工的影响。例如，对于农民阶级，特别是从事传统农林牧副渔业的农民阶级来说，农产品国际贸易对他们的生活、生产、发展具有重大影响。除此之外，还有大量跨国公司在中国设立分支机构，产生的新的外资代理方阶层等。

当前中国的社会生产方式十分复杂，由此导致当代中国社会分层极其复杂。其基本特点是：阶级阶层数量多；大多数社会阶级阶层在根本利益上具有一致性；部分社会阶层在具体利益实现方式上存在差异，甚至存在冲突和矛盾。因此，处理好当代中国社会阶级阶层关系挑战和难度相当大。具体来说，应注意以下几点：第一，维护顺应当代中国生产方式发展特别是先进生产方式发展的社会阶级阶层的利益。不同行业、不同性质企业就业的工人阶级，从事传统农业、不断分化的农民阶级，以及作为先进生产力开拓者的知识分子，他们都是社会主义劳动者，是当代中国社会阶级阶层的主体力量。要尊重知识、尊重人才、尊重劳动、尊重创造。第二，处理好社会主义劳动者与社会主义建设的关系。社会主义劳动者是社会主义现代化建设的基本力量，但以自己的生产要素为现代化建设作贡献的社会主义建设者也是现代化建设不可缺少的力量，这些社会阶层在当前还有发展的必要和空间。第三，积极发挥各个阶级阶层的积极性，在最低限度、最大范围内寻求共识，形成利益表达、利益整合机制。面对复杂的当代中国社会阶级阶层，要避免用单一标准去衡量、评价社会阶级阶层，而应努力在最低限度要求中寻求最大程度的共识，形成各社会阶级阶层渠道通畅的利益表达、合理有度的利益博弈和积极有效的利益整合。

社会发展模式研究

社会工程是马克思主义理论的社会应用形式

社会工程是相对于自然工程而言的。人类的生存和发展不仅仅依赖改造自然，同样也依赖于对社会的改造，例如对社会发展的预测和规划，对社会制度和政策的设计、对社会行为、社会秩序的规范和控制，对社会问题的调查和处理，以及对社会运行的宏观管理和调控等等，同样也需要一定的方法、手段和程序。而这些方法、手段和过程研究、发现和应用就是社会工程活动。

马克思主义理论是关于世界观的理论，是关于人类社会发展规律和人类解放的科学。在社会主义伟大事业的展开过程中，马克思主义理论要转变为亿万群众的具体的社会实践，必须有一个中间环节，这就是社会工程的研究活动。社会工程活动是在比较抽象的理论原则和具体的社会实践之间的一个过渡环节，是理论与实际相结合的载体。通过社会工程活动，才会形成体现理论原则的社会实践模式，进而通过社会实践模式规范社会实践活动。所以，马克思主义要能够成功应用于社会实践，应当通过社会工程这一重要形式。

一　社会工程是马克思主义理论的应用活动

克思主义哲学是实践哲学，马克思主义理论在本质上也是实践的理论。马克思主义理论作为我国当前的总的指导思想，要在社会主义建设事业的方方面面发生现实作用，就必须通过社会实践来实现。社会工程理论和实践为可以将抽象的理论命题、原则转换成具体操作模式的实践过程，是对马克思主义哲学认识论丰富和深化。

　　毛泽东同志在《实践论》中曾经论述过认识过程的"两次飞跃"①。"第一次飞跃"是从具体的社会实践到概括的理论认识,即理论体系的概括与抽象来源于对现实社会实践的总结;"第二次飞跃"是从理论到实践,即用已经总结形成的理论命题去检验和指导具体的社会实践过程,理论的作用和指向在于解释和指导实践。一般地讲,从理论到实践的转化过程中,对立面转化要有一个中间环节,此问题在自然科学中很清楚,这就是技术科学和工程科学,科学原理和科学规律通过技术实践和工程实践得以实施和应用。其实,在社会科学和社会实践领域,从理论到实践的转化的过程中,我们也需要探索一个转化的中介环节或者机制。

　　如果说"第一次飞跃"的认识特征是以抽象和分析为基础,经历一个不断被纯化、不断减少条件的理想化过程,那么,"第二次飞跃"则是对一个理想化的、抽象的命题不断增加条件,把一般理论变成具体操作模式的过程。这个过程不仅包含了主体对理论命题的真理性认识,也包含了主体对其他相关社会历史条件、时空条件和主体的价值取向和操作理念的整合,通过对理论命题结合现实条件的不断丰富、具体化和协调,逐步形成适用现实的具体操作化的社会模式,这个过程体现了社会工程理论的设计性、建构性和协调性。

　　从认识的"两次飞跃"过程的分析来看,从理论到实践应该有一个中介环节②。理论是最抽象的和最一般的命题,而实践却是具体的现实,理论命题不能直接应用到现实实践中去,这种应用需要通过操作模式的中间环节进行转化。如果不经过中介的操作模式的转换环节,直接将理论命题应用于具体实践,就会将理论命题和操作命题混为一谈,就会将真理性知识和操作性知识不加区分,简单等同,其结果在社会实践中就可能会出现问题。古往今来,许多体系完美、自圆其说的理论为人们描绘了美好的蓝图和前景,从理论形态上讲,这些都可以成为高明的理论建树。然而,这些理论应用的实践效果却往往不佳,甚至有些付诸实践后让人大失所望,更严重者还会引起灾难性后果,究其原因就是将理论原则直接用于实践对象的操作,缺乏中间操作模式的环节的转换。从现实到理论,很多具

---

①　《毛泽东选集》第 1 卷,人民出版社 1991 年版,第 292 页。

②　王宏波:《论实践观念模型的地位与作用》,《哲学研究》1992 年第 5 期。

体的条件性的东西都被抽象掉了，只剩下了共性的一般的东西，它远离现实而又抽象地反映现实之某方面真实的性质。至于具体的实践是和具体的环境、历史、文化和社会生活镶嵌在一起的，这些边界条件必须加以考虑，否则难免走入纸上谈兵的误区。社会工程研究就是在遵循社会规律、综合理论认识的基础上，分析各类边界条件的影响和冲突，整合社会行动的要素和方面，探索和设计理论向实践转化的操作模式的理论和方法。模式本身既体现理论规律，又整合了现实条件，因此很好地实现了从理论思维向实践思维的转化。从这个意义上说，社会工程研究不可或缺，社会工程是理论指导和应用于社会实践的基本形式。

理论不等于政策，真理不等于模式，有了建设中国特色的社会主义的理论和目标，怎样将理论和目标以及要求落实到具体社会发展和建设中去，就需要有相应的制度、模式和政策去实现和贯彻中国特色社会主义道路的理论和目标。社会工程的意义就在于它是探索和研究如何将理论命题转化成操作性命题的理论和方法。社会工程作为变革、改造社会的重要实践形式，是社会主体借鉴工程的思维和方法进行的规划社会蓝图，设计社会发展模式，制定政策和制度的社会建构活动。社会工程所要建构的就是社会模式或社会关系体系，是将马克思主义的中国化的原理、原则和命题与当前中国具体经济社会发展领域和问题相结合，探索、规划和设计社会发展模式、制度体系和政策措施的一般性的理论和方法。马克思主义中国化的最新理论体系是马克思主义结合中国社会发展的具体现实总结出的科学的理论认识，要将这些理论成果应用于中国改革发展的具体实践，就要通过社会工程的中介环节，将理论和实践沟通起来，使马克思主义理论真正找到发挥作用的途径。

二 社会工程规律是马克思主义理论应用研究的新内容

工程与技术、科学不同。科学的任务是发现，它获得的是真理性知识；技术是发明，它获得的是方法性知识；工程是建构，它是综合利用科学技术知识，并经过适当的转换过程建构成一个具有丰富属性和特点的新事物。徐长福认为探求事物道理的和绘制生活蓝图的不是同一种思维，前者是理论思维，后者是工程思维。① 理论思维的目标是建构理论，工程思维的目标是设计蓝图，社会工程研究具有工程思维的特征。社会工程本质上是建构性的，它把一个原来没有的社会结构或者社会事物创造出来，是一个从无到有的过程，是人们在把握科学规律的基础上，通过"对象设计"构思出蓝图；再通过"过程设计"将蓝图转化为现实，是一个合乎规律、合乎目的的建构性社会实践活动。② 它是科学、技术、工程与社会方法的统一。社会工程的研究重点集中表现在社会规则的设计环节上，它既包括对象设计也包括过程设计，这种活动的本质是通过"设计"来建构和调整社会关系，形成不同的政策规范和制度结构，从而解决社会问题，规范社会行为，达到推动社会进步的目的。

人们熟悉自然科学规律、工程规律，也了解社会发展规律。但是说到社会工程规律似乎是一个新问题。首先遇到的问题是，有没有社会工程规律？社会工程规律与社会发展规律有何区别？我们认为，既然社会工程活动是一个相对独立的社会活动，是社会认识过程的"第二次飞跃"过程，那么，也就相应地具有反映这个过程的规律，它是马克思主义理论应用研究的新内容。社会规律是指社会事物之间的必然、稳定的联系和社会运动、变化、发展的趋势，它是人们社会活动的内在逻辑，通过社会事件之间的必然关系表现出来。恩格斯在致约·布洛赫的封信中提出了"历史合力"的思想，认为社会历史发展是必然性与偶然性的统一，历史进程是社会事物与个人意志的合力的结果，历史的实现方式是必然规律通过偶然事件向前推进的。③ 如果认识了社会实践之间这种必然的联系，人们就对社会发展趋势有了真理性的认识。社会规律与自然规律一样，具有不依赖人的意志而转移的客观必然性。然而，这种社会规律是通过人的自觉的活动表现出来的，是无数人的自觉活动的平均效应。每一项人的自觉的社会活动就表现为社会工程的形式。社会工程塑造了一个又一个的社会事物，已经形成的社会事物之间的相互作用表现为社会规律的形式。但就某一个社会事物的形成过程来说，它又有自己具体的、个别的生成规律。所

---

① 徐长福：《理论思维与工程思维》，上海人民出版社 2002 年版，第 1—5 页。

② 王宏波：《社会工程的概念和方法》，《西安交通大学学报》2003 年第 3 期。

③ 《马克思恩格斯选集》第 4 卷，人民出版社 1995 年版，第 695—697 页。

以社会工程规律就是某一个具体的社会事物从无到有的形成规律。因此，社会规律是既有的社会现象之间相互作用的规律；社会工程规律是社会理念转化为社会存在的规律。就社会发展的每一个具体阶段，社会领域内的每一项具体活动来说，都是具有明确的意识指向、赋予明确的价值原则、充盈着人的情感寄托、体现着某种现实目的的人的活动，这种有着具体针对性的具体活动就是社会工程活动。这种社会工程活动受到社会工程规律的制约，也受到社会规律的制约。社会规律是社会工程规律发生作用的基础条件和背景平台；社会工程规律是社会规律的实现形式。社会工程作为一种社会关系实现形式和设计、实施的社会活动，是把社会规律揭示的社会事物之间的必然的稳定的联系和社会运动、变化、发展的趋势，落实到现实社会模式的设计和实施，使得新的社会现象得以产生和形成，从而推动现实社会的进步。例如，科学发展观揭示了中国现阶段社会发展的客观要求，它是我们各种社会工程活动的一般理论指导，不能替代人们对各种具体发展模式的探寻。因此，从社会工程的角度来讲，社会工程规律就是人在变革社会的活动中建构具体的社会模式的过程中所存在的活动规律，它体现的是具体的社会变革中建构各种具体的社会事物模式的规律。

从认识的过程角度讲，人的认识有两个相互联系的层面，即社会规律性认识和社会工程规律的认识。如前所述，社会规律是既存的社会现象之间相互作用的规律。社会工程规律是人类改造社会的实践过程中，把对自然、社会的认识运用到具体变革社会的活动中建构一个新的社会事物的规律。人从实践活动中获得关于自然规律和社会规律的认识，完成了认识过程的第一次飞跃；又运用所获得的认识处理实践中遇到的自然、科学及社会问题，形成社会工程规律的认识，运用这些认识指导变革社会的实践，完成认识过程的"第二次飞跃"。社会工程研究的着眼点是在认识过程中的"第二次飞跃"中，表现为处理从理论形式转化为具体对策过程中遇到的模式设计问题，即如何把规律性的认识转换成现实的社会模式。其思维的核心是社会模式的创造性设计问题。人类认识第一次飞跃的成果是获得了对自然、科学、社会中的各种事物及其内在联系的相对真理。它是一种规律性的认识，回答的是"是什么"或"为什么"的问题，并不是关于"怎么办"的问题。而在认识过程的"第二次飞跃"中，自觉地运用对规律的认识构思造物即是工程活动；筹划变革现有社会关系即是社会工程活动。社会工程规律源于变革社会关系的活动中涉及的各个要素之间的制约性，他所揭示的是社会规律的实现形式问题，也就是方案、计划、模式如何形成的问题。它反映的是"怎么办"的方法论问题。

从社会的建构角度讲，社会工程规律是具体的变革社会关系结构过程的规律，揭示的是人类实践活动过程中的，特别是变革社会的过程中反映出来的因果性和目的性相统一的内在联系，是变革社会的实践活动过程中体现出的建构性变动规律，是社会规律、自然规律、工程规律与人的改造社会的活动的互动中形成和体现出来的因果性与目的性统一。社会工程活动中，人对自然的关系和人对人的关系通过具体的社会实践活动交织在一起。在变革社会的活动中，自在的规律由于人的介入，使事物与事物之间纯粹的因果关系转化为因果性和目的性的统一，并通过社会工程的活动和结果呈现出一种新的社会关系。社会关系可以分为一般社会关系和具体社会关系。一般社会关系指人与人在生活、生产、交往过程中形成的普遍的、一般的联系。而人们在社会生活、活动中的联系往往是具体的，社会工程就是旨在建构人与人之间具体的社会关系。人在构建具体社会关系的活动中，是自觉运用客观规律，使之按照主体的需要发挥作用的。例如，在改革过程中，我们认识到曾经有的计划经济形式效率低下，有各种弊端，但哪种形式好、有效率？这要有一个认识过程，通过研究、试验，发现新的经济形式，并通过人们的设计过程和实验过程使之具体化、普遍化。在改革中，人们要建立一种按生产要素分配的分配关系，那么这种分配关系在实践中怎样体现出来？又该怎么操作？这些都是社会工程研究的问题。可见，社会工程旨在把一种潜在的社会关系转化为现实的、具体的社会关系。即从社会问题出发，把人与人之间的潜在的社会关系现实化、具体化，并上升为人们的社会理念，进一步转化为具体的社会关系的形式，从而真实表达人们之间的真实关系。总而言之，社会工程活动是为探寻潜在的社会关系并形成关于合理的社会关系形式的定位性认识，进一步将其转变为现实的社会关系，寻找符合人们真实意愿的社会关系的实现形式，探索和寻找真实的社会关系模式的活动过程。

研究社会工程规律具有重要的理论和现实意义：

1. 研究社会工程规律深化了我们对规律的认识

人类社会是一个由人的政治、经济、文化、思想等不同领域的活动所组成的纷繁复杂的系统，因而社会事物之间的关系不可能是单一的、一维的简单关联，而是多系统、多层面的关系体系。谈到规律，人们更多地强调规律的客观性，认为规律是不依赖于人的意志而转移的，从而忽视了规律的运作过程中人的主体性和事物的规律之间的互动。社会工程规律揭示了变革社会的规律，更清晰地揭示了从理论到实践的"第二次飞跃"中的社会模式设计规律。其本质上是主体和客体相互作用的规律，它是建构新事物过程中的规律，是主体变革客体并建构新的事物的规律，它使我们对规律的认识上升了一个层次。

2. 社会工程规律能够使我们提高社会工程成功的概率

有学者提出，从经验到意识形态的一跃是致命的。人何以可能靠有限的经验设计出真正符合社会发展的制度和政策呢？对社会工程何以可能提出质疑，这实际上是在问人们所赖以存在的社会规则系统是自发形成的，还是通过人的社会设计过程实现的；依据社会工程规律设计的社会产物有没有合理性、正当性。纵观人类社会的历史，很多行之有效的制度都是人设计出来的，随着历史的延伸，我们看到越来越多的社会规则将被设计出来。当然设计是有可能犯错误的，正因为政策设计有可能成功也有可能失败，我们才需要建立一门学问去研究它，探索它的规律，提升社会工程成功的概率。不可否认，在以往的社会主义实践中，我们的政治、经济、文化政策的设计上有过严重的失误。原因之一，是长期以来我国社会科学学科发展水平低、理念落后，曾经只有马克思主义而忽视其他社会科学学科，从马克思主义关于人类发展的最一般理论出发，用它直接针对具体的社会事物，把宏大的、一般的、普遍的理论缩小到一个具体的时点上制定具体政策，使我们的社会主义建设走了许多弯路。也正因为有许多失败的设计实践，不理想的结果，才要追问设计的合理性与规律性问题、提出社会工程问题，在基础理论和解决具体问题之间构架一座桥梁。社会工程作为一门新兴的社会科学应用基础理论，就是要研究如何运用一般理论解决我们面对的社会问题，为社会科学的基础理论的应用提供一般的方法论。而社会工程规律就是要揭示变革社会的过程中社会事物之间有哪些关系和约束条件，从而为运用社会发展理论提供方法论指导，提高社会工程的成功概率。

3. 社会工程规律为马克思主义理论与实际问题结合提供方法论基础

研究社会工程规律有利于我们探索社会主义建设规律和执政党的执政规律。马克思主义理论是关于人类社会发展一般规律的学说，而社会主义建设旨在解决社会主义怎么干，建设什么模式的社会主义，二者是不同层次的问题。社会主义模式是马克思主义理论与各国具体实践相结合在不同国家体现出来的社会主义实现形式，它一方面体现马克思主义的基本原理，遵循人类社会发展的规律，同时又从不同国家的具体实际出发，把社会主义的一般原则转变为社会主义的具体现实形式。当今世界不同的社会主义模式，是各国共产党在马克思主义理论的指导下，根据本国具体国情设计实现的现实的社会主义国家形式。社会主义模式的探索，回答了怎样建设社会主义的问题，没有社会主义模式的探索，马克思主义理论就是失去了体现真理性和价值的载体。社会工程规律为马克思主义理论与实际问题的结合提供方法论基础，有利于我们探索社会主义建设规律。

4. 研究社会工程规律有助于我们探索构建和谐社会的具体模式

社会主义和谐社会，从应然层面上讲，代表的是人的美好愿望和价值理想，即和谐社会应该是什么；从实然层面讲，是指客观实际。构建和谐社会实质上就是变革现有社会状态，使之达到一种理想状态。社会是具有复杂层次结构的系统，社会和谐既要体现在不同层次之间，也要体现在每个层次上的不同组分之间，要构建一种社会运行机制，在制度上保障社会的有序运行。因此，构建和谐社会离不开和谐社会的模式设计。用一种什么样的社会关系去实现民主法制、公平正义、诚信友爱、充满活力、安定有序、人与自然和谐相处的社会目标需要探索一种前所未有的新的社会模式。研究社会工程规律就是要揭示社会事物中因果性和目的性统一的内在关联，把社会发展的规律性、社会控制的有效性和社会生活的有序性有机统一起来，使社会系统内部各个要素之间有序协调、良性转化、稳步发展。

三　社会工程研究是马克思主义理论社会应用的实践形式

1. 社会工程活动是马克思主义理论发展的实践形式

社会工程是设计和改变社会的活动，马克思主义的历史使命就是指向社会发展，通过制度设计和制度变革，改造社会，推动社会更好更快地发展。马克思主义理论的社会作用必须通过社会工程活动体现出来，同时马克思主义理论的发展也要着眼于社会工程的实践、联系社会工程实践，指导社会工程实践，从社会工程的实践中汲取营养。离开社会工程实践活动，即离开制度设计、规则设计与政策设计这个核心环节，就等于把马克思主义束之高阁。因为，如果我们只将马克思主义理论命题或者理论原则与社会上已经发生或者已经存在的社会现象直接联系起来，就会犯简单化或者教条主义的错误。毛泽东同志曾经说过：指导我们思想的理论基础是马克思列宁主义。可见关于"指导思想"和"指导思想的理论基础"是两个不同的问题。我们不能把"关于工作的指导思想"和它的"理论基础"混同起来！形成关于工作的指导思想的过程是属于社会工程活动过程中的问题。因此，马克思主义理论是社会工程活动的理论基础和思想指南，马克思主义只有通过社会工程活动才能发挥作用；同样地，社会工程活动是马克思主义理论发展的实践基础。离开社会工程活动理解马克思主义理论，马克思主义就会没有生命力。

新中国建立以来，尤其是改革开放以来三十多年的实践中，我们经历了一系列的社会工程活动。正是这些社会工程活动创造性地发展了马克思主义理论，形成了邓小平理论和"三个代表"重要思想，进一步推进了马克思主义的中国化。正是这种丰富的社会工程活动，使我们积累了大量丰富的实践资料，使我们能够逐步明确哪些是马克思主义的基本原理，哪些是马克思主义在具体条件下的具体结论，哪些是后人对马克思主义的错误附加，哪些是人们对马克思主义的错误理解。中国人民创造性的社会工程活动推动了马克思主义理论在新的时代条件的新发展，也同时提出了社会工程研究与马克思主义的关系问题。我们应当认识到，社会工程活动就是社会实践活动的重要形式。马克思主义理论正是通过社会工程活动的过程和结果得到发展和检验的。

2. 社会工程研究是将中国特色社会主义理论体系转化为具体实践模式的基本途径

中国特色社会主义理论体系，即邓小平理论、"三个代表"重要思想和科学发展观，是我们社会主义建设事业的理论旗帜。他们所针对的三个基本问题高度体现了"理论体系"和社会工程的密切关系。这三个基本问题分别是：就我国进行的社会主义现代化建设来说，什么是社会主义和怎样建设社会主义；就党的建设来说，建设一个什么样的党和怎样建设党；就发展过程来说，即实现什么样的发展和如何发展。这虽然是三个问题，对应于三个不同的领域，但都有一个共同的内容特征，即它们都体现了目标和方法的统一。目标和方法的问题实际上是无法分开的，因为这两者是一体两面、不可分割的，目标决定方法的设计与选择，方法是实现目标的途径和手段。所以，中国特色社会主义理论体系，是中国社会工程的理论基础和思想指南。它是从中国无数具体的社会工程实践中总结和概括出来的指导思想和理论原则。作为中国社会工程理论基础的马克思主义理论，应当包含如何建设社会主义的理论原则、怎样建设党的理论原则、如何发展的理论原则。但是具体的社会工程研究的是如何将这些中国特色社会主义理论体系的理论原则转化为具体的社会实践模式，实现建设社会主义具体实践的价值定位、方法设计与路径选择。社会工程的活动的作用就是将马克思主义中国化的理论成果落实到具体操作模式中去。所以，社会工程研究就是马克思主义理论应用的基本领域，它既可以从宏观层面研究社会发展模式问题，也可以从中观层面研究区域社会发展模式，还可以从微观层面研究具体社会单位的发展模式问题，实现社会改革的具体操作。马克思主义作为社会发展的规律性理论，中国特色社会主义理论体系作为当代中国发展指导性理论，都具有一般性和总体导向性，他们需要落实在具体的发展模式中才能发挥作用。社会工程研究的任务就是将抽象的理论原则转换为具体的发展模式，实现中国特色社会主义理论体系的指导作用。

应用马克思主义的基本理论和方法论原则及中国化的马克思主义理论原则研究中国当代发展的重大问题就是中国发展中的社会工程的主体内容。马克思主义理论工作者不仅要研究马克思主义理论体系本身的发展，更要通过社会工程的研究，应用马克思主义推动中国社会的进一步发展。在关于中国当代社会及其各个领域如何进一步发展的问题上，存在着各种学术思想和学术流派的指导性竞争。马克思主义理论作为主流意识形态的理论基础，更要通过各种社会工程活动的参与，开展对各种重大发展问题的研究，以马克思主义理论为指导，紧紧围绕党和国家的中心工作，紧紧抓住影响中国社会、经济、文化、政治、环境发展的战略性、全局性的问题，作出马克思主义的政策解读，政策分析和政策建议。所以，马克思主义理论工作者要把马克思主义的学术资源和学术积累转化为现实的社会政策效应，建设马克思主义的咨政思想库，服务于中国社会发展重大问题决策。可喜的是中国社会科学院马克思主义研究院等十一家马克思主义研究单位已经组建了智库理事会，开始引领马克思主义理论思维面向实践的新层面和新方向，并举行了《中国社会经济发展智库首届论坛》，以马克思主义人口理论探讨、审视人口与资源、环境、经济、社会协调发展态势。程恩富等马克思主义学者提出新人口策论，对我国社会发展进步的人口战略选择产生了积极影响。这种"智库"的建构和研究工作的开展既是社会工程活动的重要形式，更是发挥马克思主义理论的咨政作用和社会引领作用的重要体现，是马克思主义理论深入人心的必要途径，我们应当在这一个领域坚持开拓，有所建树，有所贡献！

3. 马克思主义理论要通过社会工程研究发挥它的价值观统摄作用

不同理论和价值观指导下的社会制度和社会发展模式设计有不同的过程和结果，社会工程就是将理论指导与现实社会实践相结合，进行模式创建和制度设计的过程，是将理论用来指导和实现实践的过程。不同模式的创建体现了不同的价值观取向，而不同价值取向定位的背后又有多种理论作支撑。多种理论的相互作用要求在价值观取向上实现协调和统摄。作为中国经济社会发展的理论指导的马克思主义既有马克思主义整体内在的价值观，也有现实层面不同区域、民族和不同社会阶层的价值观取向。后者从属于马克思主义理论整体价值观，但相互之间也存在矛盾和冲突。作为贯彻和体现马克思主义理论指导的社会发展模式，既要体现马克思主义理论整体的价值取向，还要协调统摄内部各种不同的价值取向，价值统摄要通过模式设计和模式选择来体现。而模式的形成就是通过社会工程来实现的。当前社会工程蕴含的价值观是以人、自然、社会协调统一与可持续发展为基础的人类福利价值创造。这种价值观体现了价值综合的特点，具有明确的价值导向性和多元价值统摄的特点。

马克思主义理论要发挥价值定位与价值统摄的作用需要通过社会工程的研究。社会工程是研究和探索社会发展的各种具体模式的理论和方法，以社会问题的解决为指向，以具体的社会关系模式的建构为内容，要综合利用相关社会科学、人文科学、自然科学以及工程科学的相关知识，通过建构和选择社会运行的具体模式和社会发展的方向，寻找解决社会冲突的制度和政策。在这种研究中，马克思主义理论与其他学科的理论和方法不是平权的，它是具有指导地位和统帅作用的。其他社会科学是在马克思主义理论的统摄性价值观的指导下发挥作用的。"价值中立"与"价值关联"是马克斯·韦伯在社会学价值思想中极其重要的两个概念。这两个概念旨在说明科学研究者的价值立场在社会科学研究中的地位和作用，以及价值立场与研究结果的客观性之间的关系。[①] 韦伯认为，在社会科学研究中应该区分事实判断和价值判断，以价值中立的态度进行观察和分析，才能保证研究科学性。韦伯看到了问题的一个方面，然而社会工程要解决的是"应该如何"的问题，是应用社会科学理论进行社会运作模式的设计。这个过程必然是"价值关联"的，需要马克思主义理论发挥价值定位与价值统摄作用。人们只有在研究和设计各种具体的社会运作模式的过程中，将马克思主义理论原则与其他相关的社会科学知识相联系，用马克思主义理论知识评论相关社会科学知识，同时汲取它们的知识营养，把马克思主义的理论原则和具体的社会科学知识结合起来，把价值导向要求渗透在各种知识要素的连接方式之中，马克思主义的价值统摄作用才能真正落到实处。

我国进行的经济政治体制改革的设计，就是在马克思主义理论指导下，围绕坚持中国特色社会主义道路进行的模式设计和结构调整，贯彻和体现的是马克思主义的内在价值观——即要实现人民富裕、社会和谐、发展科学的价值意蕴。在这样的理论和价值观指导之下的社会发展模式的设计，就是要从多学科的视角入手，贯彻社会工程思维，既要研究社会经济发展的一般规律，又要研究不同区域社会的特殊规律，协调各种发展理念，针对特殊领域的问题综合兼顾，权衡取舍，探索和创建不同问题和不同区域的具体发展模式，实现我们建设中国特色社会主义道路的目标和价值。

4. 建设和谐会迫切需要社会工程研究

在今天开创社会主义新局面、建设和谐社会的新时期，我国经济社会发展的特点和需要处理的关系也呈现出新的要求和特征。经过近几十年的

---

① 侯均生：《"价值关联"与"价值中立"——评 M. 韦伯社会学的价值思想》，《社会学研究》1995 年第 3 期。

高速发展，我国国民经济的总体规模和社会发展的复杂性程度已经远远超越了计划经济时代和市场经济建立之初的状态。一方面是经济规模不断扩大经济，总量持续增长，国家财政收入连创新高；另一方面是区域经济社会发展、分配不平衡，人口增长和社会流动的压力逐年增大，生态环境、能源资源、医疗卫生等领域的问题和改革推进艰难，经济社会发展面临诸多盘根错节、相互交织的问题。我们要用几十年完成西方国家用几百年走过的路，用几十年完成资本主义国家几百年完成的工业化。西方国家的城市化演进历经三百多年，我们却要用二三十年使三四亿人口城市化，将时空高度压缩在一起，还承担着世界上最多的、素质较低的人口。我国的现代化速度过快，规模过大，因此产生的问题和问题的复杂程度都是不可想象的，各种问题容易在短期内集中爆发，牵一发而动全身。

这些都预示着一个共同的特征：中国经济社会发展到了高度综合和复杂性时代，这个时代的发展特点要求我们对经济社会发展大局进行精细化设计和准确性规划，需要我们在发展理念和治理方式上作出调整。这个时期的社会治理方式应该是一种综合化的社会管理体制。针对当前问题的复杂性和综合性，在解决方式上就应该采取综合化的研究方式。

社会工程思维体现在社会规划、调控、运行和管理的过程中，就是要借鉴工程活动思维和过程特点（诸如目标确立、环节设计、规范管理和过程控制等）对社会关系和社会结构进行不同层次的设计与规划，汲取工程科学的理论、知识和方法来进行社会整体的规划、社会模式的设计和社会运行管理。社会工程思维要求社会管理者改变以往处理社会目标单一、经济社会关系相对简单的线性思维模式和发展理念，而要在目标多重、利益冲突和矛盾交织的复杂社会关系中进行权衡和协调，寻求解决之道，这种新的发展阶段要求社会管理者做到制度设计和政策制定的精细和准确。

5. 实现科学发展需要通过社会工程研究创建合理的社会发展模式

科学发展和社会和谐是当前社会发展的基本目标和内在要求，然而如何才能实现社会和谐，怎样的模式能体现科学发展的内涵，中国特色的社会主义道路如何在改革发展的具体社会实践中体现，借助什么样的制度、政策、法规和机制去体现、去贯彻，这才是问题的关键。当代中国社会转型和发展过程中出现了许多的重要问题，尤其许多社会公共问题已经成为

影响中国社会发展和社会生活的主要问题，在特定目标下的我们进行的很
多改革设计和模式选择（例如医疗改革、住房改革等）要么失败，要么
效果不佳，事实上，这些问题的形成和解决都离不开各类科学合理的社会
模式（制度、政策和法规）的选择和创设。

　　在模式创造过程中，真理与模式并不是必然等值的。我们把握了真
理，未必就能把握一个合理的模式，因为从真理中并不必然地能够推出有
效的模式；在社会实践中人们设计、创造的各种社会结构模式仅仅反映社
会发展规律的要求，它本身并不等于社会发展规律。一个规律可以通过各
种模式表现出来，同样地，社会发展规律的某种规定也可以通过不同的社
会结构模式表现出来。另外，社会发展过程的不同方面的不同规律和条件
的集合决定了模式创造的基本空间。

　　我国地域辽阔，多民族集聚，生态条件复杂，历史文化悠久，区域经
济文化差异较大，城市和乡村，东部和西部发展都不平衡。社会发展规律
在不同的地域空间会表现出不同的特点，相应地，中国经济社会的发展模
式也不可能是一个统一的模式。因此要从多学科的视角入手，既要研究社
会经济发展的一般规律，又要研究不同区域社会的特殊规律，协调各种发
展理念，针对特殊领域的问题综合兼顾，权衡取舍，探索和创建不同问题
和不同区域的具体发展模式。贯彻科学发展观，构建和谐社会，各级政府
最主要和最基本的施政职能就是研究、探索和创设各类蕴含马克思主义价
值取向和内在要求，适合我国不同区域和发展阶段的政策、制度、发展模
式和法律法规，通过模式、制度和规则的设计改革社会结构，理顺社会关
系，协调社会利益和社会矛盾。理论和规律往往可以通过不同的模式体现
出来，关键是要和具体的历史区域经济社会发展状况相结合，在综合考虑
各种制约条件和影响因素的前提下，进行模式创造和道路选择。跨越了这
个环节，直接将理论等同于模式，按照理论思维去进行政策制定和制度设
计，就可能导致改革的失败。因此，加强对社会工程理论和实践的研究，
对于和谐社会建设具有重要的意义。

社会主义模式与马克思主义的世界影响

一　马克思主义世界影响的具体表现和基本特征

自《共产党宣言》发表 150 多年来，马克思主义同科学社会主义成为同一语，对世界社会主义运动和人类社会发展产生了深远影响。当今时代，马克思主义是最具影响力的思想文化意识，具有世界性普遍影响。

首先，马克思主义的影响具有广泛性。从产生影响的空间范围而言，马克思主义不仅对社会主义国家有重要影响，而且对发达资本主义国家，以及第三世界发展中国家都产生了重要影响，在今天世界范围内，几乎没有不受马克思主义影响的角落。马克思主义对社会主义国家的影响不言而喻。从世界上第一个社会主义国家苏联的诞生和发展，到社会主义在多国的建立和发展，马克思主义始终是社会主义国家的理论基础和指导思想，形成了所谓"正统的马克思主义""真正的马克思主义"，当然这主要是以马克思恩格斯的经典著作为理论依据、以苏联社会主义为实践基础的马克思主义。而中国在经受国际共运的挫折后，经过社会主义改革和对外开放，形成了邓小平理论和"三个代表"重要思想等当代中国的马克思主义，将马克思主义发展到现代形态，有力地推进了中国特色社会主义建设。马克思主义对发达资本主义国家的影响主要表现在民主社会主义思潮和社会民主党政策主张上。民主社会主义产生于 19 世纪末第二国际活动时期，伯恩施坦是民主社会主义的公认鼻祖，主张混合所有制、宏观经济调控、阶级调和及社会改良，社会民主党以民主社会主义为理论基础。民主社会主义运动在"二战"后形成了一个高潮，1951 年成立了社会党国际，社会民主党成为发达资本主义国家政治舞台上颇具影响力的政党，有的还单独执政或联合执政。民主社会主义和社会民主党的活动，是马克思主义在发达资本主义国家产生影响的一种独特方式。"社会民主党人因此从掘墓人变成了'资本主义的病床旁的医生',使早已奄奄一息的资本主义再次延长了生命。"① 民族社会主义思潮及运动是马克思主义对第三世界发展中国家影响的主要表现。"二战"结束后,大批亚非拉殖民地附属国民族解放运动蓬勃发展,并纷纷独立建国,其中相当多的国家在民族主义政党领导下,走上独特的民族社会主义之路。20 世纪 50—80 年代,亚非拉地区先后有 49 个民族独立国家作出"社会主义选择",进行"社会主义实验",对国民经济实行一定程度的公有化、计划化。民族社会主义以民族主义为核心,具有鲜明的民族特色和地域色彩,对发展中国家的社会发展产生了重要影响,是马克思主义对第三世界发展中国家产生影响的一种独特形式。

其次,马克思主义的影响具有深刻性。从产生影响的内容和领域而言,马克思主义的影响不仅体现在政治、经济、社会等内容方面,在文化、科技、生态、女权等领域也产生了深远影响,而且产生影响的内容和领域在不断深化和拓展。马克思主义在政治、经济、社会等领域的影响是人们所熟悉的,马克思恩格斯对资本主义的批判、对无产阶级及其政党历史使命的论述、对革命策略的阐述、对未来社会的设想等问题构成了马克思恩格斯经典著作的主要内容,这些问题主要涉及政治、经济、社会等方面,20 世纪以前的马克思主义研究基本上集中在这些领域,马克思主义的影响也主要集中在这些层面。20 世纪中期以来,马克思主义研究视野空前广阔,研究内容不再局限于传统的政治、经济、社会等层面,而是运用马克思主义立场、方法,拓展研究领域,形成了西方马克思主义、生态社会主义、社会主义女权主义等当代不同类型的马克思主义。西方马克思主义对意识形态进行了深入研究,提出了无产阶级文化领导权及整体革命论问题,对技术理性主义及人的异化问题也进行了批判;生态社会主义将资本主义的批判拓展到生态环境领域;社会主义女权主义将资本主义的批判拓展到社会性别问题。当代不同类型马克思主义"既不是与马克思学说完全无关或截然对立的理论体系,也不同于各种各样从非马克思主义立

---

① [德]霍·海曼:《东方共产主义崩溃后的西方民主社会主义》,中共中央编译局世界社会主义研究所《当代国外社会主义:理论与模式》,中央编译出版社 1998 年版,第 261 页。

场对马克思主义进行批判研究的'马克思学',而是马克思和恩格斯学说同当代哲学、社会学、文化学等领域的其他理论成果交汇以及在不同地区的社会实践中加以运用的结果"①。不同类型的马克思主义学说有力地拓展了马克思主义研究领域,深化了马克思主义的影响。

最后,马克思主义的影响具有持久性。从产生影响的时间纬度而言,马克思主义不仅在19世纪、20世纪对世界社会主义运动和人类社会发展产生了重要影响,而且在21世纪以及未来时代也将产生深远影响。马克思主义已经产生了重要影响,极大地促进了人类文明进步:马克思主义广泛传播,促进了工人阶级自我意识觉醒及理论成熟;在马克思主义指导下,无产阶级进行了夺取政权、建设社会主义的实践;马克思主义对资本主义批判,促使发达资本主义国家进行一定程度的政策调整和社会改良。马克思主义已经成为先进思想文化意识的一面旗帜,马克思在世纪之交被评选为千年最伟大的思想家就是证明。人类社会未来发展仍然需要马克思主义,因为资本主义社会基本矛盾的本质仍然没有改变,人剥削人、人压迫人的资本主义弊端仍然存在,人的解放和自由、全面发展目标还没有根本实现,马克思主义的基础依然存在,马克思主义的历史使命还没有完成。马克思主义还没有过时,在未来时代仍然具有重要影响。在苏东剧变之后,西方发达国家还掀起了一股新的马克思主义研究热潮。正如法国学者德里达所说:"不能没有马克思,没有马克思,没有对马克思的记忆,没有马克思的遗产,也就没有将来:无论如何得有某个马克思,得有他的才华,至少得有他的某种精神。"②

马克思主义在产生世界影响的过程中,表现出复杂的逻辑关系:一方面,马克思主义在影响的空间范围、内容领域及时间跨度上,充分显示出马克思主义世界影响的普遍性;另一方面,马克思主义在不同性质、不同发展水平的国家,以及不同领域产生影响的形式、程度、内容各不相同,出现了马克思主义的不同理论形态和实践形式。普遍性和多样化并存成为当今时代马克思主义的基本特征。如何理解和看待马克思主义普遍性影响和多样化形式并存,是当代马克思主义研究和社会主义运动的重大课题,

---

① 衣俊卿等:《20世纪的新马克思主义》,中央编译出版社2001年版,第2页。

② 〔法〕德里达:《马克思的幽灵》,何一译,中国人民大学出版社1999年版,第21页。

这关系到如何坚持马克思主义和社会主义。

二　社会主义模式是理解马克思主义世界影响的关键

当前学术界主要从马克思主义研究的不同视角来理解马克思主义普遍性影响与多样化形式并存问题。这些不同的研究视角主要有以下四个：第一个视角，从马克思主义是关于资本主义的理论出发，认为对资本主义的批判是马克思主义的主要内容。马克思恩格斯对资本主义的批判最为深刻，当代资本主义尽管发生了很大变化，出现了许多新情况，但资本主义的基本矛盾并未消除，只是以新的具体表现形式出现，马克思主义仍然是剖析当代资本主义的理论武器。西方部分左翼学者和国内部分研究当代资本主义的学者，或多或少地表现出这种倾向。"马克思是研究资本主义的学者，这是他理应得到的一种评价。"[①] "马克思主义理论基本上是一种关于资本主义的理论，它根植于关于现存社会制度的政治经济学。"[②] 第二个视角，从马克思主义是关于人类解放和自由全面发展的理论出发，认为对人类解放和自由全面发展问题的研究是马克思主义的根本宗旨和目标追求。马克思主义对雇佣劳动的批判、对剥削的批判、对人的异化的批判、对人类解放和自由全面发展的条件及途径的阐释、对未来"自由人联合体"的设想等体现了马克思主义的理论宗旨和追求。西方马克思主义者以及国内一些研究马克思人道主义的学者，对马克思主义有这样的认识。第三个视角，从马克思主义是关于未来社会发展的理论出发，认为对社会主义和共产主义的研究是马克思主义的主要内容，马克思主义对未来社会的设想最具现实意义，马克思主义与社会主义分不开。"分析社会主义若没有马克思，恰如解释《哈姆雷特》不提及王子一样。"[③] 第四个视角，从马克思主义是一种特殊的现代化理论出发，认为马克思主义、社会主义

---

① ［美］约翰·卡西迪：《马克思的回归》，俞可平《全球化时代的"马克思主义"》，中央编译出版社 1998 年版，第 1 页。

② ［美］道格拉斯·凯尔纳卡：《正统马克思的终结》，俞可平《全球化时代的"马克思主义"》，中央编译出版社 1998 年版，第 29 页。

③ ［美］迈克·哈林顿：《社会主义的过去与未来》，俞可平《全球化时代的"社会主义"》，中央编译出版社 1998 年版，第 29 页。

在落后国家具有传播市场，根本上是由于这些落后国家将马克思主义、社会主义视为一种特殊的现代化理论和现代化模式，在马克思主义理论外衣中加入了如何实现现代化的内容。如苏联社会主义和现代化关系实质上是："俄国的社会主义，或者我们称为社会主义的那种东西的问题，首先是现代化的形式、方法、速度、社会代价问题。"①

　　第一、第二两种视角将马克思主义等同于资本主义批判理论和人的解放的理论，比较容易讲清楚马克思主义具有普遍性影响和生命力的问题，因为只要资本主义社会还存在，只要人类解放问题还没完成，马克思主义就有存在价值，但这无法解释马克思主义多样化理论形态和实践形式的问题。第三、第四两种视角将马克思主义等同于社会主义、共产主义及现代化具体模式，比较容易讲清楚马克思主义在社会主义国家、第三世界发展中国家的影响，但却无法解释马克思主义在发达资本主义国家的影响。由此可见，从以上视角研究马克思主义，并以此来解释马克思主义世界影响的普遍性与多样化问题是有缺陷的；同时，这种研究方法将马克思主义这一有机整体割裂开来，导致对马克思主义的片面化、绝对化理解。所以，需要从马克思主义的整体性研究入手，从理论、历史和现实结合的角度分析研究马克思主义的世界影响与多样化并存，其中社会主义模式是关键。

　　社会主义模式是马克思主义基本原理在不同国家的具体实现形式，它一方面包含、体现着马克思主义基本原理，遵循马克思主义关于人类社会发展规律和人类解放与自由全面发展规律，同时又从不同国家的具体实际出发，表现为社会主义的具体实践形式或理论形态。社会主义模式不同于马克思主义基本原理，也不同于社会主义一般原则，而是连接马克思主义基本原理、社会主义一般原则与具体实际的桥梁和中介，既体现了马克思主义的基本原理和社会主义的一般要求，又回应具体国家的实际情况。社会主义模式的实质，是马克思主义基本原理与具体实际相结合，社会主义模式内在要求马克思主义与具体实际相结合。正如邓小平在总结中国和其他国家社会主义建设时所说："把马克思主义的普遍真理同我国的具体实

---

① ［俄］国际社会经济和政治学研究基金会：《社会主义的当代观与当代的社会主义观》，中共中央编译局世界社会主义研究所《当代国外社会主义：理论与模式》，中央编译出版社 1998 年版，第 212 页。

际结合起来，走自己的路，建设有中国特色的社会主义，这就是我们总结长期历史经验得出的基本结论。"① "在革命成功后，各国必须根据自己的条件建设社会主义。固定的模式是没有的，也不可能有。"② 可见，社会主义模式范畴具有相对独立的地位和重要意义。社会主义模式从表现形式上可以划分为理论模式和实践模式。当今世界范围内，各种形态的马克思主义思潮、流派和理论，尽管在问题意识、基本方法、内容体系上存在这样那样的差别，但都在一定程度上反映、回答了本国社会主义运动面临的具体问题；在实践形态上，不同国家阶级状况、历史文化传统各不相同，社会主义运动的内容侧重、具体形式、实现途径各不相同，从而形成不同模式。社会主义模式按照社会主义运动的历史发展进程可以划分为革命模式和建设模式。通过发动革命，无产阶级上升为统治阶级，通过社会主义建设，向更高阶段发展，是社会主义运动的基本过程。但由于国际斗争形势、阶级斗争状况及革命主观条件各不相同，不同国家、不同时期的革命道路、革命策略各不相同，表现出不同的革命模式和奋斗模式；同时，革命之后的社会主义面临的具体问题也会各不相同，社会主义建设必然会有不同的模式。

　　但长期以来，社会主义模式问题却被人们所忽视。马克思恩格斯没有明确提出社会主义模式问题具有客观原因，因为在马克思恩格斯时代，其根本任务在于创立科学社会主义理论学说，同空想社会主义、各种非科学的社会主义思潮区别开来，以指导社会主义运动，对未来社会也只能从否定资本主义的角度进行原则性描述；加之现实社会主义没有出现，还谈不上对社会主义模式问题进行研究。但马克思恩格斯的许多论述，为社会主义模式问题研究提供了重要启示。"共产主义对我们来说不是应当确立的状况，不是现实应当与之相适应的理想。我们所称为共产主义的是那种消灭现存状况的现实的运动。这个运动的条件是由现有的前提产生的。"③由于条件不同，社会主义可能具有不同的模式，"我所在的党并没有任何一劳永逸的现成方案"④。在列宁时期，随着发达资本主义国家民主社会

---

　　① 《邓小平文选》第 3 卷，人民出版社 1993 年版，第 3 页。

　　② 同上书，第 292 页。

　　③ 《马克思恩格斯选集》第 1 卷，人民出版社 1995 年版，第 87 页。

　　④ 《马克思恩格斯选集》第 4 卷，人民出版社 1995 年版，第 676 页。

主义思潮和运动的出现，社会主义运动分化和不同模式的形成已是不争的事实，但由于列宁是在同以伯恩施坦、考茨基为代表的民主社会主义，即所谓第二国际修正主义斗争中推进马克思主义俄国化的，在否定民主社会主义中，没有看到民主社会主义作为发达资本主义国家探索社会主义的模式意义。在两极格局对抗、意识形态刚性对立以及苏联霸权主义背景下，斯大林将苏联社会主义模式奉为唯一的、真正的社会主义，而将其他社会主义运动斥为非马克思主义、非社会主义的东西。在苏联社会主义模式就等同于社会主义的公式下，不可能提出、也不可能研究社会主义模式问题。

　　邓小平在思考究竟"什么是社会主义、怎样建设社会主义"的问题时，明确提出社会主义模式问题。邓小平说："什么叫社会主义，什么叫马克思主义？我们过去对这个问题的认识不是完全清醒的。"① 对马克思主义、对社会主义"认识不是完全清醒"，根本原因就在于将马克思主义、社会主义等同于苏联模式。冲破苏联模式，建设有中国特色的社会主义就是探索新的社会主义模式。正如邓小平所说："我们建设的社会主义，是有中国特色的社会主义。"② 提出"什么是社会主义"、冲破苏联社会主义模式、探索中国特色社会主义模式，标志着对社会主义模式问题认识的自觉。邓小平提出社会主义模式范畴及社会主义模式问题有以下几方面有利条件：首先，传统社会主义模式的失败，苏联模式等同于社会主义教条的破灭，为认识社会主义模式提供了历史条件；其次，冷战结束和两极格局解体，和平与发展成为时代主题，可以客观观察和冷静审视发达资本主义国家以及发展中国家不同社会主义实践和模式，为认识社会主义模式提供了的重要背景；再次，解放思想、实事求是思想路线的确立，为坚持马克思主义基本原理、立足实际探索社会主义模式奠定了思想条件；最后，中国特色社会主义模式探索取得成功，为认识社会主义模式提供了现实基础。

　　提出社会主义模式，就容易解答马克思主义普遍影响与多样化问题。马克思主义之所以具有世界性的普遍影响，就在于马克思主义的基本原理

---

① 《邓小平文选》第3卷，人民出版社1993年版，第63页。

② 同上书，第29页。

是科学，揭示了人类社会发展的规律，马克思主义从整体上依然具有生命力，对人类社会历史发展包括世界社会主义运动仍然具有指导意义。另一方面，马克思主义在具体指导社会主义运动的过程中，要同具体实际相结合，必然形成不同的社会主义实践模式，在与其他理论结合中产生不同的社会主义思潮、流派或体系，它们既包含了马克思主义的基本原理或精神，同时又具有自身的特色。社会主义模式是理解马克思主义普遍影响与多样化并存的焦点。多样化的社会主义模式，既是马克思主义具有生命力、具有科学性的具体表现，同时也表明马克思主义在产生世界影响时必然要通过不同的社会主义模式来实现。马克思主义的普遍性影响和形式多样化之间并不矛盾，问题的关键是要准确把握社会主义模式的内涵和意义。

三　从马克思主义的世界影响看社会主义发展前景

从广阔的全球视野和长远的历史眼光来看，马克思主义在当代具有世界性影响，马克思主义没有过时，世界社会主义运动具有光明前景；同时，马克思主义发生影响的方式发生了许多变化，社会主义运动出现了多种模式并存的局面，这就要求我们要坚定马克思主义信念、坚定社会主义信心、加强对社会主义模式问题研究、努力探索适合自己的社会主义模式。当前要着重解决好以下几个问题。

首先，准确把握马克思主义基本原理。马克思主义基本原理揭示了人类社会发展规律和人类解放规律，是马克思主义的基本立场、观点、方法的基石，也是社会主义模式形成的基础。所以，搞清楚马克思主义基本原理对探索社会主义模式具有十分重要的意义。而长期以来，由于人们没有自觉区别马克思主义基本原理与马克思主义模式，将马克思主义基本原理同社会主义具体模式等同起来，将马克思主义基本原理同对马克思主义的个别结论、教条式理解以及错误附加混同起来，造成了在理解和坚持马克思主义问题上的混乱。所以，坚持马克思主义，关键是要弄清楚并坚持马克思主义的基本原理，将马克思主义基本原理同个别结论、教条式理解以及错误附加区分开来；坚持马克思主义，关键是要"自觉地把思想认识从那些不合时宜的观念、做法和体制中解放出来，从对马克思主义的错误的和教条式的理解中解放出来,从主观主义和形而上学的桎梏中解放出来。"① 党中央实施的马克思主义理论研究和建设工程,加强对马克思主义基础理论的研究,对从整体上梳理、把握马克思主义基本原理具有重大意义,通过该工程的实施,人们将更为准确地理解和坚持马克思主义基本原理。

其次,努力探索本国社会主义模式。我们对社会主义的认识经过了从理论到从实践的转变,今天要在特定国家范围内讨论本国的社会主义模式,同时在世界范围整体、全面地认识马克思主义和社会主义运动。在全球化时代的今天,社会主义运动没有停止,世界社会主义运动仍在不同国家采取不同的形式进行,各国要从本国国情和实际出发,探索适合自己的社会主义模式。赵明义教授在谈到未来社会主义的发展趋势与前景问题时指出:"未来的社会主义将具有鲜明的国家与民族特色。""由于各个国家的社会、文化、历史、宗教以及经济发展水平等各方面的差异,社会主义在各国的实现途径和具体内容必然有所不同。"②对于当代中国来说,关键是要完善中国特色社会主义模式。改革开放以来,中国走自己的路,建设有中国特色的社会主义,在理论和实践上日趋成熟,邓小平理论的形成是中国特色社会主义模式形成的重要标志。2002 年 11 月,中共十六大报告将"有中国特色的社会主义"改为"中国特色社会主义",彻底摒弃社会主义"一般模式"的阴影,中国特色社会主义模式主体地位更加凸显。胡锦涛总书记在中央党校"6·25"重要讲话中强调,要清醒认识当今世界和当代中国发展的大势,全面把握我国发展的新要求和人民群众的新期待,继续深化对中国特色社会主义的探索,使中国特色社会主义道路越走越宽广。在中共十七大报告中,胡锦涛总书记在总结中国社会主义建设、特别是改革开放的经验时强调,改革开放的最大成果就是形成了中国特色社会主义道路和理论体系,坚持中国特色社会主义道路,就是真正坚持了社会主义,坚持中国特色社会主义理论体系,就是真正坚持了马克思主义。

再次,正确对待不同社会主义模式。世界不同社会主义模式和思潮,

① 《江泽民文选》第 3 卷,人民出版社 2006 年版,第 284 页。

② 赵明义:《当代社会主义》,山东大学出版社 2001 年版,第 527 页。

是不同国家从自己实际出发，对社会主义运动探索的具体形式和理论反映，批判与进步的一元性和模式的多样性，是当代社会主义运动的基本特征。这些不同的社会主义模式及思潮，有从自己实际出发，批判资本主义、探索社会主义运动的一面，而且整体上属于世界社会主义运动的组成部分，不能一概否定和排斥，更不能因为与自己的模式有出入，以自己的模式为标准对其进行否定。马克思在《关于费尔巴哈的提纲》中谈到检验理论或思维的客观真理性时指出："人的思维是否具有客观的真理性，这不是一个理论的问题，而是一个实践的问题。人应该在实践中证明自己思维的真理性，即自己思维的现实性和力量，自己思维的此岸性。关于思维——离开实践的思维——的现实性或非现实性的争论，是一个纯粹经院哲学的问题。"① 所以，以某种模式为标准去判定其他模式的思维方式必须得改变。多种模式并存，是未来世界社会主义运动的基本趋势。同时，也不能照搬其他社会主义模式，因为各种社会主义模式都有其特定国情和时代背景。如民主社会主义，本质上是西方发达国家探索社会主义的一种社会思潮和实践模式，符合发达国家社会主义运动的实际，但不可能像有些学者所主张的那样：中国也应当选择民主社会主义模式。中国只能坚定不移地走中国特色社会主义道路。多种社会主义模式并存，各国都要独立自主地探索本国社会主义模式。

最后，合理看待社会主义模式失败。既然社会主义模式是马克思主义基本原理的具体实现形式，它不等同于真理本身，所以就不可能绝对正确；另外社会主义模式选择本身就是创造，需要人们去探索，也不可避免会犯错误。所以，社会模式的本质就要求人们对待模式不能盲目崇拜，不能教条迷信地看待任何一种模式。承认模式需要探索和实验，也就隐含着对模式的探索有失败与成功两种可能，失败与成功并存，模式探索是要冒很大的风险的。这是对社会主义模式探索一种客观、理性的态度。卢森堡学者安·霍夫曼在《告别社会主义模式》中所说："'现实社会主义'瓦解之后，部分左派（包括那些批判这种模式无法实现的人）心疼'模式'的丧失，并一再思考如何确立新模式的问题。我认为，这种'失'是一种得。我们应该彻底放弃这样一种观念，即必须确立一种我们为之奋斗的

---

① 《马克思恩格斯选集》第 1 卷，人民出版社 1995 年版，第 55 页。

完善的模式。"① 所以，某种"版本"的社会主义模式的失败，或某种类型的社会主义思潮或流派的过时，并不能说明马克思主义失败或过时；这种模式的失败或思潮流派的过失，只是说明马克思主义某种模式出现了危机，而这种危机，从另一个角度来看，又恰恰是马克思主义发展、社会主义运动深化的开始。"'马克思主义的危机'与其说是马克思主义理论逐渐过时的征兆，不如说是一种典型的社会理论环境，它面临着对理论提出挑战的异常事件。这种危机要求根据新的历史情况和经验修改和完善理论。"② 社会主义模式失败的问题，本质上是社会主义模式的选择、创新和发展。

---

① ［卢森堡］安·霍夫曼：《告别社会主义模式》，载中共中央编译局世界社会主义研究所《当代国外社会主义：理论与模式》，中央编译出版社 1998 年版，第 317 页。

② ［美］道格拉斯·凯尔纳卡：《正统马克思的终结》，载俞可平《全球化时代的"马克思主义"》，中央编译出版社 1998 年版，第 28 页。

社会主义本质新论断与中国模式

邓小平在南方讲话中对社会主义本质作了一个精辟的新概括："社会主义的本质，是解放生产力，发展生产力，消灭剥削，消除两极分化，最终实现共同富裕。"这个关于社会主义本质的新概括，在继承马克思主义基本原理的基础上，依据社会主义建设的经验教训，创造性发展了科学社会主义理论，是马克思主义理论宝库中的新硕果。

要理解这个新概括的内容和意义，需要了解马克思主义者关于社会主义认识的历史特点、理论依据和现实依据，只有从历史与逻辑相统一的角度，才能弄清楚它的历史继承性和理论创新性。马克思主义者对社会主义的认识经历了两个大的历史时代，第一个历史时代是自由资本主义与垄断资本主义时代。在这个时代，马克思、恩格斯、列宁是在批判资本主义的过程中认识社会主义的。第二个历史时代是社会主义发展的时代。在这个时代，共产党人是在建设社会主义的过程中认识社会主义的。邓小平关于社会主义本质的理论就是在社会主义建设时代对社会主义认识的理论成果。

邓小平对社会主义本质的新论断使人们对社会主义的认识达到一个新的理论水平和理论高度，突破了长期以来将苏联模式当成是社会主义的唯一模式的教条主义认识误区，对将科学社会主义基本原理同中国建设实际结合起来，走自己的路，开创和形成中国模式即中国特色社会主义模式具有重要意义。

一　在批判资本主义过程中对社会主义的预言性认识

1. 空想社会主义者对资本主义的人性论批判和对社会主义的"理性"预设

社会主义的思想发端于 16 世纪的欧洲。到 19 世纪初叶，社会主义已逐步演变为广泛的反对资本主义的社会思潮和社会运动。社会主义思潮的形式多种多样，不仅有空想社会主义，还有封建的社会主义、小资产阶级的社会主义。在现代成为科学社会主义理想来源的是近代的空想社会主义。空想社会主义理论内容有两个重要特点，一是对资本主义的猛烈抨击，二是对未来社会的理想憧憬。

相对于封建主义的社会制度，资本主义制度当然是人类历史进程中的一种进步。但是，资本主义的发展史充满着掠夺、奴役、征服、残杀，并非全部都是用自由、平等、博爱的精神写成的。马克思曾尖锐地指出："这种剥夺的历史是用血和火的文字载入人类编年史的。"[1] 对资本主义的种种残暴和非人道的行径，近代空想社会主义者进行了猛烈的抨击和控诉。早期的空想社会主义者 T. 莫尔（1478—1535）在 1516 年所写的《乌托邦》一书中，用文学的形式将英国资本主义原始积累时期的圈地运动讽刺为"羊吃人"。他借书中人物、旅行家希斯拉德的口吻说："你们的绵羊本来是那么驯服，现在据说变得贪婪、很凶残，甚至要把人吃掉，把你们的田地、家园、城市要蹂躏完啊！"另一位早期的空想社会主义者、意大利的 T. 康帕内拉（1568—1639）在《太阳城》一书中尖锐地指责欧洲各国的统治者都是"社会财富的掠夺者"，由于他们，整个社会都被"懒惰、淫乱、疾病、财富、浪费等所腐化"。18 世纪的空想社会主义者不仅对资本主义社会进行了无情的批判，而且也对未来社会进行了理想化设计和预言。他们尖锐地抨击了那些被资产者所标榜的自由、平等和民主的虚伪性，认为雇佣劳动制度就是"复活了的奴隶制""贫困的温床"和"社会地狱"。这些空想社会主义者批判当时的资本主义并憧憬一个美好的社会主义。他们设想在未来的新社会中，每一个人都将得到自由、全面与和谐的发展。

近代空想社会主义者对资本主义的揭露、批判和对未来理想社会的预测、描述，不乏真知灼见和天才的思想。例如，他们提出在科学技术和现代机器生产基础上实行按需分配和按劳分配的制度；他们提出城乡差别、体脑劳动差别、农业与工业等差别的消除等，都为后人尤其是科学社会主义理论提供了许多宝贵的思想资料。但是，需要指出，之所以把他们称为

① 马克思：《资本论》第 1 卷，人民出版社 2004 年版，第 822 页。

空想社会主义者，是因为他们对资本主义的批判和对未来社会的预言都建立在人性和人道主义的立场上。他们虽然希望建立一个高于资本主义的理想社会制度，但他们的这种理想却是以对抽象不变的、超历史的人性的理解为基础的。在他们看来，资本主义制度之所以让位于新的社会制度，根本原因就在于资本主义制度违背了人的本性和人道主义原则。恩格斯对此有过深刻的分析。他说，对这些空想社会主义者来说，"社会主义是绝对真理、理性和正义的表现，只要把它发现出来，它就能用自己的力量征服世界；因为绝对真理是不依赖于时间、空间和人类的历史发展的，所以，它在什么时候和什么地方被发现，那是纯粹偶然的事情"①。当时的空想社会主义者认为，真正的理性和正义还没有统治世界，这只是因为它们没有被人们正确地认识；之所以如此，是缺少个别天才人物的出现。恩格斯对此也有深入的分析，他认为，由于所谓的绝对真理、理性和正义在每个学派的创始人那里是各不相同的，而且因为在每个学派的创始人那里，绝对真理、理性和正义的独特的形式又是由他的主观理解、生活条件、知识水平和思维发展程度所决定的，所以就会有关于各种不同的理性观念与绝对真理的不同理解，它们之间一定会发生冲突，解决这种冲突的办法只能是它们的相互磨损，最后得出的一定是一种折中的、不伦不类的社会主义。

2. 马克思主义者对资本主义社会的历史批判和对社会主义的科学预言

马克思主义的创立者马克思和恩格斯对资本主义的批判不是从人的理性原则、人道主义精神出发的，而是以历史的发展逻辑为根据的。这个历史逻辑主要表现为唯物史观和剩余价值理论。

唯物史观是马克思、恩格斯批判地继承黑格尔的哲学辩证法和费尔巴哈的哲学唯物主义，立足当时的科学成就和优秀的文化成果，把唯物主义和辩证法有机结合起来并研究人类社会历史所获得的第一个伟大发现。它揭示了以下几点：物质资料的生产以及随生产而来的产品交换是一定社会制度的基础；一定的生产力必定要求一定的生产关系与之相适应，生产力与生产关系的矛盾运动是历史发展的根本动力；历史上出现的每一个社

---

① 《马克思恩格斯选集》第 3 卷，人民出版社 1995 年版，第 732 页。

会，其产品的分配以及社会中划分阶级或等级的方式，是由生产什么、怎样生产以及怎样交换产品的状况决定的；社会发展、变迁和政治变革的根本原因，不应当在人们的头脑中，在人们对永恒的、绝对的真理和正义的认识追求中去寻找，而应当在生产方式的变更中去寻找，到生产力与生产关系的矛盾中去寻找。据此，马克思、恩格斯认为，社会主义并不是某个天才头脑的偶然发现，而是现代生产力与资本主义生产关系之间的矛盾冲突及其演化的必然产物；不应当去设想一个尽善尽美的未来社会，而应当研究社会基本矛盾运动的历史过程，并从这个过程的经济状况和阶级关系中找出解决冲突的道路和手段。

剩余价值理论是马克思运用唯物史观，批判地吸取资产阶级古典政治经济学的有益成果（尤其是劳动价值论），通过对资本主义经济运动进行深刻剖析而获得的第二个伟大发现。剩余价值论，正如列宁所指出的那样，它解开了空想社会主义者所不了解的资本家剥削的秘密：“凡是资产阶级经济学家看到物与物之间的关系（商品交换商品）的地方，马克思都揭示了人与人之间的关系。商品交换表现着各个生产者之间通过市场发生的联系。货币意味着这一联系愈来愈密切，把各个生产者的全部经济生活不可分割地联结成一个整体。资本意味着这一联系进一步发展：人的劳动力变成了商品。雇佣工人把自己的劳动力出卖给土地、工厂和劳动工具的占有者。工人用工作日的抵偿维持他自己及其家庭生活的开支（工资），工作日的另一部分则是无报酬地劳动，为资本家创造剩余价值，这也就是利润的来源，资本家阶级财富的来源。”① 恩格斯在概述上述两大发现的意义时曾这样指出：“这两个伟大的发现——唯物主义历史观和通过剩余价值揭开资本主义生产的秘密，都应当归功于马克思。由于这些发现，社会主义变成了科学”②。马克思主义的创始人正是依据这两大发现对资本主义进行历史批判，并对社会主义作出科学预言。马克思在《资本论》中指出资本主义生产的三个主要事实：“1. 生产资料集中在少数人手中，因此不再表现为直接劳动者的财产，而是相反地转化为社会的生产能力，尽管首先表现为资本家的私有财产。这些资本家是资产阶级社会的

---

① 《列宁选集》第 2 卷，人民出版社 1995 年版，第 312 页。
② 《马克思恩格斯选集》第 3 卷，人民出版社 1995 年版，第 740 页。

受托人，但是他们会把从这种委托中得到的全部果实装进私囊。2. 劳动本身由于协作、分工以及劳动和自然科学的结合而组织成社会的劳动。……3. 世界市场的形成。"① 也就是说，伴随着资产阶级的产生和发展，资产阶级把有限的、原属于小生产者的生活资料变为社会化的，即只能由大批人共同使用的生产资料，从而使生产力得到巨大发展；与此同时，和生产资料一样，生产本身也从一系列的个人行动变成了一系列社会的行动，而产品也从个人的产品变成了社会的产品，没有一个人能够说："这是我做的，这是我的产品。"但是，生产资料使用的社会化，即社会化劳动所生产的产品已经不是为那些真正使用生产资料和真正生产这些产品的人所占有，而是为资本家所占有。这种占有的私人性与生产的社会性变成资本主义社会的基本矛盾。在资本主义社会内部这个基本矛盾无法得到根本解决，它表现为社会化生产与资本主义占有的不相容性，表现为无产阶级和资产阶级的对立，表现为个别工厂中的生产的组织性和整个社会的生产无政府状态之间的对立。这种对立和冲突的解决只能是在事实上承认生产力的社会本性，也就是说使生产、占有和交换的方式同生产资料的社会性相适应。这种矛盾的解决就是资本主义让位于社会主义，社会主义代替资本主义。恩格斯曾经分析过这种代替的物质条件。他说，自从资本主义生产方式在历史上出现以来，由社会占有全部生产资料，常常作为未来的理想隐隐约约地浮现在个别人物和整个派别的脑海中。但是，这种占有（社会占有）只有在实现它的物质条件已经具备的时候才能成为可能，才能成为历史的必然性。资本主义社会是存在阶级和阶级对抗的社会。阶级的存在以生产力发展不足为基础，但也将被生产力的充分发展所消灭，当社会发展到不仅某个特定的统治阶级而且任何统治阶级的存在，从而阶级差别本身的存在，将成为时代的错误、成为过时的现象的时候，某一特殊的社会阶级对生产资料和产品的占有，从而对政治统治、教育垄断和精神领导的占有，不仅成为多余的，而且成为经济、政治和精神发展的障碍，这时人类就在这个意义上从必然王国进入自由王国。

　　社会主义社会作为资本主义社会的替代物和对立物，作为高于和优于资本主义社会的一种社会制度，从社会发展的规律上，从逻辑必然性上

---

① 马克思：《资本论》第3卷，人民出版社2004年版，第296页。

说，它的成熟阶段必然具有以下一些基本规定性：

（1）社会生产力大大提高，创造了高于资本主义的劳动生产率。社会主义社会是高于资本主义的社会形态，首先表现在它的生产力发展水平高于资本主义社会的生产力发展水平，集中表现为它比资本主义制度更能促进生产力的发展。

（2）资本主义私有制是资本主义经济制度的基础。发达的社会主义社会消灭了资本主义私有制和一切私有制，生产资料归整个社会所有，全体社会成员在对生产资料的关系上已经没有差别。

（3）资本家无偿占有工人的剩余劳动，是资本主义社会的基本分配方式。发达的社会主义社会在消费品的分配上实行"等量劳动领取等量产品"的"各尽所能、按劳分配"的原则，劳动是分配的唯一尺度，此外不承认别的尺度，消灭了剥削制度和剥削现象。

（4）资本主义社会是人类历史上最后一个阶级社会。发达的社会主义社会是无阶级社会，消灭了一切阶级和阶级差别，造成了使资产阶级既不能存在也不能产生的条件。

（5）资产阶级的国家是资产阶级压迫无产阶级的工具，到了发达的社会主义社会，国家已失去政治职能，不再具有阶级压迫工具的性质，只具有社会管理的职能，马克思把这种只具有社会管理职能的国家称为"未来共产主义社会的国家制度"，列宁则把它称为"非政治国家"和没有资产阶级的"资产阶级国家"。

上述一些关于社会主义社会的基本规定性，并不是直接从历史上和现存的社会主义社会的经验事实中概括出来的，实际上它是一种科学预测和理论上的设想。它是马克思恩格斯根据他们当时所见到的发达资本主义国家的固有矛盾及其发展趋势对未来社会主义社会的预测和设想。

3. 马克思主义经典作家对未来社会特征的预言性认识以对资本主义社会关系的否定为特征

马克思、恩格斯预言未来社会的基本特征的主要内容已如上所述。他们的预言和理论设想是以他们发现和创立的唯物史观与剩余价值理论为基础的。应当说明，马克思、恩格斯是处于资本主义社会之中，着眼于对资本主义的批判，对未来社会的基本特征作出预测和设想的。如果处在资本主义社会之中，若暂时撇开政治形态的考虑，仅从经济形态来说，社会主义社会的经济特征也只能从对资本主义经济基础的否定中作出。相对于资本主义的私有制，社会主义应当是公有制；相对于资产阶级的剥削本质，社会主义社会的分配原则应当是按劳分配；相对于资本主义生产的整个社会的无政府状态，社会主义的经济制度应当是有计划的，即计划经济。这也就是蕴涵于前文所述的社会主义社会基本规定性之中的关于经济形态特征而且又被作为传统社会主义模式的、也被广泛认同的关于社会主义社会的基本经济特征，即计划经济、公有制和按劳分配。

首先应当肯定，社会主义作为人类社会发展的一个独立的社会形态，它必然表现为对资本主义的否定，它必然是资本主义的替代物。尽管社会主义社会与资本主义社会会有某些共同点，但二者在本质上是不同的，应当是对立的。否则，社会主义社会就只是资本主义社会自身发展的一个阶段，而不是不同于资本主义社会的一个新的社会制度。

其次，我们也应当看到，马克思主义的经典作家在对资本主义的批判之中所预测、设想的社会主义社会基本特征，主要的理论重点是说明社会形态上的差异和对立，对于揭示、分析资本主义社会与社会主义社会的共同点则不是马克思、恩格斯的主要任务。在今天我们理解社会主义社会的本质时，应当按照马克思主义创始人所创立的马克思主义的方法进行辩证的分析。在进行这种辩证分析时，有几点值得注意：

第一，马克思、恩格斯的这种预测性设想是依据唯物史观和剩余价值学说推论出来的，它不是像空想社会主义者那样，是从人性论的观点，从思想原则出发，离开人类社会的发展规律虚构出来的。它有深厚的历史基础，是从社会基本矛盾运动的客观必然性中，从历史运动的客观环节的接续中推论出来的，它是具有历史根据和科学根据的。这一点可以从反证法得到说明。如果说我们在对社会主义的理解中完全去掉计划的思想、按劳分配的原则和公有制的制度特征，那么就谈不上对资本主义社会的否定，同样，也看不到社会主义与资本主义的区别。

第二，马克思、恩格斯对社会主义社会基本特征的设想是从社会主义社会的共性角度提出来的，它是一种科学抽象，它舍弃了社会主义社会在不同历史阶段和不同国家的具体要求。至于怎样实现这些基本特征，这些基本特征在不同社会发展阶段上有何具体特点，这完全取决于人们将不得不在其中活动的那个特定的历史环境和社会发展的阶段性特点。

第三，马克思、恩格斯关于社会主义社会基本特征的预测和设想，是以社会生产力的高度发展为前提的。社会生产力的高度发展将会激化资本主义社会内部生产的社会化和生产资料占有私人性这一矛盾，同时也为这种矛盾的解决准备条件，也为社会主义社会的建立奠定物质基础。很显然，马克思、恩格斯关于社会主义社会基本特征的论述是从社会发展的一般趋势、基本前提上进行论证的。

综上所述，应当认为，马克思、恩格斯关于社会主义社会基本特征的预言和设想是有科学根据的。对此，邓小平也作了充分的肯定。他在不同场合的多次论述也都没有否定社会主义的这些特征。例如关于公有制为主体论述，以按劳分配为主体的论述，关于计划是一种社会管理方法的思想，都是对马克思思想的继承和肯定。这说明马克思、恩格斯关于社会主义社会基本特征的论断还是适用的。这个结论，从其语言的逻辑特征上分析也是成立的。马克思、恩格斯关于社会主义特征的论断是一些肯定判断。就肯定判断的逻辑要求来说，只要存在着肯定判断所断定的思想内容，那么，这一判断就能成立。相对于一个特定社会的社会特征，当用肯定判断指出其中的一些特征时，它同时容许、或者说并不排斥其他判断的成立。例如，当我们肯定按劳分配是社会主义的分配特征时，也并不否定其他分配形式的存在。社会主义发展史和建设史的实践表明，我们曾经对马克思、恩格斯的这些论断作了教条主义的理解，把马克思、恩格斯所指出的一些基本特征当成了全部特征，并且不分社会历史阶段，不依据生产力的发展状况加以运用。

另外，我们也应当承认，马克思、恩格斯关于社会主义社会基本特征的论断，是相对于资本主义社会的根本弊端作出的。马克思、恩格斯在世时，并未看到社会主义的成功，并没有建设社会主义的实践活动，所以他们的思想体系受到了当时历史条件的制约。历史的发展没有给他们提供充分的思想资料，使他们能够对未来社会作出详细的说明，他们的思想体系中也有不甚清楚之处，他们的个别结论难免有缺陷，以至于影响到后来的马克思主义者对社会主义的科学理解。现在看来，这些对社会主义的偏差理解至少有以下几点：

第一，在对资本主义社会的否定中构想社会主义特征，就难免将资本主义社会的主要弊端与随着资本主义社会发展而发展起来的社会经济的组织形式,以及那些符合社会化大生产的管理方式和资本主义生产方式不加区别。这是由于生产方式、生产组织形式、生产管理方式这三者之间往往紧密联系在一起。在判断资本主义生产方式的时候,尤其是处于资本主义社会之中时,往往很难看出它们之间的本质区别。这是历史条件和时代特征制约认识的表现。

第二,根据对资本主义社会的否定构想社会主义的思想方式,如果没有自觉的辩证思维方式,就很容易把通过否定而建立起来的肯定性论断绝对化。例如,资本主义社会是资产阶级的私有制,那么社会主义就应当是公有制,而忽视社会主义公有制建立的生产力方面的根据。资本主义社会的竞争、市场是存在于资本主义发展阶段上的重要的经济现象,所以社会主义应当是计划经济,从而把竞争现象和市场形式理解为资本主义特有的东西。资本主义是按资分配,那么社会主义就应当排斥一切不属于按劳分配的形式和方法,而不管社会生产力的发展状况。这些思维方式最根本的问题是把马克思、恩格斯所创立的唯物史观的方法论思想精华抛弃,只记住了一些结论,并且加以形而上学地推广。马克思主义创立者以后的马克思主义者都不同程度地存在这个问题,他们只记住了马克思、恩格斯所作出的一些具体结论,而忘记了得出这些结论的方法,即联系生产力状况考察生产关系的方法。

第三,如果说把对社会主义的认识,看成是一个相对独立的认识过程,那么,处于资本主义社会之中,在批判资本主义社会的过程中认识未来社会主义的特征,这是社会主义认识史的第一阶段。从否定之否定的观点来看,它只是对资本主义社会的否定性认识,这种认识只是一个阶段性成果,它还必须被进一步否定,实现否定之否定。但是,这个否定之否定的实现,需要有新的历史实践作为基础,这个新的实践就是建设社会主义的实践。邓小平关于社会主义本质的新概括就是这种新的实践的理论总结。

二　在社会主义建设时期对社会主义的建构性认识

邓小平对社会主义本质的新概括,是在总结中国社会主义建设的经验教训中产生的,是在改革开放的实践过程中形成的,是通过解决改革开放的实际问题和回答人们思想上的理论问题而完成的。

毛泽东在《实践论》中生动地论述过实践在理论形成中的地位与作用。他说，要知道梨子的滋味，就得变革梨子，亲口吃一吃，尝一尝。邓小平作为党的第一代领导集体的主要成员，作为社会主义建设时期的开拓者，作为改革开放的总设计师，有丰富的历史经验，经历了中国革命和中国社会主义建设初期的曲折，这些都是他从理论和实践的结合上思考社会主义本质问题的深厚基础。在建设社会主义的过程中认识社会主义，中国共产党人也经历了两个阶段。这些思想成果集中表现在邓小平的思想理论中。

1. 邓小平基于对新中国成立 30 年的经验教训的反思，明确提出"什么是社会主义"的重要问题

从新中国成立到 1978 年的这 30 年，我们对社会主义建设道路进行了初步探索并且在曲折中前进。不幸的是，在 1966 年以后步入歧途，发动了"文化大革命"。从新中国成立到 1956 年，我国经过了国民经济恢复时期，完成了第一个五年计划和社会主义改造，奠定了社会主义的经济基础，创立了社会主义的政治体制。从 1956 年到 1966 年是我国社会主义建设在探索中曲折发展的十年。在这十年中，党在建设社会主义的指导思想上有两个发展趋向。一个发展趋向是正确的和比较正确的趋向；另一个发展趋向是错误的趋向，这就是党在探索中国自己的建设社会主义道路的过程中，形成的一些错误的理论观点、政策思想并由此导致的反面教训。对应于正确的思想趋向，经济建设有较好的发展趋势，社会主义建设事业也有举世公认的成就；党的思想理论也有许多有价值的建树。例如毛泽东在 1956 年 4 月发表的《论十大关系》，明确提出了建设社会主义必须根据本国情况走自己道路的思想；1956 年 9 月召开的"八大"明确了国内的主要矛盾"已经是人民对于建立先进的工业国的要求同落后的农业国的现实之间的矛盾，已经是人民对经济文化迅速发展的需求同当前经济文化不能满足人民需要的状况之间的矛盾"；1957 年 2 月，毛泽东发表《关于正确处理人民内部矛盾的问题》的讲话，指出了正确处理人民内部矛盾是国家政治生活的主题。在经济建设方面，八届九中全会提出"调整、巩固、充实、提高"的八字方针，是对"左"的经济政策的修改；1963 年至 1965 年的三年经济调整是在协调工业和农业的关系，积累和消费的关系，工业内部的关系等。这些虽然没有从根本上解决经济建设的思想路线问题，但毕竟是一种在困难和问题面前的探索，它对国民经济的发展起了

积极作用。与错误的思想发展趋向相适应，也有一些错误的经济改革和理论决策。这主要是经济建设上急于求成的"大跃进"和从反右派斗争扩大化到庐山会议"反右倾"、到八届十中全会以后阶级斗争扩大化的"左"倾错误，以致于演变到1966年开始的"文化大革命"。

邓小平在总结反思这30年经验教训时曾明确地提出了一个过去人们不大敢想的思想理论问题。他在多个场合强调指出，我们搞了30年社会主义，虽然在很多方面都取得了重大成就，但从总的情况看，社会生产力没有得到应有发展，社会主义优越性没有充分体现出来，因此要重新思考"什么是社会主义、如何建设社会主义"。邓小平之所以会提出这个根本性的问题，与下列三个基本因素有关。这三个基本因素是我们理解邓小平的关于社会主义本质论断的思想政治上的基本前提。

第一，对社会主义历史时期主要矛盾的反思，确立了以经济建设为中心，摒弃了"阶级斗争为纲"的政治路线。20世纪80年代左右，围绕"实践是检验真理的唯一标准"的讨论，恢复和重申了社会主义就是要发展生产力的马克思主义基本原理。这就从马克思主义哲学，从历史发展理论上，从社会发展标准上确立了生产力标准，提出了社会主义的根本任务是解放和发展生产力，将全国工作重心转到了以经济建设为中心的轨道上来，给认识什么是社会主义的思想进程奠定了深厚的社会基础。

第二，总结30年经济建设的教训，尤其是反思从1958年到1978年这20年社会生产力发展处于停滞状态的原因，说明30年期间所作的事情不能说都是成功的。运用实践检验认识是否为真理的标准来衡量，对于极"左"思潮进行了深刻的批判，说明过去对社会主义的认识是有问题的。尤其是对"四人帮"所标榜的"穷"社会主义理论进行了深刻的批判，引起了人们对到底什么是社会主义的深刻思考。

第三，强调必须把马克思主义的基本原理与中国特色社会主义的实际相结合，探索建设有中国特色的社会主义道路，奠定了认识什么是社会主义的思想路线。邓小平说："社会主义是一个很好的名词，但是如果搞得不好，不能正确理解，不能采取正确的政策，就体现不出社会主义的本质。"[1] 他还说："在搞社会主义方面，毛泽东的最大功劳，是将马克思列

---

[1] 《邓小平文选》第2卷，人民出版社1993年版，第313页。

宁主义的普遍真理同中国革命的具体实践结合起来。"① 邓小平在 1982 年党的十二次代表大会开幕词中强调了这一思想原则。他说："我们的现代化建设，必须从中国的实际出发。无论是革命还是建设，都要注意学习和借鉴外国经验。但是，照抄照搬别国经验、别国模式，从来不能得到成功。这方面我们有过不少教训。把马克思主义的普遍真理同我国的具体实际结合起来，走自己的道路，建设有中国特色的社会主义，这就是我们总结长期历史经验得出的基本结论。"②

2. 邓小平对改革开放新时期基本经验的总结和理论反思，逐步明确了社会主义本质的基本内涵

邓小平在改革开放新时期将"什么是社会主义"的理论反思与改革开放的实践活动紧密地联系在一起。他是在理论指导下实践，在回答实践问题时进行理论的反思，并进一步丰富和发展社会主义理论的。

首先，中国改革问题的提出和改革思路的确定所要回答的基本问题是如何充分体现社会主义的本质、发挥社会主义的优越性。这个问题有两个方面。第一个方面是从揭批"四人帮"的反动理论和一些极左理论中提出来的。针对"四人帮"的罪行和反动理论观点，党和国家领导人提出中国要发展生产力，要一心一意地搞经济建设。"四人帮"说："宁要社会主义的草，不要资本主义的苗"；"文化大革命"期间，全国动乱，生产停滞，经济崩溃，社会主义无法再继续下去。要坚持马克思主义、列宁主义、毛泽东思想，就必须改弦更张，从"以阶级斗争为纲"转变到"以经济建设为中心"。否则，社会主义本质无法体现，社会主义的优越性无法说明。第二个方面是政治路线确定之后，如何建设社会主义，不能空讲社会主义，要通过社会主义的建设成就把社会主义本质充分体现出来。邓小平在 1980 年中央干部会议上关于《目前的形势和任务》的讲话中多次讲到这个问题。他说："近二十年来，经过几次波折，始终没有把我们的工作着重点转到社会主义建设这方面来，所以，社会主义的优越性发挥得太少。"③ 他还说："现在，特别是在青年当中，有人怀疑社会主义

---

① 《邓小平文选》第 2 卷，人民出版社 1994 年版，第 313 页。

② 《邓小平文选》第 3 卷，人民出版社 1993 年版，第 2、3 页。

③ 《邓小平文选》第 2 卷，人民出版社 1994 年版，第 249 页。

制度，说什么社会主义不如资本主义，这种思想一定要大力纠正。社会主义制度不等于建设社会主义的具体做法……我们一定要、也一定能拿今后的大量事实来证明，社会主义制度优于资本主义制度。"① 邓小平在1980年4月接见卡翁达时说："社会主义总要比资本主义优越……现在我们正在摸索比较快的发展道路，我们相信这方面是有希望的。不解放思想不行，甚至于包括什么叫社会主义这个问题也要解放思想。经济长期处于停滞状态总不能叫社会主义。"② 从这一阶段邓小平所思考的问题来看，邓小平一直在以社会主义的优越性如何发挥、如何体现去思考社会主义的本质问题，具体引申出来的问题有两个：一是关于建设社会主义的具体做法不等于社会主义制度；二是提出要在什么是社会主义的问题上解放思想。可以认为，这些问题都是社会主义本质范畴内的问题。因为邓小平此时已经从一般和个别、抽象与具体、资本主义与社会主义的区别上提出什么是社会主义、如何建设社会主义的问题。

其次，随着改革开放的深入，也出现了对改革方向与前途的种种认识问题。邓小平通过对这些问题的回答，逐步明晰了关于社会主义本质问题的理论要点。

随着中国的改革开放逐步深入，从1985年开始，世界上的评论家对我国的经济改革形成两种观点。有些评论家认为改革会使中国放弃社会主义；另一些评论家认为中国不会放弃社会主义；为了对两种评论有一个明确的回答，邓小平说，我们的经济改革，概括一点说，就是对内搞活，对外开放。对内搞活也是对内开放，通过开放调动全国人民的积极性。对内搞活经济是活了社会主义，没有伤害社会主义本质。邓小平认为，中国的改革是对世界上的社会主义事业和不发达国家的发展提供某些经验，是坚持社会主义本质，是搞活社会主义，是发展社会主义。这说明社会主义是有活力的社会主义。所以封闭僵化不是社会主义，"一穷二白"不是社会主义，只有搞活经济才能搞活社会主义，才能探索建设社会主义的路子。邓小平在这里明确肯定改革开放不会伤害社会主义本质，只有坚持改革开放，才能坚持社会主义，才能增强社会主义优越性。

---

① 《邓小平文选》第2卷，人民出版社1994年版，第250、251页。

② 同上书，第311、312页。

1986 年，邓小平在回答美国记者迈克·华莱士的提问时回答了致富和社会主义原则的关系问题。因为中国改革开放中明确提出致富光荣的口号，对此很多资本主义国家的人感到意外。邓小平说："不能有穷的共产主义，同样也不能有穷的社会主义。致富不是罪过，但我们讲的致富不是你们（资本主义国家）讲的致富，社会主义的财富属于人民，社会主义的致富是全民共同致富。社会主义的财富属于人民，社会主义的致富是全民共同致富。社会主义的原则，第一是发展生产，第二是共同富裕。"①这里所指出的两条原则已经勾画出了社会主义本质的理论要点。他已经从生产力和生产关系两方面，指出了社会主义的本质规定。这两条原则的说明，已经反映了邓小平思考社会主义本质的方法原则是生产力生产关系统一原则。

进入 20 世纪 90 年代以后，中国经济领域中有两个重要事实，其一是市场经济因素不断增大，其二是沿海与内地经济社会发展拉开差距。这种情况使社会上又出现对改革的社会主义方向的怀疑。对此邓小平约见中央负责同志谈话，指出要善于利用时机解决发展问题，同时也对社会主义的理解提出了新的见解。他说："我们必须从理论上搞懂，资本主义与社会主义的区分不在于是计划还是市场这样的问题。社会主义也有市场经济，资本主义也有计划控制。"② 他还说："共同致富，我们从改革一开始就讲，将来总有一天要成为中心课题。社会主义不是少数人富起来、大多数人穷，不是那个样子。社会主义最大的优越性就是共同富裕，这是体现社会主义本质的一个东西。"③ 而且他还指出："如果搞两极分化，情况就不同了，民族矛盾、区域间矛盾、阶级矛盾都会发展，相应地中央和地方的矛盾也会发展，就可能出乱子。"④ 到这一时期，关于社会主义的理解，邓小平又向前进了一步，这种发展表现在两个方面。一方面是剥离了那些过去长期误认为属于社会主义本质的东西，即计划经济特征，也剥离了那些过去认为是而实际上不是专属于资本主义本质的东西，即市场经济。也就是说，把那些过去不正确的认识从社会主义的基本范畴中剥离出去。另

---

① 《邓小平文选》第 3 卷，人民出版社 1993 年版，第 171、172 页。

② 同上书，第 364 页。

③ 同上。

④ 同上。

一方面是将社会主义的原则明确概括为两点，即发展生产和共同富裕。这种认识，相对于改革的初期来说，是深刻得多了，全面得多了。

第三，邓小平关于社会主义本质的完整论述，是在改革开放的关键时期作出的。在 1992 年，中国改革开放进入关键阶段，其基本特点是经济体制改革的思路遇到了思想理论上的障碍。比如：对于办特区的一些消极议论，担心办特区是搞资本主义；对于引进外资也有一些疑虑，认为中国人的钱让外国资本家赚走了；对于中央确定的市场取向的改革思路，也有人认为是背离社会主义。这些看法说明长期形成的"左"的习惯势力、价值观念在影响着人们的思想。同时也有一些右的东西在影响着人们的思想，比如社会主义的改革是没有出路的，私有化是中国的改革取向等。针对这些情况，邓小平说："现在有右的东西影响我们，也有'左'的东西影响我们，但根深蒂固的还是'左'的东西。"① "右可以葬送社会主义，'左'也可以葬送社会主义，中国要警惕右，但主要是防止'左'。"② 而且邓小平还尖锐地指出："改革开放迈不开步子，不敢闯，说来说去就是怕资本主义的东西多了，走了资本主义道路。要害是姓'资'还是姓'社'的问题。判断的标准，应该主要看是否有利于发展社会主义社会的生产力，是否有利于增强社会主义国家的综合国力，是否有利于提高人民的生活水平。"③

邓小平从反右防"左"且主要是防"左"，讲到"三个有利于"的判断标准，实际上已经撇开了过去人们长期谈论的、被奉为经典的所谓社会主义的标准。"三个有利于"的提出，就是依据马克思主义的基本原理，提出了社会主义建设的根本标准。由于有了这个根本标准，使人们可以据此检验以往所谓的建设社会主义的做法，关于社会主义的某些特征，以及改革开放的思路和方法是否是有利于社会主义的。邓小平正是从这个根本标准的逻辑前提出发，进一步阐发了社会主义本质的论断。

邓小平说："社会主义的本质，是解放生产力，发展生产力，消灭剥削，消除两极分化，最终达到共同富裕。"④ 这一新概括，和"三个有利

---

① 《邓小平文选》第 3 卷，人民出版社 1993 年版，第 375 页。

② 同上。

③ 同上书，第 372 页。

④ 同上书，第 373 页。

于"的标准提出的思路一样，都撇开了人们过去长期附加在社会主义本质之上的东西，抽出了社会主义的本质的东西。在进行这个概括的同时，他把计划和市场，把证券、股市等经济现象从社会主义本质中剥离出去，甚至都未把公有制、按劳分配等东西在本质规定中加以强调，其主要思想是要从社会主义的根本原则上说清楚社会主义的本质。在这里，邓小平区分了本末关系和源流关系。有了这个关于社会主义本质的一般规定，就可以说明其他社会主义的基本特征，比如公有制、按劳分配、计划方法的作用等。我们理解邓小平社会主义本质论断，首先必须理解邓小平的思想逻辑和思想方法。

总结分析邓小平提出社会主义本质论断新概括的基本过程，可以看出，它的思想是逐步发展的，而且鲜明的特征是，思想的逻辑进程和改革开放的实践进程是高度一致的。具体说来，有以下几个特点：

第一，有很强的针对性。一是针对离开生产力观点抽象谈论姓"资"姓"社"的历史唯心主义观点，提出发展生产力是社会主义的根本任务，提出判断改革开放成败的标准是"三个有利于"，判断真假社会主义的标准是"三个有利于"，从而把对社会主义的认识建立在彻底的历史唯物主义基础上；二是针对把计划经济和市场经济看作区分不同社会制度的标准的传统观点，提出计划和市场都是手段，社会主义和资本主义都可以利用，从而有利于人们更深入理解社会主义本质；三是针对担心一部分地区、一部分先富起来会发生两极分化的观点和平均主义大锅饭的旧观念，提出共同富裕是体现社会主义本质的一个东西。

第二，有很强的目的性。邓小平揭示社会主义本质的目的是消除改革开放的阻力，加快改革开放的步伐，把改革开放推向前进。有些人担心改革开放会走资本主义道路，致使"改革开放迈不开步子"；有些人担心建立社会主义市场经济会导向资本主义，致使市场取向的改革踌躇不前；有些人担心一部分地区、一部分人先富起来会导致两极分化，因此固守平均主义大锅饭不放，难以激发起经济活力。邓小平讲清社会主义本质，就是为了消除这些阻碍改革开放向纵深发展的错误观念，把改革开放向前推进。

第三，有很强的时代感。现时代有两个显著特点：一是和平与发展是时代的两大主题；二是世界新技术革命蓬勃发展，科学技术在社会发展中的作用日益增强。当代世界的竞争主要是科技力量的竞争，经济力量的竞争，综合国力的竞争。邓小平把解放和发展生产力当作社会主义本质的内容，鲜明地体现了时代特性。

第四，有很强的国情意识。邓小平反复强调我国处于社会主义的初级阶段，生产力不发达，人口多，底子薄，地区发展不平衡。我们是在一个生产力相对落后的国家进行社会主义建设的，与马克思、恩格斯当时预言的社会主义产生的社会前提有很大的不同。多次强调建设有中国特色的社会主义，其实质是：在生产力不发达的条件下建设社会主义就一定要把发展生产力作为一项根本任务。因而，把解放和发展生产力纳入社会主义本质之中，既反映了中国国情，也从根本原则上坚持了马克思主义。

三　邓小平社会主义本质论断是对社会主义理论的新贡献

1. 邓小平论断的第一个特点：在社会主义本质论断中引入生产力范畴

邓小平所提出的社会主义本质论断，是科学社会主义理论的新发展，它与传统的社会主义理解不同的是，明确地点出了社会主义本质这个基本范畴，并且从生产力与生产关系辩证统一的高度给出了新的表述。邓小平关于社会主义本质的表述新就新在关于社会主义本质的规定中引入了生产力范畴，在社会主义本质的规定中实现了生产力与生产关系的统一。就此而言，传统的社会主义的理解并不是十分清楚的。人们更多地是从生产关系的角度去理解社会主义的基本特征，并就此去把握社会主义本质内涵的。正因为脱离生产力约束去理解社会主义具有理论上的片面性，因此也就给社会主义的建设实践埋下了诸多失误的伏笔。

马克思主义历来是重视社会生产力的巨大历史作用的。马克思主义原理中最根本的一条就是生产力是社会发展的最终决定力量的观点。但是在不同的历史时代，应用这个原理的重点不同，对社会考察得出的结论亦有差别。在自由资本主义时代，在批判资本主义过程中认识未来社会主义特征时，主要看到的是生产力与生产关系之间的冲突，是资本主义生产关系与社会化生产力要求的不相容。所以，他们把社会生产力的发展看成是一种现实的必然趋势，这种必然性要求生产关系的社会性质与之相适应。在此基础上预言社会主义社会，也就主要从生产关系的基本特征上进行设想和预言，马克思、恩格斯的这种分析推论是符合他们所处时代的特征的，是科学的。他们把生产社会化当作既定的事实给以理解上的肯定，所需要做的理论分析是对生产关系的资本主义性质加以否定。只有对资本主义生产关系进行否定才能实现与已经发展和形成的生产力的社会性质的重新统一，他们只要指出未来社会生产关系方面的基本特征就可以说明实现这种生产力和生产关系的统一的状况。这正是马克思、恩格斯在当时为何重点论述社会主义社会生产关系方面的特征的时代依据。通过什么途径实现生产力的发展要求与生产关系社会性质的重新统一呢？在马克思、恩格斯时代，由于他们身处资本主义社会，要解决生产力与生产关系的矛盾，通过革命的方式实现生产力与生产关系的重新统一是马克思、恩格斯所强调的一种方式。作这样的分析在于指出，马克思、恩格斯的确是坚持一贯地应用他们所创立的唯物史观，从生产力与生产关系的矛盾运动中，从生产力发展的内在必然性中去论证社会主义的，他们并没有忽视生产力要求，恰恰是根据生产力要求去说明未来社会特征的。他们所强调的重点是生产力发展所带来的生产关系方面的变化。因此，他们着重从生产关系方面去设想未来社会的基本特征就十分自然了。问题在于后来的马克思主义者忽视了马克思主义的方法，只记住了马克思、恩格斯所作的具体结论，在建设社会主义的实践中教条主义地应用了这些结论，而使社会主义的建设遇到很大的挫折。

在资本主义时代，应用唯物史观，马克思主义理论的着眼点是根据生产力状况批判资本主义生产关系，提出用社会主义生产关系代替资本主义生产关系。在社会主义建设时期，历史则提出了新的要求，即要依照生产力发展的具体状况去设计生产关系的具体形式，要建设一个新的制度、新的体制去促进生产力发展。在社会主义建设时期，生产力与生产关系的矛盾关系要通过互相适应和互相促进的方式实现统一。只有当这个历史任务客观地摆在人们面前时，人们才能对社会主义的这个本质规定有所理解。邓小平说，过去我们对社会主义的认识并不完全清楚，这个断语是相当准确的。不是马克思主义理论有缺陷，而是后人的理解有问题。由于建设时期的主要任务是发展社会主义的生产力，所以在对社会主义本质的理解中，就应当明确地引入生产力范畴，从生产力与生产关系辩证统一的高度规定社会主义本质的内涵。只有这样，才能把马克思主义原理中本来就具有的，需要在社会主义建设时期给以明确的内在精神揭示出来。邓小平所做的理论贡献恰在于此。

尽管马克思、恩格斯的理论指向是批判资本主义，着重从生产关系方面勾画未来社会基本特征，但也曾经十分明确地论述过生产力发展对未来社会的作用。他们指出社会的劳动分工也只有当"生产力已经发展到使私有制和分工变成了它们的桎梏的时候才会消失"；指出"只有发展生产力，创造生产的物质条件才能为一个更高级的，以每个人的自由全面发展为基本原则的社会形式创造现实基础"；指出"各尽所能、按需分配的共产主义社会，是在随着个人的全面发展，生产力也增长起来，而集体财富在一切源泉都充分涌流之后实现的"。正因为这样，《共产党宣言》把"尽可能快地增加生产力的总量"作为无产阶级夺取政权以后的一项极其重要的任务提出来。不仅如此，马克思、恩格斯还从反面来论证这一思想。他们指出，要是在没有生产力高度发展的情况下去勉强实现社会公平的目标，那就只会有贫穷的普遍化；而在极端贫困的情况下，就必然重新开始争取必需品的斗争，也就是说，全部陈旧的东西就会死灰复燃。

在社会主义本质规定中引入生产力范畴，就突出了生产力问题在社会主义建设中的地位，深刻地反映了中国的国情。我国目前还处在社会主义的初级阶段。在这个阶段，人民群众日益增长的物质文化需要同落后的社会生产之间的矛盾，同实现四个现代化以后的情况相比较，会表现得更加突出、更加尖锐。社会主义要消灭贫穷，实现共同富裕，创造出高于资本主义的劳动生产率，但限于现阶段较薄弱的物质技术基础而难以迅速实现。这样，在相当长的时期内就出现了一种矛盾的现象，即在社会发展阶梯上高于资本主义的社会主义，在物质技术基础上却低于资本主义发达国家，人民还不能完全摆脱贫穷。所以，在国内有人民群众日益增长的物质需要的压力，在国际上有发达资本主义国家经济差距的压力。这种双重压力都迫切要求生产力迅速发展。这种双重压力的实质是生产力和生产关系的一般社会矛盾在社会主义初级阶段的表现。在社会主义本质规定中，引入生产力范畴，才能理解社会主义初级阶段的这个特殊问题，最终从根本上解决这个问题。

突出生产力在社会主义本质中的地位，还是同我们当前的时代特征分不开的。当今世界，和平和发展已成为时代主题，同时，日新月异的科学技术正在成为经济社会发展的主导力量。世界各国，尤其是周边国家和地区都在研究如何抓住机遇，加快自己的发展。而且旧的世界格局已经打破，新的世界格局尚未形成。我们在建设社会主义的过程中面临着两个方面的挑战。一是要能够顶住霸权主义、强权政治的压力，坚持社会主义制度；一是要能够抓住世界发生大转折所提供的机遇，努力把我们在世界上的位置向前提，使我们的综合国力进入世界前列。所以，必须把发展生产力摆在首位。要做到这一点，必须在理论上肯定生产力问题对于社会主义本质的意义。只有在社会主义本质中引入生产力范畴，才有可能在理论上和指导思想上深刻认识发展生产力对于坚持和发展社会主义的意义，才能应对时代向我们提出的挑战。

2. 邓小平论断的第二个特点：突出了社会主义在生产关系方面的根本性质是实现共同富裕

生产力的充分发展并不是社会主义的全部。有了发达的生产力，并不一定就有了社会主义。因此，邓小平在强调生产力对于社会制度本质的判别的重要作用，并视发达的生产力为社会主义本质内容时，并没有忽视从生产关系角度来认识社会主义本质。从这个角度，他提出了著名的"共同富裕"的思想。

生产关系其实是作为社会制度基础的社会经济制度的另一种表述。因而，生产关系特点在判定社会制度性质或区别这一社会制度和别的社会制度上具有明显的直接性和较高的清晰度。由于这个原因，邓小平在阐述共同富裕是社会主义本质时十分直截了当。除了前面提到的关于共同富裕是社会主义原则和本质的表述外，邓小平在其他场合多次明确表述过同样的思想。比如1985年3月，邓小平在一次讲话中指出："社会主义的目的就是要全国人民共同富裕，不是两极分化。如果我们的政策导致两极分化，我们就失败了。"[①] 同年5月，邓小平在谈到坚持社会主义这一根本问题时，又指出："社会主义与资本主义不同的特点就是共同富裕，不是两极分化。"[②] 到了1992年，在阐述社会主义本质时，就把共同富裕列为其中

①　《邓小平文选》第3卷，人民出版社1993年版，第110、111页。
②　同上书，第123页。

的一个环节，而且还进一步强调："走社会主义道路，就是要逐步实现共同富裕"，"如果富的愈来愈富，穷的愈来愈穷，两极分化就会产生，而社会主义制度就应该而且能够避免两极分化"①。

可以说生产力发展水平是从社会财富的增长总量上说明社会主义本质，那么共同富裕则是从分配特征上说明社会主义本质。换一个角度，如果说生产力发展水平的具体界定较为困难，因而在判别社会制度特性时虽然极为重要，但有时难以与资本主义划清界限的话，就不能离开生产关系特征单独其判别作用，那就必须联系生产关系的性质，将生产力和生产关系两者合在一起作为一个联合尺度。社会主义构想之初衷，就是要立足于全体人民而不是某些人的幸福生活，社会主义之基本运作制度的设计就是为了达到这一目的。之所以要坚持以公有制为主体，即是期望财产上的共同所有带来收获上的共同享受；之所以采取以劳动为主要依据的分配方式，是因为没有任何一种资源像劳动力这样为每个人所拥有，它提供了每个人都有获得分配的机会，因为没有任何一样资源能像劳动在分配上体现较少的差别。人人都拥有致富的条件，其后果不会产生两极分化，这就是按劳分配的妙处。

邓小平讲共同富裕，它与平均主义有严格的区别。他多次批评平均主义，批评"大锅饭"模式有悖于社会主义本质。因为平均主义不计劳动投入，按人头计算，按人头分配，这实质上不是按劳动贡献大小分配，是对按劳分配的否定，它不能调动全体人民的劳动积极性，其结果必然是奖懒罚勤。因为干多干少一个样，干好干坏一个样。邓小平讲的共同富裕，是建立在劳动贡献的基础上的，是以按劳分配原则为根据的，以劳动贡献为基础的共同富裕，不会是同步富裕，也不是同等富裕。事实上劳动贡献大小不同，富裕程度也不同。进入文明时代以后，平均主义历来是破坏生产力的力量，同步富裕也是生产力发展的障碍，因为它挫伤劳动人民的劳动积极性。因此合理的致富战略是以劳动贡献为基础，允许一部分人先富起来，通过先富带动后富，最终实现共同富裕。

邓小平讲的共同富裕是在社会主义市场经济条件下的共同富裕。在市场经济条件下，劳动者劳动价值的实现必须通过市场交换去实现。这一情

---

① 《邓小平文选》第3卷，人民出版社1993年版，第373、374页。

形与计划经济条件下的劳动价值实现过程有原则上的差别。在计划经济条件下只要有劳动投入，就可以获得劳动报酬，而不管这种投入的劳动是否符合社会需要；再具体一些，只要所投入的劳动能制造出劳动产品就行，而不问这种劳动产品的价值是否能够实现，即是否有人真的需要这种劳动产品，其结果是大量的社会劳动被浪费。在市场经济条件下，一种具体劳动的社会报酬实现与否的必要条件是看其是否为有效劳动，这是劳动的质的规定；其次才是其量的规定，即劳动量的大小。所谓有效劳动是满足社会需要的社会劳动，能实现其交换价值的社会劳动。所以，在市场经济条件下的共同富裕是建立在有效劳动基础上的共同富裕，离开了有效劳动的共同投入，也就没有所谓的共同富裕。如果在有效劳动的投入上有差别，在致富效果上也会出现程度上的差别。这种建立在劳动的质与量的差别之上的富裕程度的差别，才是社会主义制度的应有之义。

邓小平所讲的共同富裕是一个发展过程的最终目标，在建设社会主义的过程中要愈来愈接近这个目标，而不是愈来愈偏离这个目标，它是要在解放和发展生产力的前提下逐步实现，而不是脱离生产力发展的前提去立即实现。邓小平在论述社会主义本质时，一反过去人们论述社会主义特征时静态地考察社会主义的习惯，着重从动态上阐述社会主义，连续使用"解放""发展""消灭""消除""达到"等动词。这就明确告诉我们，社会主义同任何事物一样是一个发展过程。任何一个社会主义国家的生产力发展是需要时间的，所以共同富裕的实现也是需要时间的。消灭剥削、消除两极分化是社会主义的根本要求和根本规定，但剥削现象和两极分化现象的根本消除首先需要现代化生产力的充分发展。由于像我国这样的社会主义国家生产力发展水平总体上比较落后并表现为多层次，因此，生产关系的多层次，包括所有制和分配制度的多种成分和多种形式并存是不可避免的。因而在一定范围内的剥削现象和一定程度上的贫富差距，甚至一定幅度内的两极分化现象需要很长的时间才能根除。共同富裕是社会主义的根本目标，但由于各地区、各部门、各行业之间存在着历史和现实的差别，不可能同步富裕。在过去较长时间内搞平均主义，想同步富裕，结果都受穷。而且在市场经济条件下，由于供求关系、价值规律的作用，经济发展和人们生活水平上的差别更是不可避免的。所以只能是一部分地区和一部分人先富裕起来，带动其他地区和人们，逐步地最终达到共同富裕。

总之，解放和发展生产力是一个过程，消灭剥削和消除两极分化是一个过程，实现共同富裕也是一个过程。这种从动态上考察社会主义的方法告诉我们，在社会主义的初级阶段和高级阶段，在我国社会主义的初级阶段和高级阶段，尽管其本质是一样的，但本质表现程度，社会主义制度的成熟程度都会有所不同。我国社会主义初级阶段的起始阶段到终结阶段的变化，也就是社会主义本质逐步展现的过程，也就是从经济文化落后的国家变成富裕的民主的文明的社会主义现代化国家的过程。

3. 邓小平论断的第三个特点：着眼于解放和发展生产力的根本任务，相对于实现共同富裕的最终目标，把公有制和按劳分配蕴含在消灭剥削、消除两极分化的制度目标之中

邓小平在关于社会主义本质的新概括中，没有把生产资料的社会主义公有制和按劳分配包括在内，是否可以认为，既然在社会主义本质规定中没有明确提到公有制和按劳分配，那就说明它不是社会主义本质的内在要求？是否也可以认为，社会主义必然地和公有制与按劳分配诸形式等价地联系在一起，而邓小平却未明确提出，说明邓小平的社会主义本质论断可作特殊性理解，只是用于中国现阶段的社会主义模式，不适用一般特征的社会主义规定？

其实，邓小平的社会主义本质论，在生产关系方面提出了消灭剥削、消除两极分化的要求，实质上就蕴含着公有制和按劳分配的要求。这是一个问题的两个方面，表述了一个方面，就必然蕴含着另一方面。事实是，在生产关系上，以消灭剥削、消除两极分化为目标，就要求在社会经济制度方面实行公有制、按劳分配作为前提和保证。公有制和按劳分配，是体现社会主义本质的制度形式或体制规定，搞社会主义当然离不开生产资料公有制和依赖于这种公有制的按劳分配制度。邓小平斩钉截铁地讲过多次："一个公有制占主体，一个共同富裕，这是我们所必须坚持的社会主义的根本原则。"① 他也多次说过，一定要坚持按劳分配的社会主义原则。所以，坚持以社会主义公有制和按劳分配为主体，这是毫无疑义的，这是实现社会主义本质所必需的，不仅为"消灭剥削、消除两极分化、最终实现共同富裕"所必须，也为"解放生产力、发展生产力"所必须。

---

① 《邓小平文选》第3卷，人民出版社1993年版，第111页。

社会主义的本质应当是社会主义生产关系的性质、功能和目标的体现，而不是等同于社会主义生产关系本身，这里凝结着邓小平在总结社会主义历史经验基础上形成的最新认识成果，反映着邓小平社会主义本质论中所蕴含的哲学思想与时代特色。

《共产党宣言》曾经把共产党人的理想概括为"消灭私有制"。但是根据马克思主义的基本原理，生产关系的变革、私有制的变革、公有制的实现，必须以是否适应于和有利于生产力的发展为转移。私有制是剥削、异化、不平等的根源，但这不意味着生产资料在任何时候以任何形式进行的社会化，都是适应于和有利于生产力发展的，特别是在像我们这样一个经济文化较不发达的国家，在建立社会主义制度以后，要是不问生产力发展水平如何，一味追求更大更公更纯的社会主义生产关系，那就只能招致破坏生产力的结果。

实际上，在完成社会主义改造之后，以毛泽东为核心的我们党的第一代领导集体就对此有所觉察。所以，毛泽东曾经主张允许一定范围内的个体经济作为国家经济和集体经济的补充；在分配方面也提出国家、集体、个人三兼顾的原则。只是因为后来"左"倾思想恶性发展，致使这些主张没有得到实现。在党的十一届三中全会之后，邓小平总结社会主义历史经验，确立了"三个有利于"的思想原则，提出了坚持公有制为主体，多种经济成分共同发展；建立以按劳分配为主体、效率优先、兼顾公平的收入分配制度等。改革开放以来举世瞩目的成就，就在于从实际出发，确立了这样一些方针政策。这些政策思想的核心精神实际上不是坚持纯的公有制形式，纯的按劳分配形式，而是允许有非社会主义的东西存在，只要它适应于生产力发展水平，能促进生产力发展就行，同时必须有利于社会主义事业的发展。

所以，在社会主义的本质论断中，把社会经济制度方面的公有制和按劳分配，蕴含在消灭剥削和消除两极分化之中，实际上是从社会主义本质方面规定社会主义建设的基本要求，即消灭剥削和消除两极分化。由社会主义制度的生产关系形式达到这个要求，需要解答公有制和按劳分配占到多大比重，公有制的具体形式有何特点，按劳分配的具体形式如何等问题，既要达到解放和发展生产力要求，也要满足消灭剥削、消除两极分化、最终实现共同富裕的功能目标。所以，邓小平的社会主义本质论断既体现了社会主义必须坚持公有制和按劳分配的基本原则，又体现了必须按照是否有利于生产力的发展，而不是按照公有制和按劳分配本身的规定和纯粹程度，去确定公有制和按劳分配在不同时期、不同条件下的具体实现形式。在这里，邓小平同样明确了公有制、按劳分配等其他具体的生产关系的形式是社会主义本质的表现。从马克思主义原理的基本精神上分析，邓小平关于社会主义本质的规定，适用于社会主义历史时期的各个阶段，不发达阶段和发达阶段都适用，采用什么制度形式、体制形式去体现，要根据社会发展的实际状况去确定。这里也体现了邓小平关于社会主义原则的坚定性和实现这个原则的方法的灵活性的高度、辩证的统一。

四 邓小平社会主义本质论体现了生产力与生产关系的辩证统一

邓小平关于社会主义本质的论断，可以划分为三个句意：第一个句意是"解放和发展生产力"；第二个句意是"消灭剥削、消除两极分化"；第三个句意是"最终实现共同富裕"。三个句意形成一个关于社会主义本质的政体论断，也从总体上体现了生产力与生产关系的辩证统一；而且其中每一个句意也体现了生产力与生产关系的辩证统一，现具体分析如下。

1. 关于"解放和发展生产力"

这一句意的重点在于强调生产力，把生产力因素作为社会主义本质的重要内容。社会主义本质的重要体现就在于它能解放生产力和发展生产力。就解放生产力来说，社会主义相对于资本主义，它能解放生产力，解放那些被资本主义生产关系束缚的生产力，这已是一种理论常识。问题的重点是把解放生产力列入社会主义本质之中，相对于社会主义社会所建立的生产关系形式，也有一个解放生产力的问题。也就是说，社会主义要发展生产力，也有一个解决生产力和生产关系的矛盾问题。这里也承认了一个基本事实，在社会主义历史时期，社会主义的生产关系的某些形式也有束缚生产力发展的问题。这是一个理论认识的巨大进步。过去我们总是认为，社会主义的生产关系一旦建立，它基本上是适应生产力发展的，不适应方面是次要的、非基本的方面。改革开放以来的事实说明，我们所建立的"一大二公"的生产关系的形式，所确立的计划经济的管理模式，基本上是不适应生产力发展要求的，它没有充分体现社会主义的优越性，没有充分展示社会主义本质，所以才提出了改革的任务。承认社会主义时期生产力和生产关系的矛盾，才能承认改革，才能把改革理解为社会主义社会发展的动力。为什么有时候人们所建立的生产关系形式会对生产力发展起阻碍作用？这是因为生产关系是根据人的认识水平建立的，是相对于生产力的一定状况建立的。当生产力变化时，当人们的认识不正确时，就会产生生产关系落后于生产力发展要求的情况。

就"发展生产力"来说，它可以相对较低水平的生产力状况与人民群众日益增长的物质要求来说必须发展生产力，这是就生产力内部矛盾来说的，即人的需求不断增长与物质供给不足的矛盾。它还可以根据与生产关系的关系状况来说，改变旧的生产关系的状况，促进生产力发展。把这两者统一起来就是，相对于生产力内部矛盾的解决而解决生产力与生产关系的矛盾。"解放生产力和发展生产力"这一命题本身就有机地内涵着生产力和生产关系的辩证矛盾与辩证运动。

2. 关于"共同富裕"

"共同富裕"本身就是生产力和生产关系相互适应并高度发展的综合体现。社会主义不富裕，是穷社会主义，就说明生产力水平很低，社会的物质财富匮乏。这样的社会主义是不够格的社会主义。这样的社会主义战胜不了资本主义，也没有资格代替资本主义。但是一个富裕的社会，一个生产力水平很高、物质财富充裕的社会，其分配可以是很不合理的。一个两极分化的社会，在财富总量上也可以是富裕的，然而多数人相对贫困，少数人享受多数人的劳动成果却是可能的。所以，仅仅富裕，仅仅说生产力很高不能说明它是社会主义的。一个富裕的社会，其财富的分配是公平的、合理的，同时不只是少数人富裕，要使绝大多数人富裕才是社会主义。所以，"富裕"体现了生产力水平和状况，"共同"体现了生产关系方面的性质和要求。简洁的四个字"共同富裕"深刻地体现了社会主义的生产力和生产关系的统一。

3. 关于"消灭剥削、消除两极分化"

资本主义社会建立在剥削制度的基础上，两极分化是不争的事实，至少在自由资本主义时期表现为典型的两极分化，即使在当代资本主义社会中，社会财富也主要掌握在资本家集团手中。社会主义社会首先是针对资本主义社会的弊端而创立的新型社会，因此首先要解决资本主义社会本身所不能解决的问题，这个问题就是剥削现象和两极分化现象。所以，消灭剥削、消除两极分化既是社会主义本质的规定，也是社会主义的一项根本任务。这个任务的实现和这个问题的解决，既有生产力方面的要求，也有生产关系方面的要求。马克思主义认为，剥削现象是生产力发展到一定阶段所产生的社会经济现象，它反映了适应一定生产力水平的生产关系。要消灭剥削现象，首先要注意它与生产力水平的关系，也就是说，要以生产力的发展为基础消灭剥削，不能脱离发展生产力的根据去空谈消灭剥削。其次，剥削现象的消灭要通过一定的生产关系表现出来，如果在生产关系方面的剥削性质不发生变革，剥削现象就不能消灭；同理，两极分化问题也不能解决。因此，消灭剥削、消除两极分化，首先表现为生产关系方面的要求，但最根本的还是生产力方面的要求。

邓小平把"消灭剥削、消除两极分化"的规定摆在中间位置，其用意就是强调它与生产力和生产关系两个方面的本质联系。具体地说，它既是相对于"解放和发展生产力"的要求，也是相对于"最终实现共同富裕"的要求。相对于"最终实现共同富裕"，社会主义一定要消除两极分化，消灭剥削；相对于"解放和发展生产力"，消灭剥削和消除两极分化是一个过程，一定要在解放和发展生产力的条件下，逐步消灭剥削，消除两极分化。根据生产力状况，我国目前还处于社会主义初级阶段，在现有生产力条件下，剥削现象还不能根除和全部消灭，贫富差距还可能扩大。这是不可避免的现象，但是社会总体上，将随着生产力的发展，最终消灭剥削、消除两极分化，实现共同富裕。

在马克思主义的著作中，过去很少用"社会主义本质"这个概念。在表达类似的思想时，通常使用社会主义的"特征""基本特征""本质特征"等概念。而且在使用这些概念时，实际上是从生产关系以及上层建筑方面来理解的。如社会主义经济制度的基本特征是公有制、按劳分配、计划经济，社会主义政治制度的基本特征是人民民主专政，社会主义的意识形态是马克思列宁主义、毛泽东思想等。应该说，这些都反映了社会主义有关方面的一些基本特征。但是这种理解中有一个很重要的问题是把本质和特征不加区别地混在一起，常常用基本特征去取代本质范畴的内涵。本质是更深层次的东西，特征则是本质的外化或表现形式，即使是基本特征也是如此。社会主义本质应当是决定那些社会主义社会特征或基本特征能否成立的根据。这个根据应当应用生产力与生产关系统一的原理，联系生产力和生产关系两个方面的性质在社会主义社会的体现来规定。过去传统的理解，仅仅抓住了生产关系方面的性质及其特征表现，有片面性，有不科学的一面。因而对社会主义理解中的僵化特点、封闭特点都不可避免地表现出来。邓小平引入生产力范畴，从生产力与生产关系统一角度定义社会主义本质，用这个本质去说明社会主义的基本特征，就解决了我们过去长期存在的对社会主义的教条化理解问题。

邓小平的社会主义本质可以理解为两个根本目标，一个发展过程。两个根本目标是解放和发展生产力、最终实现共同富裕。这两个目标的实现，规定了一个发展过程，这个发展过程就是要逐步消灭剥削，消除两极分化。这两个根本目标实际上也设置了两个根本标准，在这两个标准之间存在着一个广阔的活动区间。这个活动区间就是社会主义的建设者们、实践者们和改革者们的活动舞台。这个区间也是实践邓小平所倡导的解放思想、实事求是的改革开放的领域。在这个区间内我们可以探索各种各样的实现社会主义本质的所有制形式，以及所有制的各种具体形式。这个改革区间的设置，给出了"什么是社会主义"的准则，同时也给出了什么不是社会主义的准则。江泽民同志对此有过精辟的论述。他说：贫穷不是社会主义，发展太慢也不是社会主义；平均主义不是社会主义，两极分化也不是社会主义；没有民主不是社会主义，没有法制也不是社会主义；没有物质文明搞不好社会主义，没有精神文明也搞不好社会主义。江泽民同志的这些论述，实际上是从否定角度解释了邓小平的社会主义本质论断的肯定含义。这些否定方面的意义实际上是规定了社会主义建设和改革的边界条件，规定了人们的活动空间，它与邓小平的思想一脉相承，并且是一个很好的注解。邓小平不仅提出了用社会主义本质去规范改革开放的活动范围，而且为这范围提出了衡量的根本标准，这就是"三个有利于"的标准，用这个根本标准去判断是非得失，改革开放的成败，姓"资"姓"社"的归属。

中国特色社会主义的发展过程，是社会主义本质不断展示其丰富内容的过程。胡锦涛同志提出的科学发展观、构建社会主义和谐社会，是中国特色社会主义发展过程的科学规定。十八大以来，习近平同志站在改革发展的新起点上，强调改革要坚持马克思主义理论指导，坚持正确的方向，坚持顶层设计和基层创新的统一，坚持人民的首创精神。这些重要观点对正确处理中国特色社会主义发展过程中的各种问题具有重要意义，同时又体现了社会主义本质的方法论思想。只要我们坚持社会主义的本质要求，积极进行改革开放的伟大事业，邓小平所开创的建设有中国特色的社会主义就一定能够成功，中国就一定能够为世界社会主义事业做出自己的贡献，为全人类的发展作出自己的贡献。

五　社会主义本质新论断对中国模式开创和形成的意义

邓小平紧紧抓住"什么是社会主义、怎样建设社会主义"这一根本性问题，提出了社会主义本质新论断，开创了中国特色社会主义建设新局面，这对开创和形成中国模式即中国特色社会主义具有重要意义。

科学社会主义基本原理不等于具体的社会主义模式。任何国家在革命和建设过程中都必须要结合自身实际探索适合于自己的具体的革命模式和建设模式。社会主义模式是马克思主义基本原理在不同国家的具体实现形式，它一方面体现着马克思主义基本原理，同时又从不同国家具体实际出发，表现为社会主义的具体实践形式。从社会主义运动过程看，社会主义模式包含革命模式和建设模式，即无产阶级夺取政权以及巩固和发展社会主义具有的不同实践形式。马克思主义基本原理同社会主义模式是两个不同层次的问题：前者是一个真理性问题，具有一般性、普遍性；而后者是一个实践性问题，具有特殊性、多样性。社会主义模式在社会主义运动及研究中具有重要地位。

但长期以来，社会主义模式问题却被人们所忽视。在马克思恩格斯时代，其根本任务在于创立科学社会主义理论学说，同空想社会主义、各种非科学的社会主义思潮区别开来，以指导社会主义运动，对未来社会也只能从否定资本主义的角度进行原则性描述；再加之现实社会主义没有出现，还谈不上对社会主义模式问题进行研究。但马克思恩格斯的许多论述，为社会主义模式问题研究提供了重要启示。如马克思恩格斯在《德意志意识形态》中指出："共产主义对我们来说不是应当确立的状况，不是现实应当与之相适应的理想。我们所称为共产主义的是那种消灭现存状况的现实的运动。这个运动的条件是由现有的前提产生的。"① 由于条件不同，社会主义可能具有不同的模式，"我所在的党并没有任何一劳永逸的现成方案"②。在两极格局对抗、意识形态刚性对立以及苏联霸权主义背景下，斯大林将苏联社会主义模式奉为唯一的、真正的社会主义，而将其他社会主义运动斥为非马克思主义、非社会主义的东西，这就阻碍了社会主义国家独立自主地探索适合本国实际的社会主义模式和建设道路。

　　邓小平关于社会主义本质的新论断为开创中国特色社会主义奠定了重要理论基础。社会主义本质是社会主义的内在规定性，是基于历史唯物主义对社会主义的界定，社会主义模式是反映社会主义本质的实践形态，中国特色社会主义是社会主义模式的一种。中国的社会主义建设过程就是探索中国模式的过程，中国特色社会主义的探索起始于毛泽东，形成于邓小平。邓小平对社会主义本质的新论断以及对社会主义本质与社会主义模式从理论上所作出的区分，是自觉探索中国特色社会主义建设道路、形成中国模式的重要理论基础。

① 《马克思恩格斯选集》第 1 卷，人民出版社 1995 年版，第 87 页。
② 《马克思恩格斯选集》第 4 卷，人民出版社 1995 年版，第 676 页。

中国模式与社会工程研究的兴起

一　中国模式的初步形成

无论是从历史发展还是从横向比较看，新中国成立后的 60 年、特别是改革开放以来的 30 多年，是中国现代化发展和民族复兴的重要阶段，在这一过程中，以中国特色社会主义为实质内容的中国模式初步形成，并引起世界广泛关注、被越来越多的人所认可和接受。当前时期，中国模式成为理论界、学术界关注和研究的一个焦点问题。中国模式之所以被概括出来并引起广泛关注，主要原因在于：第一，一些发展中国家和新兴工业化国家的发展模式相继失败，如拉美模式和东亚模式；第二，以新自由主义为理论基础的"华盛顿共识"的"神话"在当前金融危机和经济危机中遇到严峻挑战；第三，中国改革开放以来持续三十多年的高速发展为世界所罕见，特别是在应对当前金融危机和经济危机中所表现出来的重要地位更加显现出中国模式的独特意义。

其实，中国模式这一概念最早由美国高盛公司高级顾问、清华大学兼职教授乔舒亚·库珀·雷默提出来。2004 年，乔舒亚·库珀·雷默发表《北京共识》一文，试图探讨"中国发展的新物理学"，他认为中国模式主要包括以下三个定理：第一是持续不断的创新；第二是"努力创造一种有利于持续与公平发展的环境"；第三是通过发展"非对称力量"来捍卫国家主权以及摆脱大国对其发展的遏制。[①] 乔舒亚·库珀·雷默将中国模式冠以"北京共识"，极大地吸引了人们眼球。他还认为中国模式具有

---

① ［美］乔舒亚·库珀·雷默：《北京共识》，载黄平等《中国与全球化：华盛顿共识还是北京共识》，社会科学文献出版社 2005 年版，第 1—51 页。

世界意义，指出中国国内学者"大多数学术思考都以研究中国特色为主导地位，比如说建设中国特色的现代化、中国特色的民主建设等，都要加上一个中国特色，而我现在比较关注的一个说法是后中国特色社会，它的意思是我们能不能走向一个有中国模式的社会，而中国会作为世界其他国家分析发展问题的模式。"① 当前国内学者则从不同角度和层次对中国模式进行研究，主要从改革开放与中国模式、全球化与中国模式、中国模式的理念和特征、中国的经济模式、中国的政治模式、中国的文化模式等方面进行探讨。这些研究在对中国模式的界定、内容归纳等方面差异性很大，这说明对于中国模式的存在已经形成"共识"，而对于中国模式究竟是什么还没有达成"共识"。

实际上，中国模式就是中国特色社会主义。改革开放以来，中国坚持社会主义改革开放，走出了一条具有中国特色的社会主义现代化发展道路，这就是中国模式的实质内容，这是理解中国模式的关键。离开中国特色社会主义制度规定，中国模式就失去了灵魂，离开中国特色社会主义去总结所谓的中国模式是不得要旨的。改革开放一开始，邓小平就强调，"我们的原则是把马克思主义同中国的实际相结合，走中国自己的路，我们叫建设有中国特色的社会主义"②。中共十二大以来，历届党的全国代表大会的报告题目中都有"有中国特色的社会主义"几个字，表明探索中国特色社会主义贯穿于改革开放全过程。2002 年中共十六大报告用"中国特色社会主义"的提法代替"有中国特色的社会主义"，使得中国特色社会主义道路这一中国模式的主体地位进一步确立。2007 年中共十七大报告对中国特色社会主义道路的科学内涵进行明确界定，即"中国特色社会主义道路，就是在中国共产党领导下，立足基本国情，以经济建设为中心，坚持四项基本原则，坚持改革开放，解放和发展社会生产力，巩固和完善社会主义制度，建设社会主义市场经济、社会主义民主政治、社会主义先进文化、社会主义和谐社会，建设富强民主文明和谐的社会主义现代化国家"。并强调指出，"在当代中国，坚持中国特色社会主义道

---

① ［美］乔舒亚·库珀·雷默：《为什么要提出"北京共识"》，载俞可平等《中国模式与"北京共识"：超越"华盛顿共识"》，社会科学文献出版社 2006 年版，第 8 页。
② 《邓小平文选》第 3 卷，人民出版社 1993 年版，第 3 页。

路，就是真正坚持了社会主义"。中国特色社会主义道路的成功开辟，是中国改革开放成功的关键，也是改革开放的一个重大成果。中国特色社会主义探索的相对成熟，标志着中国模式的初步形成。因此，中国模式，究其实质就是中国特色社会主义。

中国模式的初步形成，毫无疑问地深化了对人类社会现代化发展规律和中国特色社会主义建设规律的认识。因此，非常有必要去概括中国模式的基本特征、总结中国改革开放的基本经验。但从学术研究的角度来看，对中国模式的意义仅仅从现代化发展模式和社会主义建设政策层面进行分析是不够的。恩格斯曾经说："一个民族要想登上科学的高峰，究竟是不能离开理论思维的。"① 恩格斯的原意是指认识自然科学的发展不能仅限于自然科学发展事实本身，而要上升到"理论思维"高度思考自然科学发展规律，即开创"自然辩证法"研究领域，构建"自然辩证法"学科体系。对于中国模式，也同样需要从"理论思维"和学术学科的角度进行研究。从"理论思维"角度来看，中国模式的初步形成提出了社会工程这一崭新的学术问题和研究领域。

二　中国模式提出了区分社会发展规律与社会模式的社会工程问题

规律是人们对事物之间或事物内部要素之间运动的因果关系的把握，规律揭示了事物发展的趋势，社会发展规律揭示了社会发展的趋势。规律都带有客观性、普遍性，不可更改、不可违背。但是，规律必须要通过一定的具体形式，或者说实现形式表现出来，特别是社会发展规律更是如此，因为社会发展规律隐藏在每个人不自觉的社会交往行为中，这就涉及社会发展模式问题。社会模式是人们依据社会发展规律，根据社会主体的价值选择和既有社会条件约束，设计出的一种社会发展的具体形式。规律揭示的是趋势，模式揭示的是这种趋势的具体实现过程和机制，一种社会发展规律可以有多种社会发展模式。唯物史观揭示了社会发展规律，但唯物史观揭示的社会发展规律在不同国家具有不同的表现形式，集中表现为

---

① 《马克思恩格斯选集》第 4 卷，人民出版社 1995 年版，第 285 页。

不同的社会发展道路和发展模式。在马克思恩格斯时代，一些人在理解唯物史观时，简单地将唯物史观理解为"经济决定论"，这种误解在西方流传很广，甚至在今天都还有市场，其症结就在于将社会发展规律与社会模式不加区分、混同起来。实际上，当时恩格斯为了纠正人们对唯物史观作"经济决定论"的错误理解时，提出了著名的社会发展历史"合力"的问题。恩格斯指出："有无数互相交错的力量，有无数个力的平行四边形，由此就产生出一个合力，即历史结果，而这个结果又可以看作一个作为整体的、不自觉地和不自主地起着作用的力量的产物。"① 恩格斯所说的社会发展的历史合力，从一方面来看，揭示了社会发展规律的客观存在，而无论个人社会选择多么五花八门；但从另一个角度看，这些五花八门的个体社会选择，又恰恰是在社会发展规律下作出的，说明客观规律的具体实现形式不同于社会发展规律，社会发展的具体模式具有多样性。因此，社会发展规律与社会模式既相互联系、又相互区别，二者有着各自的问题界域，只有将社会发展规律和社会模式明确区分开来，才能真正坚持社会发展规律，更好地促进社会发展。这也正是社会工程研究的基本问题。

中国特色社会主义探索在改革开放前遭受挫折的重要原因就在于没有自觉区分社会发展规律和社会模式。20 世纪 50 年代，毛泽东就提出过把马克思主义基本原理同中国建设进行"第二次结合"的问题。"现在是社会主义革命和建设时期，我们要进行第二次结合，找出在中国进行社会主义革命和建设的正确道路。"② 毛泽东对"第二次结合"进行了积极的有益的探索，标志就是《论十大关系》。但是后来却没能坚持下去，其中一个主要原因就在于没有自觉区分社会发展规律与社会模式，将传统社会主义模式等同于社会主义规律。传统社会主义模式，也就是斯大林模式，是以马克思恩格斯经典著作中的一些个别的、具体的论断为理论依据，以20 世纪 30 年代苏联在实行工业化时实行的以单一公有制、计划经济、高度集权等体制为内容的社会主义模式。传统社会主义模式在很长时间被认为是社会主义的"样板"和唯一正确的模式，被当成了社会主义建设的一般规律，从而阻碍了包括中国特色社会主义在内的多样化社会主义模式

---

① 《马克思恩格斯选集》第 4 卷，人民出版社 1995 年版，第 697 页。

② 吴冷西：《十年论战》（下），中央文献出版社 1999 年版，第 23 页。

的探索。

区分社会发展规律与社会模式，既是中国特色社会主义成功探索的思想方法基础，也是中国模式提出的崭新理论问题。改革开放一开始，邓小平就提出"什么是社会主义"的问题。"什么叫社会主义，什么叫马克思主义？我们过去对这个问题的认识不是完全清醒的。"① "社会主义是什么，马克思主义是什么，过去我们并没有完全搞清楚。"② 之所以长时间没有搞清楚"什么是社会主义"，就在于没有区分社会发展规律与社会模式、没有区分社会主义建设的一般规律和具体模式。邓小平提出"什么是社会主义"，就是要区分社会发展规律与社会模式、区分社会主义发展的一般规律和社会主义建设的具体模式，从传统社会主义模式中剥离出社会主义本质。"社会主义的本质，是解放生产力，发展生产力，消灭剥削，消除两极分化，最终达到共同富裕。"③ 社会主义本质是从社会发展规律和社会主义价值角度对社会主义的界定。坚持社会主义，关键就是要坚持社会主义本质。社会主义规律和价值追求的具体实现形式，则是社会主义模式问题。尽管社会主义模式是社会主义本质要求与具体实际结合的产物，但社会主义模式具有相对独立的地位。提出社会主义模式的问题，就是要将马克思主义基本原理与具体实际更好、更有效地结合，自觉探索适合本国的社会主义建设道路。按照"社会主义本质→社会主义模式→中国特色社会主义模式"的逻辑，中国特色社会主义探索就更加自觉。中国模式的初步形成，表明在社会主义建设上，要高度重视社会主义模式问题，要自觉探索适合于自身发展的社会主义模式，不能因为某种具体社会主义模式的失败或过失而否定社会主义；在对一般的社会发展问题的研究上，也要自觉区分社会发展规律和社会模式，正确处理二者的关系。

三　中国模式提出了区分社会规律与
社会政策的社会工程问题

社会发展规律与社会政策要解决的是不同层次的问题。社会发展规律

---

① 《邓小平文选》第 3 卷，人民出版社 1993 年版，第 63 页。
② 同上书，第 137 页。
③ 同上。

反映的是社会发展的一般趋势和必然方向，以追求真理为指向，属于真理性问题，具有客观性和相对稳定性。社会政策是社会主体在遵循社会发展规律的基础上，进行有目的、有计划设计的结果。社会政策就设计遵循社会发展规律而言，带有客观性，就设计反映主体价值和选择而言，又带有主观性，社会政策以追求有效、实用为最终目的，以解决社会发展中实际问题为中心，具有极大的实用性、灵活性、可变性等特点。社会发展规律不等于社会政策，把握了社会发展规律，并不意味着就一定能制定出相应的社会政策。提出社会发展规律与社会政策区分的问题，对于在社会发展规律明确的情况下，制定切实可行的社会政策，促进社会发展，具有重要意义。这正是社会工程研究提出区分社会发展规律与社会政策，并将社会发展规律与社会政策的关系问题、社会政策设计的方法论和基础理论作为重要研究问题的基本依据。

中国模式的初步形成以成功区分和妥善处理社会规律与社会政策的关系为基础。马克思主义是社会主义国家治党治国的指导思想，而马克思主义是科学的世界观和方法论，揭示了人类社会发展规律，当然也揭示了社会主义建设规律。依照"按规律办事"的要求，社会主义建设应该是没有什么问题的，各国共产党在革命成功后也一定能执好政、掌好权。但事实上，很多社会主义国家在建设中却不同程度地出现问题，苏联解体、苏共丢失政权，中国社会主义建设在改革开放前也遭受严重的挫折。这种情况出现后，是不是就证明马克思主义所揭示的社会发展规律立不住脚、社会主义已经宣告失败呢？这种怀疑甚至否定社会主义建设的思潮在"文革"结束和苏东剧变后就曾经出现过。这种错误思潮的思想方法就在于没有区分社会发展规律与社会政策，没有区分社会主义发展规律与社会主义建设的具体政策。在这种混乱局面下，进行拨乱反正，就必须区分社会主义建设的具体政策与选择社会主义的客观必然性，社会主义建设的具体政策与社会主义发展规律是不同层次的问题，社会主义建设的具体政策的失误不能证明社会主义本身的失败。这样的区分既能防止借社会主义建设具体政策的失误来彻底否定社会主义的右倾错误，又能防止以坚持社会主义为名而对社会主义建设中具体的错误的政策不进行彻底改革。因此，区分社会规律与社会政策，才能既坚持社会主义的基本原则，又对社会主义建设的具体政策进行彻底改革。反映社会主义本质要求和必然选择的社会

"基本制度"不能有丝毫动摇、不能改变;而社会主义建设的"具体体制"、具体政策却要不断地改革和完善。因此,自觉区分社会规律与社会政策,是坚持社会主义改革、形成中国模式的关键。

中国模式的初步形成提出了自觉区分社会规律与社会政策的理论问题。中国模式的初步形成,要求人们在社会主义建设中不能有丝毫懈怠,不能将社会主义必然胜利的规律等同于同资产阶级斗争以及社会主义建设的现实策略和具体政策,而应当根据具体实际制定斗争策略和建设政策。掌握了社会发展规律,并不意味着就制定出了具体的社会政策,不能用社会规律去替代社会政策;在把握社会发展规律的情况下,还要注重对社会政策制定和设计问题进行研究,这样才能真正做到"按规律办事"。社会发展规律不同于具体的社会政策,不能因为某些具体社会政策的失败而否定社会发展规律,不能因为社会主义建设的某些具体政策失误来否定社会主义的客观必然性,不能因为某些斗争策略或具体政策的失误,否定社会主义的发展规律和光明前景。

四 中国模式提出了社会政策设计
综合集成的社会工程问题

社会工程研究的目的就是要在遵循社会发展规律的基础上,探索社会发展模式、设计社会政策。对社会政策设计问题的研究,是社会工程的一项重要内容。社会工程视域中的社会政策设计,就是要对多重社会发展规律即多种可能性进行综合集成,对多重社会发展的价值理念即利益诉求进行综合集成,并在此基础上制定社会政策。这是社会工程对社会政策设计提出的一个基本方法论原则。

综合集成的思想方法是中国模式在社会政策设计问题上的一个基本特征,也是中国模式所提出的社会政策制定和设计的基本思想方法。总结新中国 60 年的发展,可以发现这样一个现象:当从多重社会发展规律和多重社会发展理念综合集成的角度进行政策设计时,社会主义建设就能取得成绩;而当背离了从多重社会发展规律和多重社会发展理念综合集成的角度进行政策设计时,社会主义建设就会遭受挫折。毛泽东在《论十大关系》中提出了社会主义建设要正确处理好的十个重大关系问题,体现了从多重社会发展规律、多重社会发展理念思考社会主义建设，对中国特色社会主义探索作出了积极贡献。而后来搞"大跃进"、"文化大革命"，就背离了整体思维、系统思维，使社会主义建设遭受严重挫折。改革开放以来，党和国家领导人在探索中国特色社会主义过程中，始终强调要正确处理好改革、发展、稳定三者的关系。1995 年，江泽民在十四届五中全会大会闭幕式上作了《正确处理社会主义现代化建设中的若干重大关系》的重要讲话，深刻阐述了在改革开放和发展社会主义市场经济新形势下，要着重处理好十二个全局性重大关系问题，对促进中国特色社会主义平稳、快速发展，发挥了重要作用。以胡锦涛为总书记的新一届中央领导集体，在思考改革政策制定时，更加注重社会政策设计时多重社会发展规律和多重社会价值理念综合集成的问题，提出富强、民主、文明、和谐四位一体的社会发展目标，提出构建各尽所能、各得其所而又和睦相处的和谐社会，提出统筹城乡发展、统筹区域发展、统筹经济社会发展、统筹人与自然和谐发展、统筹国内发展和对外开放。在中共十七大报告以及纪念十一届三中全会召开三十周年大会讲话中，胡锦涛总书记以"十个结合"[①]高度凝练地概括了中国特色社会主义成功探索的基本经验，"十个结合"充分体现了中国模式在政策制定中遵循综合集成这一思想方法。中国模式之所以在社会政策设计问题上更加注重综合集成，原因在于中国发展的特殊性。中国的发展受四大逻辑所构成的"综合的逻辑"推动，"第一个逻辑是中国历史本身的逻辑；第二个逻辑是中国社会主义本身的逻辑，社会主义，中国特色的社会主义，社会主义它内在的规定性，这个逻辑是不能回避的；第三个逻辑是市场逻辑，是现代市场的逻辑；第四个逻辑是全球

---

① 胡锦涛总书记在 2007 年中共十七大报告，以及 2008 年纪念十一届三中全会召开 30 周年大会讲话上，对改革开放的基本经验从十个方面进行了总结。即"把坚持马克思主义基本原理同推进马克思主义中国化结合起来，把坚持四项基本原则同坚持改革开放结合起来，把尊重人民首创精神同加强和改善党的领导结合起来，把坚持社会主义基本制度同发展市场经济结合起来，把推动经济基础变革同推动上层建筑改革结合起来，把发展社会生产力同提高全民族文明素质结合起来，把提高效率同促进社会公平结合起来，把坚持独立自主同参与经济全球化结合起来，把促进改革发展同保持社会稳定结合起来，把推进中国特色社会主义伟大事业同推进党的建设新的伟大工程结合起来。"这就是作为改革开放基本经验的"十个结合"。

化的逻辑"①。中国模式的初步形成，就要求人们要更加自觉地从社会多重发展规律和多种价值理念综合集成的角度去思考社会政策的制定和设计，拓展社会政策科学研究的新视域。

多重社会发展规律和多重社会发展理念综合集成这一社会政策设计原则，对当前处理复杂社会问题、实现科学发展、促进社会和谐具有重要价值。当前中国改革发展进入到关键时期，既是发展机遇期，又是矛盾凸显期。社会阶层分化，人们利益实现方式多样化，不同社会群体利益差异、利益摩擦不断增多，社会群体性事件不断增多；经济全球化继续发展，国际金融风险要求提高管理经济全球化的能力；资本逻辑与社会主义价值的内在张力要求更好地驾驭社会主义市场经济；发展的压力与自然环境保护要求提高建设生态文明的能力；等等。这些问题的妥善解决，不能单打一，必须要有整体思维、系统思维，需要运用社会工程所主张的综合集成思维方式制定和设计社会政策，才能以最小成本换取最大发展，才能有效地调控并逐步化解社会矛盾，才能实现全面协调可持续发展和社会和谐。

五 社会工程研究对完善中国模式的意义

来源于社会实践的理论创新，反过来会对人们的社会实践活动产生极大的指导作用。根植于中国模式探索实践而兴起的社会工程学术研究，反过来又会对中国模式的进一步探索和完善产生积极影响。

在社会工程学术视域中，中国模式的主体地位在理论上将进一步得到理论支撑。当前学术界对中国模式的认识倾向于从中国特色社会主义探索的经验总结，以及与世界其他国家发展模式的横向比较两个视角着眼，在一定程度上把握了中国模式的基本内容和主要特征。但仅仅从"经验总结"和"横向比较"去认识中国模式是不够的，中国模式需要更加坚实、直接的思想理论基础。从社会工程学术研究角度来看，马克思主义基本原理属于社会发展规律层次的问题，以中国特色社会主义为内容的中国模式属于社会发展模式层次的问题，马克思主义指导中国建设实践需要通过社

① 俞可平等：《中国模式与"北京共识"：超越"华盛顿共识"》，社会科学文献出版社2006年版，第193页。

会工程这一中间过渡环节，中国模式是马克思主义基本原理同中国实际相结合的产物，中国模式具有相对独立的意义。社会工程学术研究为中国模式提供了坚实的、直接的思想理论基础。

在社会工程思想方法指导下，中国模式的进一步探索和完善将更加自觉。社会工程研究强调区分社会发展规律与社会具体政策、社会政策设计与制定综合集成，这些政策设计理念曾经在中国模式的探索中发挥过积极作用。社会工程研究致力于从学术角度提炼社会政策设计与制定的一般理念、思维、准则，从学术角度评估其地位和价值，并将这些理念、思维、准则作为社会政策设计与制定的基础理论融入社会具体政策设计与制定中，最大限度地避免社会政策设计与制定的偏差和失误。在这个意义上，自觉的社会工程研究将使中国特色社会主义建设在政策设计与制定上少走弯路，使中国模式的进一步探索和完善更加自觉。

中国模式的哲学依据与社会特征

一 中国模式：理论争鸣和实践探索

（一）中国崛起引发关于"中国模式"的激烈争论

新中国成立后特别是改革开放以来，中国社会发展取得巨大成就，在经济、政治、文化、社会、国际地位等各个领域发生了翻天覆地的变化。2004 年 5 月，美国学者乔舒亚·库珀·雷默发表《北京共识》一文。文中提出，中国所采取的发展模式是一种适合中国国情和社会需要、寻求公正与高质量增长的发展途径。此后，一些著名学者纷纷参与研讨，有关中国模式的报道与研究开始成为西方主流媒体的重要话题。相比较而言，国内对中国模式问题的研究远比国外平淡。国内外学者关于中国模式的多种观点和概念大体上可以分为以下三类：

1. 对中国模式持肯定意见

这些学者认为，中国模式是新中国成立 60 多年来尤其是改革开放以后，逐渐发展起来的一套战略和治理模式，中国的成功表明，中国模式注定要在全球范围内尤其是发展中国家发挥强大的影响力，是一个具有世界历史意义的重大事件。概括地看，学者们所肯定的中国模式，主要是指改革开放 30 多年来，中国在经济社会发展过程中，实行改革开放，发展社会生产力，推进现代化，实现由计划经济到社会主义市场经济的转型，逐渐由贫致富、由弱变强所采取的方式。

2. 对中国模式持保留意见

这些学者认为，当前中国模式还在形成过程之中，其本身还需要完善。一些学者更多地注意到了中国发展过程中付出的代价以及未来可能遇到的制约因素，他们不认为中国已经形成了一种可以称为"模式"的东西，也不相信中国的发展模式可以持续。一些学者以西方为标准来衡量中国的发展和进步，认为中国的发展是否成功取决于中国是否能够发展出西方式的政治、经济和社会制度。持这种观点的学者认为，在现有体制不变的情况下，中国模式难以成立。

3. 对中国模式持批评、否定或者回避倾向

国外一些学者看到中国经过数十年的改革开放所取得的成就，但同时发现中国的发展并没有根据西方的逻辑，向西方人所希望的方向发展，而是形成了自己的发展模式，并且这个模式已经颇具竞争力。他们相信，尤其在发展中国家，中国模式的影响已经对西方模式构成了很大压力。而与国外对中国模式持否定态度不同，国内一些学者对中国模式的态度更多不是否定，而是回避，主张"慎提中国模式"，认为现在提"中国模式"还为时过早，当前既要防止西方国家的捧杀，也要防止因沾沾自喜而停滞不前。因此，中国自己不宜宣传"中国模式"，以避免造成不好的国际影响。

（二）实践中中国对适合本国国情的社会发展模式的曲折探索

事实上，早在雷默提出"北京共识"之前，中国就已经开始了对适合自身发展模式的实践探索。如果以新中国成立作为起点的话，这种实践探索大体上以1978年改革开放为界，划分为两个阶段。第一个阶段的实践过程，主要体现为以社会主义为核心的国家政治制度的初步建立以及以社会主义公有制为主体的国家经济模式的艰难探索。这一时期，的确也发生了严重错误，探索之路充满曲折。但从根本上来看，自毛泽东在1956年发表《论十大关系》，就已经标志着中国开始独立自主地探索适合自己的发展模式。今天来看，这一时期的实践，无论是过程还是最后结果，都为1978年之后新的探索奠定了政治经济基础。

从1978年开始，以改革开放为标志，中国开始突破传统的社会主义发展模式，进行新的模式的探索。特别是邓小平提出社会主义本质论，深刻揭示了社会主义国家根据国情选择本国发展道路的必然性。邓小平的社会主义本质可以理解为两个根本目标，一个发展过程。两个根本目标是解放和发展生产力，最终实现共同富裕。为了实现这两个根本目标，规定了一个逐步消灭剥削、消除两极分化的发展过程。这两个根本目标实际上是

设置了两个根本标准，这两个根本标准之间存在着一个广阔的活动区间。这个活动区间就是社会主义模式的探索空间，在这个区间内我们可以探索各种各样的实现社会主义本质的所有制形式，以及所有制的各种具体形式。邓小平曾经指出："在革命成功后，各国必须根据自己的条件建设社会主义。固定的模式是没有的，也不可能有。"① 这个探索区间的设置，给出了什么是社会主义的准则，同时也给出了什么不是社会主义的准则。江泽民同志对此有过精辟的论述。他说：贫穷不是社会主义，发展太慢也不是社会主义；平均主义不是社会主义，两极分化也不是社会主义；没有民主不是社会主义，没有法制也不是社会主义；没有物质文明搞不好社会主义，没有精神文明也搞不好社会主义。江泽民的这些论述，实际上是从否定角度解释了邓小平的社会主义本质论断的肯定含义。这些否定方面的意义实质上是规定了社会主义建设和改革的边界条件，同样规定了人们的活动空间，它与邓小平的思想一脉相承，并且是一个很好的注解。② 胡锦涛同志也强调："必须适应国内外形势的新变化、顺应人民过上更好生活的新期待，结合自身实际、结合时代条件变化不断探索和完善适合本国情况的发展道路和发展模式。"③

事实上，1978年十一届三中全会以来，我们坚持把马克思主义的基本原理与中国改革开放和现代化建设的实际相结合，紧紧围绕"中国特色社会主义"这一核心主题，一直在艰辛探索、建构并不断发展着适合中国国情的社会发展模式。

（三）从理论争鸣和实践探索中产生的问题

从现有研究及实践探索的结果来看，有没有中国模式的问题仍然没有彻底解决。现实地看，中国模式问题已经不可回避，如果在这个问题上我们仍然表现得过于平淡，这对于一个处于全球化背景下高速发展的大国来说，是非常危险的。以下问题是重要而且紧迫的：

---

① 《邓小平文选》第3卷，人民出版社1993年版，第292页。
② 靳英辉、王宏波：《科学社会主义专题研究》，西安交通大学出版社2002年版，第188、189页。
③ 胡锦涛：《推动公共发展 共建和谐亚洲——在博鳌亚洲论坛2011年年会开幕式上的演讲》，《人民日报》2011年4月16日。

1. 在中国模式研究问题上应采取什么态度？

必须要承认，当前尤其是国内一些学者的研究态度是有问题的，有的缺乏科学精神，一味模仿国外学者的基本观点或者基本上只是做了一些政策性的解读；有的缺乏自信心，受"威胁论""捧杀论"等影响，对中国模式避而不谈。研究中国模式，主要目的并不是宣传，更不是推广，而是完善，要重点解决模式发展过程中存在的问题、不足以及可能出现的障碍，这是中国模式研究应采取的基本态度。

2. 如何正确理解中国模式的哲学依据？

当前，虽然关于中国模式的争论如火如荼，但是学者们对"模式"的概念却缺乏基本认同，急需正本清源，比如，复制、输出是否是"模式"的固有属性？承认中国模式是否就等于是要推动输出中国模式？模式是否意味着已经定型并且固化？肯定中国模式是否意味着会阻碍进一步的改革和发展？模式是否等同于完美、理想？中国在发展过程中虽然存在尚未解决的诸多难题，但这是否可以成为判定中国模式存在与否的标准？如此种种问题导致对中国模式的理解难以形成基本共识，从而限制了对中国模式的深入研究。因此，正确理解"模式"的概念，提供"中国模式"的哲学依据，是深化研究中国模式的一个基本前提。

3. 如何深化认识中国特色社会主义道路？

理论上，模式作为一个中性概念，不具备意识形态属性，中国模式不能体现社会主义的属性，所以有很多学者担心使用"中国模式"的概念，容易模糊中国特色社会主义的发展方向。实践中，我们经过多年探索，"既不走实践证明是封闭僵化的老路，也不走改旗易帜。放弃共产党领导、放弃社会主义的邪路"。坚定不移地走具有中国特色的社会主义道路，总结建设和发展中国特色社会主义的经验，深化对中国特色社会主义道路的认识，揭示中国特色社会主义发展模式的内涵，是深化中国模式研究的重要内容。

二　中国模式的客观存在

（一）区分社会发展规律与社会发展模式

认为"模式"就是固化、标准、范型，进而认为"中国模式"有自封样板、示范他人的意思的观点，实际上是将社会实践中操作层面的方案当作了抽象的理论规律，是混淆了两个基本范畴，即社会发展模式和社会发展规律。区分这两个哲学范畴，是我们回答中国模式是否存在首先要思考的问题。

1. 社会发展规律

对于社会发展，唯物史观提出了一系列规律学说，如五种社会形态的更替、社会基本矛盾运动规律、商品经济运行的价值规律等。社会如同自然一样，也是客观世界的重要组成部分，是自然长期演化和发展的结果，它既有同自然发展相同的一面，也有其自身发展特殊的一面，社会历史发展是一个自然历史过程。这是历史唯物主义关于社会历史发展的总体观点和结论。

社会规律总是表现为一种趋势，一种最终的必然性。但社会规律并未给我们提供直接的变革社会的方法。唯物史观揭示了社会基本矛盾的运动规律，强调生产关系的发展一定要适合生产力发展状况，当生产关系不适合生产力，要变革生产关系时，我们并不是非常明确地知道该如何去改变，什么样的生产关系才能适合生产力的发展。因此规律只是说明了衡量标准，从否定的角度说明现有的生产关系不适合生产力，但哪一种生产关系适合，规律本身并未说明。社会发展规律揭示出社会发展的必然性和宏观趋势，但它具有非常宽泛的普遍性，抽象的理论必须转化为具体的操作模式。

2. 社会发展模式

"模式"一词一般指可以作为范本、模本、变本的式样，作为术语在不同学科有不同的含义。从哲学角度来看，"模式"有三重含义，一是本体论意义上的模式，是客观事物的原型；二是认识论意义上的模式，是理论对现实的概括和总结；三是价值论意义上的模式，也可以被称为目标模式。三种意义上的"模式"回答的分别是"有没有""是不是"以及"应该不应该"的问题。对于社会发展模式的理解，同样存在这样三种意义的理解。本体论意义上的社会发展模式是客观存在的，是人类社会发展一般规律和特殊规律相互作用的产物。认识论意义上的社会发展模式也存在大量表现，如世界范围内的"美国模式""日本模式""苏联模式"等各种形态。而价值论意义上的社会发展模式，才是各个国家和地区在选择设计社会制度以及政策体系时最主要的问题。

其实社会发展模式的基本意思是清楚的，就是指社会发展中的某种"类型"，是连接社会发展规律和具体实际的桥梁和中介，既体现了社会发展的一般规律和原则，又回应了具体国家的实际情况。①

3. 社会发展规律与社会发展模式的区别

社会发展模式不能直接等同于社会发展规律，模式是规律的具体应用和实现形式。

（1）从性质上说，社会发展规律是实然判断，它说明社会发展的趋势和客观必然性。"两个必然"的社会发展规律，明确阐明社会发展会是什么和不会是什么；而社会发展模式则是应然判断，带有明显的价值预设，我们在认识到社会发展本身是什么、怎么样、为什么的同时，还要进一步解决社会应该如何的问题，如此才能进行有意识有目的的主体选择，推动社会发展。

（2）从特点上说，社会发展规律是关于人类解放和自由全面发展的理论，具有一元性、客观性；社会发展模式是各国具体发展道路的选择，具有多样性和特殊性，规律与模式并非简单的一一对应关系。

（3）从内容上说，社会发展规律是过程性规定，重在揭示社会发展过程中的因果关系；而社会发展模式则是结构性规定，从一定意义上说，模式作为一个整体性结构，会约束过程，过程因此表现为结构中的过程，或者说，模式是结构和过程的综合体。所以，作为因果关系规定的规律只是模式的主要依据。

（4）从表现形式上说，社会发展规律主要表现为理论形态，社会发展模式则更多体现为社会发展的制度和政策。如我国现行的分配政策是"按劳分配为主，多种分配方式并存"，这是模式，而理论基础则是马克思主义劳动价值论。

（二）社会发展模式的特征与结构

模式是规律的具体实现形式，它不等同于真理本身。不同国家从自己

---

① 宋永平等：《社会基本矛盾的历史作用与当代表现》，陕西人民出版社 2009 年版，第 8 页。

的实际出发，对社会发展模式的具体形式和理论样态进行探索，多种模式并存，是当代以及未来社会进程的基本趋势。

1. 社会发展模式的基本特征

（1）客观性。社会发展模式是对社会发展规律的主观反映形式和活动契合过程，是一个反映社会结构整体性的哲学概念，表现为社会运行机制、制度、政策、法律法规等社会规范体系的总和。任何社会发展模式只有真实、客观地反映、契合、表现社会发展规律才可能是正确有效的。而那些违反社会发展规律的发展模式最终必将走向失败。因此，契合社会发展规律的客观性是社会发展模式的本质要求和基本特征。

（2）选择性和建构性。社会模式中包含着对社会发展目标、理想的追求，它的主要功能是为社会实践提供具体的行动框架和操作方案，体现出历史主体的价值追求和选择规划。

（3）可参照性。社会发展模式的确可以揭示不断重复出现的事件之间隐藏的规律关系，同时也反映了解决同类问题的经验和方法。因此，社会发展模式有助于按照既有思路快速作出设计方案，找到解决问题的最佳方法。但是，特别要强调的是，可参照并不意味着完全照搬和照抄。

（4）变动性和多样性。社会发展过程不同方面的不同规律和条件的集合决定了社会发展模式创造的可能空间是变动的，社会模式的形成要不断进行知识搜索和知识转换，在综合集成各种社会发展理念及主体价值评价的基础上，表现为一个动态的、不断发展和完善的过程，世界上当然没有固定、标准的社会发展模式，任何所谓模式都会在其发展历程中经历变化，又因为其经历了发展变化而成其为模式。

2. 社会发展模式的结构

作为为实现某种社会发展目标而综合集成的社会发展模式，从结构上看，一般都具有价值、规律和约束条件的三维结构①。

（1）价值是建构社会发展模式的导向目标

价值统摄社会模式的建构过程。一般来讲，价值是揭示客体对主体效应特定意义的哲学范畴。在社会模式的建构过程中，存在多元价值取向和

---

① 王宏波：《论社会工程学的意义、内容与学科特征》，《西安交通大学学报》2011 年第 1 期。

复杂利益关系，它们叠加在一起，构成形成社会模式的价值环境。最终某种社会模式的形成，最重要的工作就是协调价值冲突，从全局视角统筹考虑，对各种价值取向进行系统配置与组合，使其相互之间在一定的价值秩序基础上实现彼此功能关系的协调，形成统一的价值观。这个统一的价值观并不是要消除社会多元价值观的差异，而是实现多元价值观在"和而不同"基础上的统一。

（2）规律是建构社会发展模式的客观基础

社会发展规律是建构社会模式的真理性基础，社会模式是社会规律的具体应用和实现形式，离开客观规律和历史发展的必然逻辑，社会模式就失去了客观基础和科学依据。需要强调的是，社会规律对社会实践活动来说，并不是某种现成的可以直接使用的东西。社会规律要发挥作用，必须在社会主体依据自身价值需要和客观条件允许的基础上，和目的性地运用于社会模式的设计中。在一定程度上，对社会规律的认识越全面越深刻，设计、建构的社会模式就越有可能成功，就越有成效。

（3）约束条件是建构社会发展模式的现实情景

具体的情景条件既是形成社会模式的对象因素，又是建构社会模式的条件供给因素和约束因素。任何社会模式的形成与发展，都不能脱离具体的社会环境和历史发展阶段。规律、价值都具有一般性和普遍性，因此规律和价值必须紧密结合特定的时空条件，才能满足社会模式设计和建构的可操作性。甚至可以说，社会模式的建构就是一个逐步增加各种现实约束条件和与模式适用领域的地方性知识相结合的过程。约束条件综合的结构不同，也就设定了相应的规律以及价值相互整合的空间。因此，从这个角度讲，任何一个社会模式，都是具体的和历史的。

综上，社会模式是价值、规律、约束条件的综合集成。社会模式建构过程是一个价值权衡、要素选择、功能匹配的结构化过程。从价值维度上讲，这种综合集成是价值导向下的综合集成，同时也是规律和约束条件下的价值权衡和价值定位过程；从规律维度上讲，这种综合集成是客观规律基础上的综合集成，同时也是价值和约束条件下的规律生成和规律实现过程；从约束条件维度上讲，这种综合集成是现实条件制约背景中的综合集成，同时也是价值和规律作用下的条件选择和条件变动过程。

（三）　中国模式是一种客观存在

中国自 1949 年以后，一直在探求自己的发展道路，特别是经过改革开放 30 多年的实践，形成了中国的发展模式，要理解中国模式及其特点要注意以下几点。

1. 突破对"模式"概念的教条主义认识。诚然，"模式"具有模范、样本、范本的意思，具有可参照性。但模式不同于规律，那种放之四海而皆准，可供直接复制、模仿，试图通过照搬照抄的制度安排来实现经济社会持续发展的模式是根本不存在的。世界上曾经出现过许多模式，一旦一个国家或地区经济社会发展取得显著成就或具有突出特点，就会有相应的模式提出，任何一种模式都是相对于其他模式而言的。比如"德国模式""美国模式""东亚模式"等资本主义模式，再如"南斯拉夫模式""苏联模式"等有过重要影响的社会主义模式。之所以把它们称为模式，是为了更好地研究它们，而并非是要复制它们。中国模式概念提出的参照系，也正是上述各类客观存在的模式。实际上，中国模式更多只是强调了中国特色，而不带有可供模仿和复制的任何含义，更没有任何强制输出的意思。

2. 模式是一个系统概念，具有结构特征，中国发展模式已初步形成体系。从"模式"的视角出发，是为了更全面地研究新中国的发展历程。中国模式研究，是把涉及国家发展指导思想，以及经济、政治、文化、社会、生态发展等各方面的具体制度政策作为整体研究对象。经过长期改革探索和积累，中国已经形成了模式体系需具备的基本要素，确定了发展目标，深化了对发展规律的认识，厘清了发展的各种约束条件。在指导思想、领导力量、发展目标、中心任务、发展阶段、发展动力、发展手段、依靠力量、国际战略等方面形成了一系列重要成果，并逐步上升为价值、规律、约束条件综合体系的发展模式。

3. 中国的发展模式与其他发展模式相比，具有自身独特而鲜明的特点。迄今为止，有关中国崩溃论和中国彻底走向西方资本主义的预言，大部分乃至全部被证伪，西方的理论体系和逻辑框架，已经难以有效、准确地分析和解读中国模式。中国的发展方式最吸引世人关注的就是它的自身特色，这也是中国发展取得巨大成功的重要原因。中国立足国情制定适合自身特点的发展战略，而不是在全球化潮流中移植发达国家模式。对于盛行全球的西方发展模式，中国并不一味拒绝，而是吸收其经验为我所用，吸取其教训为我所鉴，并结合自身历史文化背景和政治社会制度，在改革实践中，"摸着石头过河"，最终探索出一条迅速崛起的发展道路，形成了自己特有的发展模式。事实上，由于基本制度、经济政治文化传统及社会历史背景的不同，各种发展模式都具有自己鲜明的特色，即便同属资本主义或社会主义的发展模式，因受各自国家发展战略和政策等影响，其具体内涵也有差异。何况任何模式绝非完美无缺或一成不变，都需要随时代和环境变化而有所调整。因此，那种认为提中国模式有完全定型化之嫌，可能导致"自满"的理由就显得站不住脚了。

4、中国模式是一个话语权问题。与国外轰轰烈烈的争辩相比，国内学者的相对平淡几乎让我们失去了自己的话语权。特别是针对当前一些国外学者不负责任、片面的任意描绘，中国学者应该夺回在中国模式问题上的话语权，以积极的态度开展学术研究，把握中国模式问题的实质，对中国模式做出中国人自己的解读，这是国内学术界和理论界义不容辞的责任和义务。无论关于中国模式存在怎样的争论，就像有的国外学者指出的那样，在中国模式这个问题上，中国人显然不应该成为缺席者或旁观者。

5、2008 年金融危机后，中国的优秀表现使世界的反思有了一个客观存在的参照系，因而中国模式及其导致的中国崛起被世界热议。人民网曾经专门围绕有没有中国模式、什么是中国模式等问题做过一个网络调查。调查结果显示，74.55% 的受调查者肯定"中国模式"的存在，其中 60.25% 的受调查者认为"中国模式"还是在探索中的一种发展模式；民众认为"中国模式"有六大关键词：改革、发展、渐进、开放、试验、稳定；对于"中国模式"的主要特点，受访者认为排在前三位的分别是：强有力的政府主导（57.46%）、以渐进式改革为主的发展战略（47.74%）、对内改革与对外开放同时进行（44.82%）；此外，74.56% 的受调查者认为，金融危机是对"中国模式"的一次检验，也是一次转型的机会。[1]

在此境况下，使用中国模式这个概念应该是水到渠成的事。用中国

① 许晓平：《74.55%民众认可"中国模式"——民众如何看待"中国模式"调查》，《人民论坛》2008 年第 24 期。

模式概括中国特色社会主义这种新型社会主义发展模式，十分简洁，非常鲜明。而且，"模式"这个概念是国内外使用率很高的概念之一，许多国外知识界和媒体，更偏好于使用"中国模式"一词。这个词具有极大的易接受性，有利于促进国际对话，进一步丰富对中国的研究和宣传。

三　五位一体：中国模式的社会特征

中国在自己选定的发展道路上，创造了史无前例和令世界惊异的成就。中国已成为世界第二经济体，并且社会稳定的事实引起各国政要高度关注和学者的广泛研究。中国实实在在的发展成就，实际上已经构成了中国模式的具体轮廓和支撑底座，从而将中国模式"有没有""存在不存在"的问题置于伪命题的范畴，应该说，真正有意义的研究乃是关于中国模式准确内涵与特征的探讨。

（一）中国模式的政治诉求：稳步推进符合中国国情的民主法制建设

从新中国成立至今，中国在政治发展上形成了"三统一、四制度"的架构。① 具体来说就是维护共产党的领导、人民当家作主和依法治国的统一，以及人民代表大会制度、共产党领导的多党合作与政治协商制度、民主区域自治制度和改革开放以来形成的基层群众自治制度。这种政治架构首先突出中国共产党在国家领导体制中的核心地位，以此确立有权威的、领导人民当家作主的组织者。美国著名学者亨廷顿指出，对于致力现代化的国家，"一个强大的政党能够以一个制度化的公共利益来取代四分五裂的个人利益。能够为超越狭隘地方观念的效忠和认同奠定基础，成为维系各种社会力量的纽带"。在中国，共产党始终扮演着现代化的组织者、动员者和领导者的角色。始终发挥社会整合、政治动员、社会导向的功能。同时，这种政治架构强调在党的领导核心地位基础上建立国家权力机构之间、各民主党派之间的协商平衡机制。这是从中国实际出发形成的社会主义政治诉求，在集思广益的决策程序，高度组织性的执行系统，广

---

① 程恩富、辛向阳：《如何理解"中国模式"》，《人民日报》2010年9月15日。

泛的社会动员能力，制定国家长远的发展规划和保持政策的稳定性，以及在培养和选拔人才机制等方面，较之世界各国，特别是西方国家具有明显的优越性和可持续性。

（二）中国模式的经济支点：社会主义市场经济体制

把社会主义市场经济体制确立为中国经济体制改革的目标模式，突破了传统观念中市场经济是资本主义特有的东西，计划经济是社会主义经济的基本特征的思路和模式，开辟了一条将两种体制兼而为用的新路子，能够最大限度地配置资源。

社会主义基本制度和市场经济相结合，在经济体制上既保持社会主义的特征，又具有市场经济体制的共性。这种新型的经济体制，既不同于西方国家奉行自由竞争和市场自我调节的市场体制，也不同于典型的计划经济体制，而是社会主义宏观调控与市场经济激励竞争的机制相"兼容"，计划与市场两种手段并重的混合体制。中国自从提出社会主义市场经济的目标模式以来，随着经济的高速增长，几乎每隔几年就会出现一次投资增长过快、高货币投放、通货膨胀以及金融秩序混乱、生产资料市场秩序混乱等现象，中国政府依靠宏观调控，特别是从起初倚重行政手段越来越转变为更多利用财政政策、金融政策等经济杠杆，避免了经济大起大落对国民经济造成的伤害，保持了经济平稳较快的发展。三峡水利、青藏铁路、南水北调、西电东送、载人航天等国家重大工程的顺利建设，奥运会、世博会的成功举办无不彰显了"举国体制"的优势。

（三）中国模式的社会基础：构建社会主义和谐社会

以加强民生为重点的社会主义和谐社会的建设，是中国社会发展的一个显著特征。建设和发展中国特色社会主义的伟大事业，是人类历史上最大规模的社会革命。在这个过程中，不可避免地会出现各种矛盾和冲突，通过构建和谐社会，我们成功地防止了不少国家变革中出现的那种社会失控和国家解体，减少了改革中各种利益的矛盾和冲突，大大地降低了解决复杂矛盾的代价，确保了各个领域的协调发展。

在中国，国家发展的根本目的是为广大人民群众谋利益，最终实现共同富裕，这是由国家性质决定的。为了实现这一根本性目的，中国秉承了符合最广大人民群众利益的"以人为本，注重民享"的治国理念。无论是毛泽东和邓小平的"共同富裕论"，江泽民的"三个代表"重要思想，还是胡锦涛的科学发展观，均是以发展作为全民的事业，也是新中国社会主义性质的集中体现。正是中国共产党所坚持的社会主义价值，使得其不是一个特定的利益集团，而成为全体人民利益的代表。以人为本的发展理念，集中体现为改革开放和经济社会发展成果的"全民共享"，从制度设计到发展模式的探索，都是以人民的愿望为愿望，而不是借选举操纵民意，这是当代各国政治比较中最具有中国特色的选择。"民享"不仅是中国模式与西方模式的最大差别，也是中国模式选择和实践的力量源泉。

（四）中国模式的文化根源：以中国特色社会主义理论为指导，实现传统文化的现代转换

中国文化的发展也是建立在中国特有的国情基础上的，坚持先进文化的前进方向，以中国特色社会主义理论为指导，努力实现传统文化的现代转换是中国文化发展的鲜明特征。

中国特色社会主义理论体系凝结了几代中国共产党人带领人民不懈探索的智慧和心血，是全国各族人民团结奋斗的共同思想基础，更是实现中华民族伟大复兴的指导思想。它坚持辩证唯物主义和历史唯物主义这一马克思主义的根本方法，在全面把握我国经济社会发展阶段性特征的基础上，深刻揭示了我国社会发展的客观规律，为我们分析解决当前中国经济文化发展问题提供了科学的世界观和方法论。只有以中国特色社会主义理论体系为指导，才能在改革开放日益深化、市场经济日益发达、思想文化领域情况错综复杂的条件下，保证中国特色社会主义文化发展的正确方向。

同时，文化的发展是一个连续的过程，也是一个积累的过程。任何文化都是在继承发扬已有的文化传统的基础上发展起来的。脱离传统的文化发展是没有根基的，也是无法持续的。中国传统文化以其鲜明的中国风格和中国气派成为东方文化的杰出代表，对人类社会的进步作出了重大贡献。中国传统文化是以儒家为核心，以儒、释、道三家文化为主体的博大精深的文化体系，秉承中华民族刚健有为、自强不息、厚德载物、贵和尚中、仁民爱物、天人合一、整体为上等基本价值追求，成为中华民族生生不息、团结奋进的精神纽带和不竭动力。传统文化中的精华和积极因素已经沉淀为中国人的心理结构，成为维系和支撑中华民族生存和发展的精神支柱。传统文化中所蕴含的进步的思想意识是当代中国文化向前发展的内在契机和生命力所在，是中国特色社会主义文化建设的重要基础和取之不尽的资源。

（五）中国模式的生态约束：经济社会发展中的生态代价高昂

随着经济持续快速发展，在发达资本主义国家上百年的工业化过程中分阶段出现的资源环境问题在我国短时期内集中出现，环境与发展的矛盾日益突出。资源相对短缺、生态环境脆弱、环境容量不足等构成了中国模式发展的生态制约。

在当今世界，发达资本主义国家的人口只占世界人口的15%，但却消耗了世界56%的石油、60%以上的天然气和50%以上的重要矿产资源。据全球生态足迹网近来的估算，如果全球维持一个像美国这样的物质社会，将需要五个地球的资源，而维持一个像英国这样的社会也需要将近三个地球的资源。毫无疑问，在当今的时代条件、国际环境里，发展中国家再走发达资本主义国家经济发展走过的老路，是行不通的。

我们要清醒地认识到：长期以来我国一直采用高投入、高消耗、低效益的粗放型经济增长方式，对原料的极大消耗造成了对资源的极度浪费，严重地破坏了我们赖以生存的生态环境。生态制约问题的存在，不仅严重地损害了广大人民的切身利益，而且对进一步深化改革也造成了严重阻碍。在这种形势下，只有充分认识我国经济增长质量与效益不高，科技水平落后，人口数量庞大，资源短缺特别是人均土地资源、水资源、油资源、林业资源、矿产资源明显不足，生态环境恶化形势并未根本扭转的基本国情，从制度上减少一切不利于可持续发展的客观因素，扭转落后生产方式对我国社会发展和自然生态发展的冲击与影响，才能确保社会的长久和谐稳定。这同时也决定了我们必须走出一条不同于西方传统工业化和现代化老路的致力于创造生态文明的新路。

四　中国模式作出了什么贡献

中国模式的形成与发展，是一个具有世界历史意义的重大事件，它深刻改变了国际政治经济格局，甚至在某种程度上改变着世界历史进程。中国模式的伟大成就和成功经验，是人类社会的共同精神财富和文化遗产，是对人类社会的重要贡献，必将对在探索中前进的其他国家产生积极的影响。

（一）中国模式丰富了科学社会主义理论与实践

科学社会主义理论是马克思主义的理论体系的核心部分，在19世纪中叶由马克思、恩格斯创立后，通过无产阶级的革命和实践不断丰富和发展。在探索中国民主革命以及社会主义发展道路的进程中，通过把马克思主义的普遍原理与本国的国情相结合，逐渐形成了"毛泽东思想"和包括邓小平理论、"三个代表"重要思想、科学发展观在内的中国特色社会主义理论体系，极大地丰富了科学社会主义理论。中国模式也正是在中国特色社会主义理论体系的指导下逐渐形成并完善的。社会主义本质论、社会主义市场经济理论、"一国两制"、"三个代表"、科学发展观、和谐社会等都是理论创新和模式创新的表现，体现了中国特色社会主义的强大生命力和感召力。

实践中，"十月革命"胜利后世界上第一个社会主义国家苏联的建立，使社会主义由理想变为现实。"二战"之后，在苏联的影响和带动下，欧亚产生了一系列社会主义国家。但是，由于苏联推行大党、大国主义，把苏联经验绝对化和神圣化，将苏联模式强加于其他社会主义国家，最终导致苏联自身解体和东欧社会主义政权垮台。而在国际共产主义运动陷入低谷，社会主义国家面临发展困境和转型的关键时期，中国模式的实践以及取得的巨大发展，丰富了具有国家民族特色的社会主义模式，是科学社会主义从理论发展到社会制度实践的重要成就。

（二）中国模式丰富了世界发展模式的多样性

中国模式是在中国融入经济全球化时代进程中逐步形成的。在全球化的浪潮中，中国由被动变为主动，在各种内外压力下迸发出惊人的生机与活力，创造出一个又一个奇迹，引起世界广泛关注。在政府和市场的协调上，中国模式最大的亮点就在于将西方自由主义制度下的市场经济与政府的宏观调控相结合，这与"美国模式"的自由放任以及"德国模式"的有限干预是完全不同的。中国模式在行使政府职能上，更多采取宏观调控的做法，更加突出政府经济调节和功能服务的特征，这与"东亚模式"又是不同的。仅仅从模式本身比较，"中国模式"已经在一定程度上超越了资本主义发展模式，是一种深刻的发展方式的变化，一种西方现存理论和话语也无法解释的新范式。冷战时期，世界上谈论的要么是苏联模式，要么是西方模式。"冷战"结束后，苏联模式随着苏联解体而退出历史舞台，西方主流学者认为这是历史的终结，剩下的将是一条走向西方体制的"康庄大道"，世界各国都将融入西方政治制度的怀抱。但中国的发展让人们改变了看法。美国著名政治学家弗朗西斯·福山曾于1989年在美国杂志《国家利益》上发表了一篇题为《历史的终结》的文章，认为西方民主可能形成"人类社会形态进步的终点"与"人类统治最后形态"。但中国的高速发展让他不得不重新修正他当年辉煌一时的宏篇大论。2009年9月，福山在接受日本著名杂志《中央公论》采访时表示，近年来中国这一"负责任的权威体制"的发展表明，西方民主可能并非人类历史进化的终点。2010年12月他在复旦大学发表演讲时说，中国模式有其显著特点，这些年来中国作为大国所进行的外交努力和承担的国际责任，让任何人都不能忽视中国。

　　当然，中国模式取得的一系列成功并没有使中国政府陶醉其中，反而是更清醒地开始了模式的完善与现代化进程。中国模式并非固定化、一成不变的，恰恰因为中国作为发展中国家，仍处于并将长期处于社会主义初级阶段，中国模式也在随着社会主义实践的深入及认知的提升而完善升级。从追求经济发展的总量到讲求发展的结构、质量均衡；转变经济增长方式，改变过去对出口和固定资产投资的过度依赖，转而把有效推动国内需求的增长作为主攻方向；从追求"国富"转变为强调"共享式增长"，致力于实现"民富"，把保障和改善民生作为社会经济发展的落脚点；从GDP领衔挂帅到更加重视经济发展与社会发展的协调同步，更加强调生态环境保护、重视资源的节约利用，追求全面协调、可持续发展等，无不充分表明中国模式正在实现自我转型与完善。

　　中国模式是经济全球化背景下一种积极回应和参与全球发展的社会发展模式，是坚持社会主义、强调民族特色，同时又倡导不同社会制度和意识形态"共处竞争、对话合作"的社会发展模式。中国模式的出现，丰富和发展了世界发展模式，为全球的发展注入了强劲、健康、鲜活的因素，必将为人类文明不断走向繁荣与发展作出自己的贡献。

学科建设研究

马克思主义基本原理的研究对象及其内容结构

马克思主义、马克思主义理论一级学科、马克思主义基本原理二级学科，是三个不同层次的理论体系。它们在研究对象和内容体系上有无区别？这是我们在理解马克思主义理论的整体性问题时不能回避的问题。只有在研究对象的界定上有一个科学的认识，才能构成对马克思主义理论的整体性理解的理论前提，这也会影响到对马克思主义理论体系结构的理解和界定。

一 关于马克思主义研究对象的不同理解

（一）马克思主义经典作家的论述

1914 年，列宁在《卡尔·马克思（传略和马克思主义概述）》中简明地指出："马克思主义是马克思的观点和学说的体系。"① 在列宁看来，马克思主义被简明地表达为它是马克思观点和学说的体系，它是包含了马克思的全部思想观点和学说。列宁的定义是一种外延式定义，并未涉及内涵规定。如果我们把列宁的定义，按照逻辑一致的思路，从时间上拓展，应包括马克思、恩格斯，列宁，斯大林，毛泽东，邓小平等领导人所集中概括、形成的思想理论，并经过实践证明是正确的全部观点和学说。

1938 年，在斯大林时期所编著的《联共（布）党史简明教程》中，有关于什么是马克思主义的对象的定义。史家一般认为这一定义反映了斯大林的观点。书中写到："马克思主义的理论是关于社会发展的科学，关于工人运动的科学，关于无产阶级革命的科学，关于共产主义社会建设的

---

① 《列宁选集》第 2 卷，人民出版社 1995 年版，第 418 页。

科学。"① 斯大林关于马克思主义的表述就是把马克思主义涵指为社会发展、工人运动、无产阶级和共产主义社会建设等四个方面的科学。这种理解与列宁相比,内涵更加明晰。但在 1950 年,斯大林再次对马克思主义进行了定义,即"马克思主义是关于自然与社会发展规律的科学,是关于被压迫和被剥削群众的革命的科学,是关于社会主义在一切国家中胜利的科学,是关于共产主义社会建设的科学。"② 这个定义在 20 世纪五六十年代被广为认可。斯大林的定义是一种涉及内涵的定义,但斯大林定义的最大问题是在 1950 年的定义中把自然发展规律作为马克思主义的对象和内容。这就导致了后来用马克思主义命题判断自然科学是非的极左思想理论及其政策。相比较而言,斯大林 1938 年的定义更有可取之处。它强调马克思主义的理论是关于社会发展的科学,后边的三个"关于",即"工人运动""无产阶级革命""共产主义社会",则是对社会发展理论内容和性质的进一步具体化说明。

(二) 我国学者的观点

1986 年段若非提出:"马克思主义是关于世界发展普遍规律的科学,特别是关于社会历史发展规律的科学,更特别是关于资本主义发展和转变为社会主义以及社会主义和共产主义发展普遍规律的科学。"③ 奚广庆于1990 年 11 月在《人民日报》发表文章,他认为:"马克思主义是关于世界发展规律特别是关于无产阶级和全人类解放历史运动规律的科学。"④这两个定义有一个共同特点,即把"发展规律"作为研究的对象和内容。这个规定体现了马克思主义的科学性,因为,它以规律作为对象,以规律的研究作为任务。但是对于"规律"所涉及的领域涵盖到整个世界,强调世界发展规律,这里就有值得讨论的问题。首先,"世界"能不能作为一个学问、一个学科的研究对象?恩格斯曾经在《反杜林论》中批判杜林,认为企图建立一个关于世界的包罗万象的哲学理论是错误的。关于世

---

① 《联共(布)党史简明教程》,人民出版社 1975 年版,第 390 页。
② 《斯大林文选》,人民出版社 1962 年版,第 559 页。
③ 段若非:《论马克思主义的几个问题》,《理论探索》1986 年第 11 期。
④ 奚广庆:《关于马克思主义整体研究的几点看法》,《华东理工大学学报》2007 年第 4 期。

界的发展规律，肯定是包罗万象的。所以，这个理解是不符合马克思、恩格斯的原意的。其次，世界观的内容不等于世界发展的规律，关于世界的看法是世界观，它是哲学；世界发展的规律，是各个领域、各个方面，各种因素的发展规律的总汇，由各个门类的学科来承担。在各门学科发现的规律的基础上概括出关于世界发展的看法和观点，才是世界观。所以，世界观不是世界的发展规律，把两者等同就混同了哲学与科学。

中国人民大学的教授高放于 2003 年在其主编的《科学社会主义的理论与实践》中，对马克思主义定义做了这样的规定：马克思主义是"无产阶级和全人类解放的科学"。2005 年，高放再次对"马克思主义"作了进一步简明的解释，简化为"马克思主义是马克思、恩格斯创立的人的解放的科学"①。据此，在高放教授看来，马克思主义是关于人的解放的科学，"人的解放"既可以从对象方面去理解，也可以从内容方面去理解。在高放教授的定义中缺少"人类社会发展规律"的内容规定。人们一般认为，马克思有两大发现，即剩余价值和唯物史观，这是恩格斯明确指出过的。唯物史观的核心就是发现人类社会有客观规律。高放教授将人类社会发展规律游离于马克思主义的研究对象之外，显然是一种理论遗憾。

在关于马克思主义对象和内容的理解中，还有其他一些观点，这里不一一列举。在这些观点中，影响较大的主要有以下几个：（1）马克思主义是科学的世界观和方法论；（2）马克思主义是关于人类社会发展普遍规律的科学；（3）马克思主义是关于人的全面而自由发展的学说。这些定义都从不同方面和视角对马克思主义的内涵进行了高度概括，对于我们深入理解和准确界定马克思主义的研究对象和基本内容，确有启发价值，但也仅仅是对马克思主义的某一个方面的抽象反映和概括。现在的问题是，在马克思主义发展成为包括马克思主义、马克思主义理论、马克思主义基本原理的三个基本层次时，如何科学界定马克思主义的研究对象，进一步明确各自的理论框架，就成为不能不回答的问题，这也是从整体性的角度理解马克思主义的新的时代要求。

---

① 高放：《加强对马克思主义科学的整体研究》，《马克思主义与现实》2005 年第 2 期。

二　关于马克思主义基本原理对象的界定

　　研究对象是一个学科区别于其他学科的重要标志，研究对象决定研究内容，研究内容决定了理论体系，研究对象的确定是学科存在与发展的依据。如果我们要从整体性上理解马克思主义基本原理，就必须找到一个出发点，这个出发点就是马克思主义基本原理的研究对象。只有明确了马克思主义的研究对象，才能从对象、内容和体系的统一上来理解马克思主义基本原理的整体性，从而才能真正把握马克思主义的整体性实质。

　　用马克思主义的立场、观点、方法研究不同领域的问题就会有不同的对象，关于不同对象的马克思主义研究所形成的观点体系，就包括在马克思主义的学说和思想观点总体中，即包括所有问题研究的马克思主义学说。一级学科的马克思主义理论的研究对象就应当是马克思主义本身，马克思主义基本原理的研究对象是与此相区别的。马克思主义发展史，是关于马克思主义的理论研究和理论创新及其实践过程的研究。中国化马克思主义是马克思主义基本原理与中国实际结合产生的理论。国外马克思主义，情况就复杂一些，就笔者的看法，应当是国外学者，包括马克思主义者和非马克思主义者，围绕着社会发展规律和人类解放问题的研究所形成的理论观点，当然不应当限定在这个问题上，但主要是这个问题。例如国外马克思主义哲学，经济学，社会学，文化学等。但一级学科范围内国外马克思主义，首先要把精力放在围绕着社会发展规律和人类解放问题的研究所形成的理论观点的比较研究上。这样我们在学科建设的任务侧重上，就与特殊领域的马克思主义有所区别，就可以在一级学科，二级学科的范围内体现马克思主义理论的整体性。

　　1. 马克思主义基本原理的研究对象之规定

　　马克思主义基本原理的研究对象应当是：人类社会发展规律和人类解放的规律。我们认为，这样的规定是具有充分的理论根据和历史基础的。

　　人类解放的规律是社会历史规律的主体形式。马克思主义的经典作家揭示人类社会发展规律是有主体内容的。马克思主义认为社会发展规律也就是"现实的人"的活动规律。人作为历史主体是社会发展规律的物质承担者。所以人的发展与人类的发展前途和历史命运是马克思主义的研究的对象和目的，也是马克思主义理论内容的核心线索。在马克思主义的理论体系中，人类社会的发展规律与人类解放的规律是根本一致的，是同一个过程的两种表现形式，一个是主体状态的发展形式，一个是主体的社会关系的发展形式。马克思主义认为，社会历史主体的存在与发展状态和主体所赖以存在的社会关系的历史形式是一致的。社会历史主体的解放和社会历史主体所承受的社会关系的历史束缚的解除是同一个过程的两个方面。人类社会的发展是一个自然历史过程，人的发展、人的解放也是一个自然历史过程。马克思主义研究社会历史规律的最终目的是为了人的发展和人类的解放。实现人类解放是马克思主义的最高目标，也是马克思主义社会运动的本质所在。所以，人类社会发展规律与人类的解放规律密切地联系在一起，他们理所当然地作为马克思主义基本原理的研究对象。

人类解放与社会发展变革的关系是马克思和恩格斯所阐发的社会思想的重要内容。马克思在《1844年经济学哲学手稿》，以及次年和恩格斯合著的《德意志意识形态》中，重点指出"人类解放"不是任何时候更不是在地域范围内可以达到的目标，而是"只有作为'世界历史性的'存在才有可能实现"。同时又指出，人类解放是以"每一个单个人的解放"为条件的，人类解放不但保证"个人才能获得全面发展"即"有个人自由"，而且通过推翻旧的国家使每个人的"个性得以实现"。在《1844年经济学哲学手稿》和《德意志意识形态》之后，马克思和恩格斯在《共产党宣言》中进一步表述了人类解放的理想社会"将是这样一个联合体，在那里，每个人的自由发展是一切人的自由发展的条件"。值得强调的是，马克思和恩格斯始终是将人的发展、人类解放与具体社会关系形式的发展与变革相联系，阐明只有在特定的社会共同体或联合体中，才能处理好个人与社会、人与自然的矛盾；人类社会发展规律实质上就是人的社会关系的具体形式发展变化的历史规律。基于对社会历史规律的分析，马克思主义把人类解放及人的解放看作是随人类文明演进不断实现的"自然历史过程"。

2. 这个规定体现了马克思主义理论的两大理论发现：唯物史观和剩余价值学说

马克思和恩格斯创立的唯物史观和剩余价值理论，是马克思主义基本原理中最重要的理论内容。马克思运用唯物史观，不仅揭示了人类社会的发展的一般规律，而且剖析了人类历史发展中的一个特殊阶段——资本主义社会形态，揭示了资本主义社会产生、发展、灭亡以及必然被更高级的社会形态所取代的客观规律性。1883 年 3 月 17 日恩格斯《在马克思墓前的讲话》，评价马克思一生中最伟大的两个发现，即"发现了人类历史的发展规律"和"发现了现代资本主义生产方式和它所产生的资产阶级社会的特殊的运动规律"。① 依据恩格斯的这个说法，把马克思主义基本原理的研究对象规定为"人类社会的发展规律与人的解放规律"就充分地体现了马克思主义的两大理论发现：唯物史观和剩余价值理论。

唯物史观构成了马克思主义世界观的核心。而这一核心观点，恰恰是围绕揭示人类社会的发展的客观规律展开的。辩证的、唯物主义的历史观是马克思主义基本原理中所包含的最根本的理论观点和科学精神。唯物史观的提出，标志着社会科学发展历史上的一次革命。承认不承认社会运动有自己的规律，这是马克思主义与以往的社会科学的一个重要区别，是马克思主义的理论核心，也是马克思主义基本原理的核心。与以往的社会科学不同，唯物史观发现了人类社会历史及其发展规律。生产力与生产关系的矛盾、经济基础与上层建筑的矛盾是人类社会的基本矛盾，这两对矛盾的对立统一运动是社会发展的根本动力。由于揭示了人类社会的这个基本矛盾，才科学地说明了人类社会的发展是不依人的意志为转移的自然历史过程。唯物史观的发现也使社会主义变成了科学，把无产阶级的前途与社会发展规律联系起来，其重大意义在于，它指明了无产阶级革命的原因，指出社会主义代替资本主义的历史必然性，是不以人的意志为转移的客观规律。剩余价值理论揭示了资本主义社会的本质（资本主义生产关系的剥削本质）和资本主义社会发展的规律性，阐明了资产阶级与无产阶级之间斗争的经济根源，论证了资产阶级的掘墓人——无产阶级的历史地位和前途，指明了无产阶级革命的历史必然性。

这两大发现，是人类社会一般规律和特殊规律的关系，也体现了资本主义与社会主义、无产阶级与资产阶级的关系。这两大发现以社会发展客观规律这一真理为基础说明无产阶级及其人类解放的前途，反映了马克思主义的价值追求是消灭一切剥削和压迫，解放全人类，充分体现了马克思

① 《马克思恩格斯选集》第 3 卷，人民出版社 1995 年版，第 776 页。

主义的真理性和价值性相互统一、相互印证的关系。

　　3. 这个规定具有思想的完整性和与时俱进的特点

　　这个定义不像有的学者那样，把无产阶级革命的思想包含在马克思主义研究对象的定义之中，从而起到强调无产阶级革命的作用。我们的做法恰好相反，"无产阶级革命"的词句没有出现在定义之中。这是不是消解革命？非也！定义中把社会规律和人类解放联系起来，概括了社会革命与社会主义建设两种情况。人类解放有两种形式：通过社会革命与通过发展社会生产力。同时，人类的解放又分为两个方面：把人从自然界中解放出来和把人从社会关系的束缚中解放出来。在阶级压迫的社会里，人类解放的途径是革命。只有革命才能改变无产阶级受剥削受压迫的社会地位，巴黎公社、十月革命、中国共产党领导的社会革命等都是通过革命改变受压迫状态、实现解放的例证。而在社会主义社会，人类解放的形式就是发展生产力。邓小平曾指出，"马克思主义的基本原则就是发展生产力"，"在社会主义国家，一个真正的马克思主义政党在执政以后，一定要致力于发展生产力"。只有社会生产力的高度发展，物质财富的一切源泉都充分涌流，劳动不再是谋生的必要手段而成为乐生的需要，人们才能摆脱对"人的依赖关系"和对"物的依赖关系"，实现人的"自由和全面的"发展。

　　特别需要指出，人类解放中已内在地包含着无产阶级的解放，因为无产阶级的解放是人类解放的前提，而且首先是无产阶级从资产阶级的统治中解放出来，人类才能解放。无产阶级的解放，包含有多重含义，不仅是政治解放，还包括有从自然条件束缚下的解放，社会条件束缚下的解放，经济条件束缚下的解放，文化条件束缚下的解放，思想条件束缚下的解放等。在社会主义条件下，无产阶级解放与生产力发展密切联系，马克思主义旨在使全世界无产者和全人类不仅仅是作为历史的真正主人，而且都能摆脱繁重艰险的劳动，摆脱自然和社会任何形式的奴役，使每个个人都能全面而自由发展，最终建立"自由人联合体"。而实现这个目标必然要以生产力的高度发展为前提。可见，在社会主义条件下强调"革命"①，显然是站错了历史方位！今天无产阶级的解放不再是一个革命问题，而是建

----

　　①　这里的"革命"是特指急风暴雨式的武装革命。

设问题，即发展生产力的问题。作为马克思主义基本原理，不仅要反映"革命时期"的实际，也要反映"建设时期"的实际。基于这个考虑，尽管无产阶级革命是马克思主义基本原理的重要命题，但它并不贯穿人类社会发展的全过程，它只是阶级矛盾尖锐、阶级斗争激烈时期的特殊命题，因而不应当出现在反映人类社会发展全过程的马克思主义研究对象的定义之中。

4. 这个规定体现了阶级性和社会性的统一

将马克思主义基本原理的研究对象规定为"人类社会发展规律和人类解放的规律"，涵盖了不同社会发展阶段的不同规律。例如，封建社会发展规律，资本主义社会发展规律，社会主义社会发展规律，甚至共产主义社会发展规律。特定社会型态的发展规律都是社会发展一般规律之下的特殊规律，都包含在人类社会发展规律的内涵之中。不能把某一历史时期的主要任务和行动特点当成马克思主义基本原理的一般研究对象来理解。

马克思主义有鲜明的阶级性，马克思主义的学说是无产阶级求解放的学说，这是毫无疑问的。据此，有很多学者认为关于马克思主义理论的说明一定要加上无产阶级革命的学说的含义。我们认为，马克思主义理论的内容具有阶级性和革命性，这是不容置疑的。但这并不意味着马克思主义理论的研究对象就只是"革命"！阶级性与革命性是理论体系和内容的重要性质，也是理论体系的逻辑结论之一，它既不是研究对象，也不是全部结论。在无产阶级已经取得统治地位的情况下，革命的任务就由建设的任务所代替。要完成建设社会主义的任务，无产阶级就需要团结其他阶级共同建设社会主义。今天讲马克思主义基本原理，必须概括革命和建设两种实际。所以，在坚持革命理想的前提下，一定要领导、团结、包容其他阶级，这是社会主义初级阶段的基本特点，也是马克思主义所体现的社会性，在中国特色社会主义的建设过程中得到的充分体现。

其实，中国的建设实践已经说明了这个问题。早在 1957 年，毛泽东《关于正确处理人民内部矛盾的问题》就指出：在社会主义制度条件下，一切赞成、拥护和参加社会主义建设事业的阶级、阶层和社会集团，都属于人民范围，他们之间的矛盾，都是根本利益一致基础上的矛盾，是非对抗性矛盾，因此只能采取民主的方法加以解决。① 自改革开放以来，我国社会结构发生新变化，出现了以私营企业主、个体户、民营科技企业的创业人员和技术人员、受聘于外资企业的管理技术人员等为主的新社会阶层。新社会阶层之间、工人阶级与新社会阶层之间会产生一定的利益矛盾。但是，彼此根本利益的一致性，决定了各阶级、阶层之间的包容性。毛泽东当年提出的政治上实行"团结—批评—团结"、科学文化建设中实行"百花齐放、百家争鸣"的方针来解决人民内部矛盾，改革开放的今天提出"放手让一切劳动、知识、技术、管理和资本的活力竞相迸发，让一切创造社会财富的源泉充分涌流，以造福于人民"②，以在全社会最广泛、最充分地调动一切积极因素，团结一切可以团结的力量进行社会主义建设，这些理论都深刻反映了社会主义建设的客观规律，反映了社会发展的客观规律，体现了马克思主义基本原理在一定历史阶段、一定社会背景下的中国社会主义建设的具体运用中所体现的阶级性与社会性的统一。

三　马克思主义基本原理的内容结构

如果把马克思主义基本原理的研究对象界定为人类社会发展规律和人类解放规律的科学，那么，马克思主义基本原理的内容则是围绕着人类社会客观发展规律和人类解放规律展开的理论系统。

1. 马克思主义基本原理的内容结构

马克思主义基本原理的结构不应当是马克思主义哲学、马克思主义经济学和科学社会主义理论的三大块结构，马克思主义基本原理的结构中应当把哲学、政治经济学的结构消解掉，突出世界观、方法论和人类社会一般规律、特殊规律和人类解放这样的一个基本线索。因此，我们认为马克思主义基本原理的内容结构应当是下列几个部分：

马克思主义世界观理论；马克思主义研究社会的方法论；人类社会的一般规律；资本主义社会的特殊规律；社会主义社会的特殊规律；人的发展与人类解放的规律；共产主义与人类解放的前途等七个部分。

---

① 《毛泽东文集》第7卷，人民出版社1999年版，第205、206、209、211页。
② 《江泽民文选》第3卷，人民出版社2006年版，第540页。

马克思主义的世界观理论是马克思主义基本原理的思想基础，马克思主义理论教育应从整体联系的立场阐述物质观、实践观、辩证法思想和认识论原理及其相互的统一关系，帮助学生建立科学的世界观。这一部分的难点是如何跳出哲学理论体系的论述方式，把马克思主义最基本的世界观理论传授给学生。

马克思主义研究社会的方法论，是学生直接认识社会的理论指南，尤其是在当今社会结构复杂，形势多变，社会矛盾与社会冲突逐步显性呈现，人们的社会价值观多样多变的形势下，需要加强对学生观察社会的方法论的训练。根据马克思主义世界观和方法论，阐明马克思主义世界观、方法论在社会研究方法论上实现的根本变革，抽取出社会科学研究中应当遵循的最一般的方法论原则，阐明这些原则所体现的唯物辩证法和历史辩证法，让学生在社会认识中能够自觉处理社会科学研究中所涉及的这些辩证关系，自觉坚持用马克思主义社会科学方法论的一般原则指导社会认识和社会实践。

人类社会发展的一般规律，资本主义社会发展的特殊规律，社会主义发展的特殊规律和人的发展与人类解放的规律等内容，都是马克思主义基本原理的基本内容，此处不再赘述。

2. 马克思主义基本原理的内容结构中应当体现马克思主义基本原理的发展空间

马克思主义理论发展的一个重要形式，就是把马克思主义的基本原理与具体的社会历史实践相结合，形成特定社会的发展理论。从马克思主义、列宁主义到毛泽东思想、中国特色社会主义理论这样的发展序列，就是这种形式的发展成果。这是马克思主义基本原理在一定历史时期、一定地理环境、一定社会形态下与各国具体实践相结合产生出的指导具体实践的理论，是马克思主义基本原理的具体应用理论。而这种在实践中产生的对基本原理的应用理论，必然随着实践的发展而不断发展。马克思主义理论发展的另一重要形式，是随着社会历史发展资料的积累，马克思主义基本原理的不断丰富和发展。换句话说，马克思主义理论的发展也要体现在基本原理的层面上来。如此一来，我们要思考的是，马克思主义基本原理能不能发展？如何发展？依据什么原则发展？我们以为，马克思主义基本原理的内容结构，一方面要体现马克思主义理论的"基本性"，也就是有学者提出的，马克思主义理论的基本命题有哪些条，概括出来供人们学习、坚持和运用。另一方面，这个关于马克思主义理论内容结构的设计，也要有利于人们在这个结构框架中展开新的探索。我们必须从具体社会实践出发，把马克思主义的世界观理论、研究社会的方法论结合一定历史的具体的社会环境，文化进步特点，挖掘马克思主义关于人类社会的一般规律、资本主义社会的特殊规律、社会主义社会的特殊规律和人的发展与人类解放的深层含义，准确把握它们的科学性，深刻研究具体展现的特殊性与个别特点，扩展和提升马克思主义的解释力和指导性，尤其是要根据马克思主义时代化、中国化、大众化的要求，进一步丰富和发展马克思主义基本原理。在当前，对于马克思主义基本原理的研究和教学，也应当有返本开新的要求，用科学的、开放的、发展的观点对待马克思主义基本原理。从马克思主义基本原理出发，辨析和纠正我们过去曾有的一些误解，以及现在需要改正的问题；也需要把曾经包含在马克思、恩格斯著作里面的、当时没有凸显出来、现在看来具有时代意义的一些理论思想，加以发掘和弘扬；另外还需要我们发现马克思、恩格斯的经典著作中，一些条件限制不明确、今天我们还要进一步明确的问题。只有这样，才能真正理解马克思主义的基本原理。概而言之，马克思主义的发展不仅要注重马克思主义具体应用式的发展，即和各国具体实践相结合的理论应用的发展，而且更不能忽略另一个层次，即马克思主义基本原理本身的发展。所以，马克思主义基本原理作为体现马克思主义理论核心思想与价值体系的红线，不仅要"一以贯之"地体现在马克思主义理论的各组成部分中，而且其本身的发展也必然不断丰富和发展马克思主义的理论内容，真正实现通过不断推动马克思主义的发展，弘扬和体现马克思主义的生命力。

马克思主义理论教育研究的双重任务

长期以来，人们形成了一种习惯性看法：马克思主义理论教育研究的基本任务是揭示马克思主义理论教育的规律，在此基础上建构马克思主义理论教育的原则和方法，研究的视角是"怎样进行马克思主义理论教育"的方法问题。不可否认，这是马克思主义理论教育研究的基本任务之一，但仅仅将这些方法层面的问题作为马克思主义理论教育研究的基本任务而忽视其他方面的任务是不够的。我们认为马克思主义理论教育研究的基本任务是双重的，即除了揭示马克思主义理论教育的规律、建构马克思主义理论教育的原则和方法这一"怎样进行马克思主义理论教育"的问题之外，还必须弄清楚"什么是马克思主义"这一问题，即用什么样的马克思主义进行理论教育；而且"怎样进行马克思主义理论教育"的研究和"什么是马克思主义"的研究是紧密相连不可分割的。马克思主义理论教育研究必须围绕"什么是马克思主义、怎样进行马克思主义理论教育"这一问题展开，并对此作出科学的回答。明确提出马克思主义理论教育研究的双重任务，并揭示二者的关系，对于新时期的马克思主义理论教育有着重要的现实指导意义。

一　怎样进行马克思主义理论教育：马克思主义理论教育研究的任务之一

"怎样进行马克思主义理论教育"是马克思主义理论教育研究的基本任务之一。这一任务通过研究揭示马克思主义理论教育的规律，并在此基础上建构起马克思主义理论教育的原则、方法，从而为有效开展马克思主义理论教育提供方法指导。所以研究的重心在怎样进行马克思主义理论教育的方法层面。对于这方面的研究，需要解决并回答以下几个问题。

第一，灌输与启发的关系。灌输有两个层面的含义，其一指列宁提出的灌输理论，主要是说要从外部向工人阶级进行马克思主义理论教育，工人阶级不可能自然而然地产生无产阶级思想观念和科学世界观，灌输理论的主旨是要阐明进行马克思主义理论教育的必要性，从而与"经济派"的自发论划清界限。这在今天仍具有现实意义。另一层意思就是指作为教育方法的灌输，通过有目的、有计划的组织安排，将某种思想理论传授给人们，并内化为人们的某种观念，实现"思想进头脑"。我们在谈论灌输与启发的关系时，主要是在第二层含义上，即作为方法来谈灌输的。灌输是马克思主义理论教育的主要方法，在马克思主义理论教育过程中，灌输是教育的起点，不通过灌输，就无法将马克思主义基本理论传授给人们，马克思主义理论教育就无处着手。在这个意义上，灌输是马克思主义理论教育最为经常和普遍的方法。这也是马克思主义理论教育中教育者主导作用的体现。但在现实中，灌输却备受批评，一提起灌输，人们就会联想到硬往口袋里塞东西，并同无效和反感联系在一起。其实这就涉及灌输与启发的关系问题。启发是指充分调动受教育者的积极主动性，使其在需要的状态下接受灌输的东西。"不愤不启，不悱不发"，这就要求进行马克思主义理论教育时充分考虑到受教育者的情况，特别是需要，调动其主体性，灌输和教育才能起到应有的效果。在这个意义上，人们反感的不是灌输本身，而是没有启发的"满堂灌"。既然启发在马克思主义理论教育方法中有这样重要的地位，是不是理论教育只要启发，而不要灌输了呢？这也是不对的。离开了灌输的启发，就是离开教育者的主导作用来讨论受教育者的主体性发挥，这是不符合理论教育规律的，更不用说自发论倾向了。所以在马克思主义理论教育中一定要正确处理好灌输与启发的关系，这也是马克思主义理论教育研究要着力解决的问题。

第二，理论与政策的关系。马克思主义理论是科学的世界观和方法论，具有自己严密的理论体系，它揭示了无产阶级革命和社会主义建设的规律。所以，马克思主义理论具有相对稳定性。这种稳定性具体表现在马克思主义有其一贯的立场、观点和方法；有其始终如一的基本原理；有其不变的理论目标追求。而政策是在特定时空条件下，为了特定的具体目标而制定的，其现实性和针对性极强，灵活性很大，尽管政策也是在理论的指导下制定的。这样就产生了理论教育和政策宣传并存的局面，理论的稳定性和政策的灵活性交织的情况。不注意区分理论与政策，把握不准理论教育与政策宣传的联系和区别的话，就会产生三种情形：一是用政策的灵活多变性替代理论的稳定性，进而否定理论的科学性；二是强调理论的稳定性，否定政策的灵活性，进而将政策的失误归咎于理论指导的不正确；三是将理论和政策完全割裂开来，从而否定理论的指导价值。这三种情况都会影响马克思主义理论教育的效果。这就要求我们必须妥善处理理论的稳定性和政策的灵活性，妥善处理理论教育与政策宣传的关系。首先要准确区分理论和政策，理论教育和政策宣传。分清楚哪些是理论，哪些是政策，哪些是理论教育，哪些是政策宣传。那些涉及基本观点、立场、方法和原理的东西就是理论，需要进行教育；那些为了特定的具体的目标而制定的就是政策，需要宣传。在区分理论与政策时，必须注意区分政策的指导理论和政策内容本身。其次要根据理论与政策的不同特点进行不同的宣传教育。理论教育要从理论的知识体系处着眼，以理服人；政策宣传要从现实情况出发，讲清形势。最后要讲清楚理论稳定性与政策灵活性的关系问题。理论的稳定性源于理论的科学性、体系性；政策的灵活多变源于政策的现实性、针对性。理论指导政策，政策体现理论。总之，我们要注意把握理论与政策、理论教育与政策宣传的联系和区别，将它们完全等同起来或完全割裂，无论对政策的制定实施，还是理论教育都是不利的。马克思主义理论教育要着力研究这个问题。

第三，理论的科学性与政治性的关系。马克思主义理论严格以客观事实为根据，而且理论本身又具有严密的体系，所以马克思主义理论具有科学特质。也正因为马克思主义是严格的科学，才能指导无产阶级革命和社会主义建设，才需要宣传教育，才会被人们所接受。离开科学性，马克思主义理论就会丧失其价值，也就无须进行马克思主义理论教育；同时，离开了科学性的宣传教育，马克思主义理论也难以取得实际成效。所以马克思主义理论教育一定要从理论的科学性着眼，提高理论的解释力、说服力和战斗力，要以科学的理论武装教育人。但马克思主义理论又具有政治性。马克思主义是无产阶级的意识形态，是党和国家的指导思想，其政治性是相当突出的。特别是对一些重大理论问题的研究、教育，不仅仅是一个学术问题、理论问题，而且是重大敏感的政治问题。进行马克思主义理论教育时，必须明确这一点，否则就会背离理论教育的根本目的和方向，理论教育的效果也就无从谈起。在这个意义上，马克思主义理论教育必须深入研究和正确处理理论的科学性与政治性的关系。我们要科学地界定理论的科学性与政治性的含义。理论的科学性表现在理论基础的客观性、方法的科学性方面，但这种科学性不可能不涉及价值判断和政治倾向，特别是社会科学理论更是如此；同样的道理，理论的政治性表现在理论的服务目的和价值取向上，但只有理论是科学的，理论服务的目的才能实现。所以理论的科学性和政治性只是从不同视角看待理论而已。科学性与政治性是不可能分开的。理论越科学，理论所服务的目的就越具有合理性，也越容易实现。合理的政治与严格的科学在马克思主义理论上是统一的。这就要求我们在进行马克思主义理论教育时，以彻底科学的理论进行教育，尽量揭示理论的科学方面，达到理论教育的目的。同时从科学性方面着手理论教育时，要准确把握理论的政治性。

第四，理论教育与现实实践的关系。马克思主义理论教育主要是向人们灌输马克思主义基本理论，使人们接受马克思主义基本立场、观点、方法和原理，从而形成科学的世界观和方法论。所以，理论教育、理论灌输是马克思主义理论教育的重要内容和主要形式。但灌输理论以及接受理论不是抽象的，而是在具体的现实实践中进行的。离开了现实实践，就不可能深刻理解马克思主义理论教育，更谈不上有效进行理论教育。所以无论是理论教育实践，还是理论教育研究，都必须正视和处理好理论教育与现实实践的关系。理论教育要以现实实践中的问题为着眼点。理论教育不能为了理论教育而进行教育，离开了现实实践需要迫切回答的重大理论与实际问题的理论教育，必然是流于形式，理论教育找不到依据，必然没有效果。理论教育一定要以现实实践需要回答的问题为"靶子"，选择理论教育的内容，使理论教育具有现实针对性，在实际问题的回答与解决中展现理论的正确性和威力，增强理论的说服力和吸引力，从而达到理论教育的目的。

二　什么是马克思主义：马克思主义理论教育研究的另一任务

"怎样进行马克思主义理论教育"的研究主要是从方法层面展开研

究。但仅仅从方法层面研究马克思主义理论教育的思路是有局限的。我们在进行马克思主义理论教育及其研究时，在马克思主义本身的认识上形成了不同的看法：一种是将马克思主义看成是一个不言自明的、已经存在的理论体系，所以，不去追问"什么是马克思主义"这一问题，这种倾向在改革开放前占据主导；另一种则认识到了当代马克思主义与经典马克思主义的不同点，但不能很好地把握马克思主义继承与发展的关系，这在改革开放后随着思想解放的深入逐渐发展起来。实际上，"什么叫社会主义，什么叫马克思主义？我们过去对这个问题的认识不是完全清醒的"①。正因为这样，我们在进行马克思主义理论教育研究时，必须突破单从方法上着眼，还必须弄清楚"什么是马克思主义"这一问题。

　　进行马克思主义理论教育，首要的问题是要搞清楚"什么是马克思主义"。我们一般谈论马克思主义时，是在两个层面上来说的。一个是马克思恩格斯创立的理论体系，内容包括马克思主义哲学、马克思主义政治经济学和科学社会主义；另一个是包括马克思恩格斯创立及其后来者发展的理论体系总和。我们进行马克思主义理论教育研究时，是在后一个层面来说马克思主义的。要搞清楚"什么是马克思主义"，问题的核心和关键是如何处理马克思恩格斯创立的理论与后来者理论创新的关系。搞清楚哪些是马克思主义一贯的基本立场、观点、方法和原理，需要继续坚持；哪些是没有搞清楚的理论，是后来进一步阐发弄明白的理论；哪些是马克思恩格斯针对具体问题得出的具体结论，而后来却被当成普遍原理或者误解、附加给马克思主义的东西，需要纠正过来，恢复本来面目的内容；哪些是马克思恩格斯没有讲过的，但现实却提出了需要解决的实际问题，后来者根据马克思主义一贯的基本立场、观点、方法和原理创造性地解决这些现实问题，从而提出的新理论。只有把这些问题弄清楚，才能够将现实与理论中的一些疑难问题讲清楚，马克思主义理论教育才有说服力，才能令人信服。

　　首先需要搞清楚哪些是马克思主义的基本立场、观点、方法和原理。这些方面的内容是马克思恩格斯以及后来者都始终坚持的东西，也是贯穿马克思主义理论始终的东西。它们是马克思主义理论教育的重要内容。如

---

① 《邓小平文选》第 3 卷，人民出版社 1993 年版，第 63 页。

马克思主义内容中的唯物辩证法、唯物史观、实事求是、具体问题具体分析、资本主义必然灭亡和共产主义必然胜利、社会主义实行公有制和按劳分配等，都是马克思主义的基本立场、观点、方法和原理。它们要么是马克思主义的基本方法，要么是马克思主义的理论基石，要么是马克思主义的核心观点和重要结论。马克思主义理论教育绝不能忽视、背离这些内容，必须高度重视，并讲清楚这些问题。这样才能掌握马克思主义的"精髓"和方法，才能形成科学的世界观。

其次要搞清楚哪些是没有搞清楚的理论，后来进一步阐发弄明白的东西。这些方面的问题在进行马克思主义理论教育时，必须要清楚。如社会主义本质问题。马克思主义创始人在批判资本主义弊端中大胆地设想了社会主义社会的一般特征，而现实社会主义社会却是在经济、文化落后国家首先建立起来，所以社会主义的本质就不能照搬马克思恩格斯对社会主义社会一般特征的描绘。但苏联和改革开放前的中国却教条式地对待马克思恩格斯对社会主义一般特征的设想，将公有制、计划经济和按劳分配看成是社会主义的衡量标准和本质特征。社会主义建设遭受了严重的挫折，甚至失败。邓小平坚持马克思主义唯物史观的基本原理，在总结经验教训和我国改革开放实践的基础上，将社会主义的本质概括为"解放生产力，发展生产力，消灭剥削，消除两极分化，最终实现共同富裕"，从而澄清了对社会主义本质问题上的模糊认识。

再次要搞清楚马克思主义理论发展中前后不一致的内容。这些理论要么是将马克思恩格斯对具体问题作出的具体结论视为普遍原理，后来将它还原；或者是对马克思恩格斯的论述产生误读误解，后来将它纠正过来；或者是错误地附加给马克思主义一些东西，后来对它加以澄清清除。这是搞清楚马克思主义最为棘手的问题。这些问题如果不弄清楚，马克思主义理论教育内容就会显得混乱，甚至有些内容会发生矛盾，从而使理论失去了系统性和说服力，理论教育的效果也会大打折扣。马克思恩格斯根据资本主义的基本矛盾，科学地预测了资本主义必然灭亡，社会主义、共产主义必然胜利的人类社会发展一般规律，并在批判资本主义弊端的基础上对未来社会的特征进行了原则性的描述。由于马克思恩格斯是在揭露资本主义弊端的基础上来设想未来社会的，相对于从不同历史前提下步入社会主义的社会来说，是特殊情况。但后来的社会主义建设实践却将马克思恩格斯的关于未来社会的论述作为一般性的东西。实行计划经济，将其当作是社会主义制度和本质性的东西，将计划经济同社会主义画等号，而将市场经济同资本主义画等号，从而使社会主义建设遭受了严重的挫折。这些东西都是对马克思主义的个别结论普遍化，误读误解和错误附加。马克思一再强调马克思主义是行动的指南，只是提供了观察世界和处理问题的方法，而不是教条。这些对马克思主义错误理解的东西需要澄清，用澄清的理论进行教育，是搞清楚"什么是马克思主义"的重要任务。邓小平指出计划和市场都是经济调节手段；市场经济与计划经济属于经济体制，而不属于经济制度；社会主义也可以发展市场经济。这就把市场经济从以前的错误理解中纠正过来。

最后要搞清楚哪些是适应新的实践要求，进行理论创新，产生的新理论。我们要搞清楚"什么是马克思主义"，就是要以马克思主义的科学态度对待马克思主义，在思想上不是将马克思主义看成凝固不变的封闭教条，而是看成不断发展的开放理论。这样才能研究新情况，解决新问题。要使党和国家的事业发展不停顿，首先理论上不能停顿。用新的理论进行理论教育，理论教育才能有说服力。如邓小平同志提出的社会主义初级阶段理论，就是对没有经过资本主义充分发展进入社会主义国家的一种特征判断，是我们制定党的基本路线的依据，是解释我们为什么实行这样的方针政策，而不能实行别样的方针政策的依据。进行社会主义初级阶段理论的教育，人们就会深刻认识我们的国情，我们所处的发展阶段，就会认识到我们现在一系列方针政策的正确性，从而坚定建设有中国特色社会主义的信心、决心。再如江泽民同志提出的党要代表"两个先锋队"、判断政治上先进与落后的标准、入党的新标准等，都是根据当代中国在现代化发展中社会阶级、阶层的新现实和建设实践的新要求，进行理论创新的结果，是发展着的马克思主义。这些新的理论更能合理地解释新情况、解决新问题，更能合理地解释现实与经典著作中一些论述存在反差和不一致的问题。马克思主义理论教育更能体现出时代感、针对性，也更具有说服力。

通过上面的分析，我们可以看出，进行马克思主义理论教育，必须首先搞清楚"什么是马克思主义"这一问题。这一问题的核心和关键又是我们以什么样的态度对待马克思主义，用什么样的马克思主义进行理论教育，如何处理马克思主义发展中前后理论之间的关系问题。马克思主义不能丢，就是不能放弃马克思主义基本观点、立场、方法和原理；同时对马克思主义要有科学的态度，自觉地把思想认识从那些不合时宜的观念、做法和体制中解放出来，从对马克思主义的错误的和教条式的理解中解放出来，从主观主义和形而上学的桎梏中解放出来。解放思想，与时俱进；在解放思想中统一思想，在理论发展与创新中进行理论教育。

三　怎样进行马克思主义理论教育与什么是马克思主义的关系

"怎样进行马克思主义理论教育"与"什么是马克思主义"是马克思主义理论教育研究的两个基本问题。明确地将其提出并阐明它们的关系，对于厘清马克思主义理论教育研究的任务和内容，深化马克思主义理论教育研究，并有效指导马克思主义理论教育实践有着重要意义。

"怎样进行马克思主义理论教育"与"什么是马克思主义"的研究是方法研究和内容研究的关系，二者统一于马克思主义理论教育研究之中。马克思主义理论教育就是要通过宣传传播马克思主义，对人们进行马克思主义理论教育，让人民群众掌握马克思主义理论，从而形成科学的世界观和方法论。所以，如何进行宣传，如何进行教育就成为马克思主义理论教育研究的重要任务和内容，需要进行研究，这已被人们所普遍认可。但宣传教育不是抽象的，宣传教育离不开具体的宣传教育内容。实际上，宣传、传播什么样的理论以及用什么样的理论去进行教育是宣传教育的一个隐含性和前提性问题。而弄清楚这一前提性问题与如何进行宣传教育有着同等重要的地位与作用，所以搞清楚宣传教育内容的马克思主义与如何进行宣传教育的方法都应被视为马克思主义理论教育研究的基本任务和重要内容。以前忽视对作为教育内容的马克思主义本身的研究，本质上是将马克思主义看作是已经存在的不变的东西。这是不对的。"什么是马克思主义"的问题，需要在实践的发展和理论的创新中去寻找答案。"我们一定要看到《共产党宣言》发表一百五十多年来世界政治、经济、文化、科技发生的重大变化，一定要看到我国社会主义建设发生的重大变化，一定要看到广大党员干部和人民群众工作、生活条件和社会环境发生的重大变化。要充分估计这些变化带来的影响。实践没有止境，解放思想也没有止境。"① 所以，没有一成不变的马克思主义理论教育内容。马克思主义理论教育研究应该二者并重，不能偏废任何一个方面。离开了"怎样进行马克思主义理论教育"的方法研究，就无所谓马克思主义理论教育研究；离开了作为内容的"什么是马克思主义"的研究，马克思主义理论教育研究就不够全面。二者统一于马克思主义理论教育之中。

　　"怎样进行马克思主义理论教育"与"什么是马克思主义"的研究统一于马克思主义理论教育有效性问题的研究之中，不可分割。马克思主义理论教育的关键和核心是有效性问题，因为任何形式的马克思主义理论教育都是以追求有效性为目的的；对马克思主义理论教育重要性的强调，实际上是对有效的马克思主义理论教育的期盼。相应地，马克思主义理论教育研究也就以如何提高马克思主义理论教育的效果为存在依据和中心内容。提高马克思主义理论教育的效果，方法问题很重要。但实际上，无论是从系统论角度还是从过程论的角度来看，教育内容的准确性、科学性是理论教育达到预期效果，并实现教育目的的决定性因素。面对目前马克思主义理论教育中出现的诸多无效性现象，很多人主张从方法手段上下工夫。不可否认，从方法、手段上着手是增强马克思主义理论教育效果的重要途径；但是仅仅从方法手段处着眼是不够的。根本问题在于理论的说服力不够，不能彻底地解释回答实践中出现的新问题，这才是问题的关键。理论只有彻底，才能说服人。所以，必须用科学的理论武装人，以不断发展创新的理论进行教育，马克思主义理论教育才能有效果，这是任何方法手段都代替不了的。如果理论不创新发展，就是方法手段再现代再活泼也无济于事。这也是我们为什么将"什么是马克思主义"这一问题的研究提升为马克思主义理论教育研究的基本任务高度的原因所在。"怎样进行马克思主义理论教育"的研究从方法角度揭示怎样有效地进行马克思主义理论教育，研究的目的是提高马克思主义理论教育的效果；"什么是马克思主义"的研究是通过准确、科学的马克思主义理论进行理论教育，提高马克思主义理论教育的效果。马克思主义理论教育要提高效果，必须重视这两个方面的研究，并从这两个方面着手。所以，"怎样进行马克思

---

① 江泽民：《论党的建设》，中央文献出版社 2001 年版，第 538、539 页。

主义理论教育"与"什么是马克思主义"的研究是紧密相联而不可分割的，二者统一于如何提高马克思主义理论教育效果的研究中。

概括起来看，"怎样进行马克思主义理论教育"与"什么是马克思主义"是马克思主义理论教育研究的两个基本问题和基本任务，它们贯穿于马克思主义理论教育研究始终，统摄了马克思主义理论教育研究的其它具体问题。准确揭示"怎样进行马克思主义理论教育"与"什么是马克思主义"二者的关系，对于深化马克思主义理论教育研究，有效开展马克思主义理论教育实践有着重要的意义。

社会工程是马克思主义理论实践化的中介环节

一 社会工程活动是马克思主义理论的实践形式

1. 马克思主义理论只有通过社会工程活动才能转化为具体的社会实践

社会工程是通过设计社会模式改造社会的人类实践活动。社会工程活动的特点是通过设计和建构制度、体制、政策、规则体系等社会模式来解决社会矛盾，推动社会发展。

社会工程是马克思主义理论作用于具体社会实践的中间环节。社会工程的研究和实践活动是将马克思主义的原理、原则和命题与当前中国具体的经济社会发展实践相结合，探索、规划和设计社会发展模式、制度体系和具体政策措施的活动过程。它是将抽象的理论原则和具体的社会实践沟通起来的一个关键环节，是理论与实际相结合的载体。通过社会工程的规划与设计，会形成体现理论原则的社会实践模式，进而通过社会实践模式规范社会实践活动。要将马克思主义理论应用于中国改革发展的具体实践，必须将理论、模式和实践连接起来。社会实践模式设计就成为承上启下的中间环节，成为比较抽象的理论原则和具体的社会实践之间的一个过渡环节，是理论与实际相结合的载体。通过社会实践模式设计，马克思主义理论和社会实际连结为一体。社会工程活动的实践内容就是实施已设计的社会实践模式或社会规则体系。所以，社会工程是马克思主义应用于社会实践的重要的中介环节。

社会工程活动是马克思主义理论发挥它的价值观统摄作用的关键环节。不同的理论和价值观指导下的社会制度和社会实践模式设计有不同的过程和结果，不同的社会实践模式的创建体现了不同的价值观取向。马克思主义理论要发挥价值导向与价值统摄的作用需要通过社会工程的研究。人们只有在设计各种具体的社会模式的过程中，将马克思主义理论原则与其他相关的学科知识相联系，用马克思主义理论知识评论相关学科知识，把价值导向要求渗透在各种知识要素的连接之中，形成具体的社会实践模式即各种具体的社会制度及体制框架，马克思主义的理论指导和价值统摄才能真正落到实处。

2. 马克思主义理论的社会实践形式经历了从社会理论到社会运动、社会革命再到社会工程的转化过程

从马克思主义理论形成和发展的历史过程来看，马克思主义理论从产生起就是观照社会现实的，马克思主义理论的发展过程同时也是马克思主义理论不断作用于现实社会，形成马克思主义理论社会实践的过程。这种理论作用于实践，形成马克思主义理论的社会实践形式大体上应该经历三个主要阶段，即从社会理论到社会运动，从社会运动到社会革命，再到社会工程阶段。

马克思主义理论总结和集成了人类优秀的思想理论精华，它起源于对资本主义社会矛盾的揭示和批判，阐明了资本主义制度剥削的本质、根源，指出资本主义制度模式的暂时性，论证了无产阶级的历史使命和前途。它在对资本主义社会及其运行本质进行批判的基础上，形成了资本主义必然灭亡和社会主义必然胜利的科学判断，指出人类的光明前途是共产主义。马克思主义理论形成以后，加速了工人阶级从自在的阶级向自为的阶级的转变，国际工人运动从自发的斗争向自觉的阶级斗争的转变。工人运动是马克思主义理论的第一个社会实践形式。这种工人运动可以是在资本主义条件下，为争取工人社会福利而进行的斗争；也可以是把资本主义条件下的工人运动引导和转变为推翻资本主义根本制度的社会革命。因而，社会革命是马克思主义理论社会实践形式的第二种形式。俄国的十月革命、新中国的诞生以及第二次世界大战以后一系列社会主义国家的诞生，就是马克思主义理论指导下的社会革命的成果。社会主义革命成功以后，无产阶级政党和劳动人民的历史方位发生了根本性变化，由被统治阶级转变为统治阶级，其所面临的是如何建设社会主义的问题。马克思主义理论社会应用形式的主题客观上由社会革命转变为社会建设。如何建设社会主义，实际上就是社会主义建设的社会工程问题。所以，社会工程是夺取了政权的无产阶级政党关于马克思主义理论社会实践形式的第三种形式。

　　马克思主义理论形成以后，它的社会实践形式依次经过了社会运动、社会革命、社会工程三种形式，这三种形式的依次转换是一个历史过程，每一次转换过程都是十分复杂曲折的，反映了马克思主义理论本身的发展和社会发展客观规律相契合程度的特点。马克思主义理论在发展过程中同不同国家的具体实践相结合，就体现为不同国家的社会主义运动形式、社会主义革命形式、社会主义建设模式的不同。马克思主义理论本身的发展是和马克思主义理论的实践形式的分化和深化紧密联系在一起的。我国的改革、发展和建设的管理活动就是社会工程活动。中国改革开放的成功标志是形成了中国特色社会主义理论体系，发展了马克思主义理论，同时也确立了马克思主义理论的新的社会实践形式——社会工程。

　　社会运动、社会革命与社会工程是适应不同时代主题和社会发展不同阶段需求的不同模式。革命年代和建设年代的时代主题不同、目标不同、社会发展程度和现实约束性条件不同，我们的思维模式也就有所不同。战争年代，同一社会成员间的同质性强，价值和认知比较一致，战争目标也单一和集中，因此，社会运动的方式能很好地团结社会成员、高效率地完成目标任务。和平与建设年代则不同，社会分化加速，社会主体的价值需求也不同，社会其他方面的现实约束性条件也不同，因此，社会运动的方式不适合复杂问题的解决。对不同社会主体的利益诉求需要通过综合协调、系统集成、整体思维的思维方式加以系统考量和综合权衡，需要经过多重政策的相互配合、制度模式的相互协调和规则、标准的相互补充设计与建构来实现多元价值主体的需求。这种思维方式是社会工程思维的基本特征，它具有多样化和复杂性的特点，超越了社会运动思维的整齐划一性、社会革命思维的非此即彼性。

　　3. 新中国成立后的前30年社会主义建设中失误的思想根源是社会运动思维对社会工程思维的僭越

　　在新中国成立前的革命时期，我们革命的目标和对象、敌我双方的立场都非常清楚，那个时候我们主要以战争的方式实现革命的目的。新中国成立以后，社会主要矛盾随着战争的结束和社会发展的新要求都有了重大变化，战争时期的社会运动形式与社会革命形式不再适应和平建设时期的社会发展需求。社会历史的进程要求采用适应实际形势的发展理念和发展范式来推进国家经济发展和社会进步。然而马克思主义理论的社会实践形式却没有相应改变，在很长时期内以搞社会运动和社会革命的方式来搞社会主义建设，结果社会主义建设遭遇了很多挫折。

总结和反思新中国成立后前30年我国经济建设和社会发展所形成的经验教训的理论思维的根源，就是社会运动的思维方式对社会工程的思维方式的僭越。执政党和劳动人民的历史方位已经发生了根本性的转变，社会发展的历史主题发生了根本性的变化，但是执政党的理论思维范式和社会管理理念依然是社会革命的传统范式，用社会运动和社会革命的方法来处理社会建设与社会发展问题。也就是说，新中国成立以后，我国面临的和正在进行的是社会经济文化建设，应当以社会工程思维的方式来分析问题和处理问题，但是，实际上应用的还是社会运动和社会革命的思维方式。

邓小平在总结改革开放以前的30年的经验教训时说，我们的社会主义建设不总是成功的。如果从思想理念上分析，可以认为，我们在社会主义建设时期仍然奉行"阶级斗争为纲"，是用"革命"思维指导建设实践；是在"建设"时期沿用"革命"时期的"革命"思维，而不是"建设"思维。中国改革开放的思想起点，就是摒弃"革命"的思维，从思想路线上确立"建设"思维。这种思维模式的转变，反映在马克思主义理论的社会实践形式上，是真正从社会革命转变到社会工程的阶段。新中国成立以来我们的很多失败，其实就是因为用搞运动的方式来搞建设，造成社会运动、社会革命对社会工程范畴的僭越，这是我们汲取经验教训的思想根源。

4. 中国正在进行的社会工程是马克思主义中国化、时代化、大众化的出发点和落脚点

马克思主义必须与社会工程研究紧密结合才能达到"三化"的要求。离开了中国正在进行的社会工程，马克思主义"三化"就失去了出发点和落脚点。首先，马克思主义中国化的实质是将马克思主义的基本原理与中国的实际相结合，提出反映中国特点，具有中国风格和中国气派的社会发展理论。中国当前正在进行的改革开放就是伟大的社会工程。中国正在着力推进的经济建设、政治建设、文化建设、社会建设、环境建设的具体

实践更是不同领域的社会工程活动。所以马克思主义中国化的基本环节是要与这些生动具体的社会工程活动相结合。其次，马克思主义时代化更要以社会工程为基础。理论的时代化与社会实践的时代化是一致的。中国正在进行的社会工程充满了时代性特征，这就是经济全球化、交往网络化、社会信息化、世界政治多极化、环境治理生态化。这些既是社会工程活动的时代性特点，又是社会工程活动的时代性要求。马克思主义只有与现实的社会工程活动相结合，才能汲取丰富的现实营养和理论概括的理论资源。再次，马克思主义大众化的实质是马克思主义理论要为大众所理解和掌握。马克思主义大众化，就是要向社会大众解释和宣传马克思主义理论体系，使大众能理解和掌握这一理论，并将其内化为价值信仰、思维方式和行为指南。马克思主义理论要被社会大众接受并应用于工作和生活，要从理论形态转变为大众的价值信仰、思维方式和行为指南，必须和社会大众的具体的社会生活相结合。当前大众的社会生活就是处在各种各样社会工程活动过程中的社会生活。社会生活结构的不断变化需要用马克思主义理论给予解释，才能将马克思主义理论贯彻到大众生活之中，实现马克思主义理论的大众化。社会大众的社会生活问题大多数都与社会改革中的社会发展与社会问题相关，这正是社会工程活动的结果，因此马克思主义大众化要与社会工程紧密连接，才能为大众所理解和接受。

二 社会工程研究是马克思主义理论与社会实践活动相互作用的转化环节

任何一般的理论命题要实现对现实的指导和规范，都要从抽象命题转换为具体命题，从一般的理论范式转换为具体的实践模式。这个由抽象到具体、由理论原则到实践模式的过渡过程必须经历一个知识形式的转化。马克思主义理论要指导实践也必须经历一个转化环节，这个转化环节就是社会工程研究。

1. 社会工程研究体现了马克思主义理论与实践活动的双向互动

马克思主义理论指导具体的社会实践，体现了理论与实践的双向互动，一方面，从理论到实践；另一方面，从实践上升到理论。这个双向互动都要经过社会工程研究这个中间环节。首先我们需要区分社会工程活动与社会工程研究活动。社会工程活动是一个物质活动过程，它表现为物质操作过程，比如具体的社会动员、具体的物质调度过程、依照社会目的所进行的具体社会实施过程等，也就是人们的社会实践过程。社会工程研究却是一个理论思维过程，它是社会模式的蓝图设计与论证过程，也是具体的社会工程过程的理论反思与总结过程。从马克思主义理论实践化的视角分析，它包含着两个相互联系的过程：一个是社会工程活动的具体展开过程，这是各种物质资源相互作用的过程；另一个是社会工程的研究过程，它是以模式设计和过程设计为核心的思想过程。如果我们把作为实践化的内容和作为实践化的两个过程看作是三个平行的平面，其位置关系是物质过程平面在下，思想过程平面居中，"马克思主义理论"平面居上。

2. 社会工程研究是马克思主义理论研究的新领域

社会工程研究是马克思主义理论研究从社会发展的基本理论和规律的层次向社会发展的设计和实践层次的深入和扩展，是丰富和发展马克思主义理论的新的学术领域和学科发展的增长点。

（1）社会发展模式研究是马克思主义中国化提出的社会工程问题

改革开放以来，马克思主义中国化实现了第二次历史性飞跃，形成了中国特色社会主义理论体系。改革开放的成功之路也被国内外一些学者概括为"中国模式"。马克思主义中国化提出了许多社会工程问题，这些问题也是马克思主义中国化研究的新问题和新领域。

从社会发展规律与社会发展模式关系角度立论中国特色社会主义是马克思主义中国化提出的社会工程问题。当前理论界基本上都倾向于把马克思主义基本原理同当代中国建设实际相结合看成是中国特色社会主义的立论依据。实际上，中国特色社会主义的立论依据还可以从社会发展理论和学术角度进行分析。马克思主义的基本原理揭示了人类社会发展规律，但并不等于提供了社会主义建设模式和具体政策，社会主义建设需要在遵循马克思主义基本原理的要求下，结合实际情况，探索适合自己的发展道路和发展模式。马克思主义基本原理属于社会发展规律层次的问题，而社会主义建设具体实践则属于社会发展模式层次的问题。社会发展规律与社会发展模式既有联系又有区别，不能简单等同。马克思主义基本原理同中国建设实际相结合的问题，实际上反映的是社会发展规律如何转化为社会发展模式这一社会工程问题。因此，社会工程研究将为马克思主义中国化奠定学术学理上的基础。

多重社会发展规律、多种政策理念综合集成马克思主义中国化提出的社会工程问题。改革开放是一项复杂的社会系统工程，需要统筹兼顾各方面利益，需要正确处理社会主义现代化建设中的若干重大关系问题，例如改革、发展和稳定的关系，经济建设、政治建设、文化建设、社会建设协调发展的关系等。党的十七大报告以"十个结合"高度凝练地概括了中国特色社会主义成功探索的基本经验。"十个结合"是中国特色社会主义成功的关键。"十个结合"提出了中国特色社会主义政策设计和制定的一般方法论原则，即多重社会发展规律、多种政策理念综合集成的社会工程问题。

（2）社会工程规律问题是从社会工程角度提出的马克思主义时代化的一个理论论域

马克思主义时代化的实质是马克思主义要应对时代挑战、回答时代课题，并在此过程中实现自身的理论发展。区分社会发展规律与社会工程规律是马克思主义时代化所提出的社会工程问题。马克思主义理论是关于社会发展的理论，揭示了人类社会发展规律。但马克思主义应对现实挑战、回答现实问题不是自然而然的，需要社会工程这个中间环节。社会工程是针对社会实践领域提出的，指导人们如何进行社会改造、社会设计和社会建构的理论和方法。人们的社会实践除了认识和反映，另一个重要方面就是设计和建构。设计和建构的思维是面向未来构想的事物和存在，是在认识基础上根据主体意愿进行的有目的的构想、规划和设计，本质上是一种"如何做"和"怎样做"的社会实践思维方式。社会工程是改造"社会世界"的人类活动。从人类社会发展的历史来看，社会的发展与变迁在本质上具有"工程"的特征。人类社会发展过程是人们积极主动地按照自身发展的需要和意图不断选择、设计和建构人类社会发展模式和发展道路的过程，这个过程一直都体现着人们的意志和创造的本性。人类社会的发展变迁就是在这些不断的成功和失败的选择、设计与建构中交错前进的。社会工程研究体现的就是对"如何实践"的思维方式的探索，它是对马克思主义社会实践的思维方式的新探索和具体丰富，是马克思主义应对现实挑战、回答现实问题、发挥理论指导的重要途径。社会工程旨在探索社会工程规律，它要揭示的是人类实践活动过程中特别是变革社会过程中反映出来的因果性和目的性相统一的内在联系，是变革社会的实践活动过程中体现出的建构性变动规律。社会工程规律为马克思主义理论应对现实挑战、实现时代发展提供了方法论基础。

区分理论思维与社会工程思维是从社会工程角度所提出的马克思主义时代化问题。用逻辑一贯的理论思维建构抽象的理论体系，用综合集成与整合协调的社会工程思维去设计具体的制度和可操作性的政策，这是两种不同的思维方式。前者是从具体现实上升到逻辑抽象，后者是从理论抽象转向具体现实，但是，这两种不同的思维过程和思维方式，在实际工作过程中往往发生误用和僭越。用抽象的理论思维方式替代解决具体问题的社会工程思维方式，容易使得马克思主义理论流于抽象，同时也使得很多制度和政策缺乏执行力。马克思主义理论从理论思维的层面揭示了社会发展规律，但马克思主义在解决现实问题、在实践中发挥指导作用时，需要用社会工程思维加以推进和补充。在马克思主义理论指导下，运用社会工程思维，设计和建构制度、政策和社会规则，对于提高社会设计和社会建构的效果，推进马克思主义新发展具有重要价值。

（3）理论命题的操作化是从社会工程角度提出的马克思主义大众化问题

马克思主义大众化，是马克思主义被社会历史主体所接受，实现"理论武装"从而指导社会实践的过程和环节。社会工程是马克思主义大众化的重要途径，马克思主义大众化提出了加强社会工程研究的重要课题。

将马克思主义从理论命题转化为实践操作性命题是马克思主义大众化提出的社会工程问题。马克思主义基本原理是科学真理，对社会实践具有指导意义，这是马克思主义大众化的前提。但马克思主义理论要真正被人民群众所理解、接受，必须从理论命题转化为实践操作性命题，即真正回答和解决人民群众关注的具体现实问题，理论才会有感召力、说服力。社会工程是马克思主义从理论命题向实践操作性命题转化的重要中介。社会工程就是研究如何应用社会规律到具体的社会实践领域，结合现实条件将社会规律转变成具体的社会模式、政策和制度，本质上是如何将抽象理论命题转变为现实操作性命题的活动。马克思主义理论如何由抽象的理论命题转变为具体的实践模式，需要借助于社会工程的环节。社会工程理论和实践为将抽象的理论命题、理论原则转换成具体操作模式的实践过程提供了依据，是马克思主义大众化研究的新问题。

综合协调理论、现实与利益三者的关系是马克思主义大众化提出的社会工程问题。马克思主义大众化是一项复杂的社会工程活动，在具体实施过程中涉及方方面面的因素，如马克思主义理论本身的科学性和真理性、社会的建设现实和思想现实、人民群众的具体利益，这些都是影响马克思主义大众化的重要因素。只有在综合考虑和妥善处理理论、现实和利益关系的基础上，马克思主义大众化才能有效地推进。这也是马克思主义大众化研究提出的新要求。

三 马克思主义理论学科建设和课程建设 需要引入社会工程研究

当前马克思主义理论学科迫切需要凸显马克思主义整体性特征来促进其研究发展，迫切需要通过积极发挥马克思主义理论的社会作用来奠定其学科地位，显示学科影响力。这就需要把马克思主义理论的研究与社会工程的研究紧密地结合起来，通过社会工程研究，积极发挥和有效实现马克思主义理论的社会作用，同时把马克思主义的社会工程研究结论引入课程教学，提升马克思主义的影响力和课程的有效性。因此，当前马克思主义理论学科建设应当关注并引入社会工程研究。

首先，社会工程研究是马克思主义理论整体性研究的一个视角。社会工程研究体现了马克思主义理论的整体性。目前，对马克思主义理论整体性的研究主要有三个视角：一是理论内容的视角，强调马克思主义基本理论三个组成部分之间的联系；二是学科体系的视角，探索马克思主义理论几个二级学科之间的统一；三是马克思主义理论应用的视角。我们认为，从理论应用的视角来看，社会工程研究是马克思主义理论整体性研究的视角之一。这是因为理论和实践的统一是马克思主义整体性的内在机理与科学要求，只有在理论和实践的具体的历史的统一中，才能真正体现这种整体性。社会工程问题是马克思主义理论和具体社会实践相结合的具体指向。具体的社会问题与社会工程问题具有复杂性特点的结构，它具有多种多样的属性、功能和特点，不是某一个学科所能够完全覆盖的，它需要多学科的统一研究，尤其需要从马克思主义不同的二级学科所涉及的理论与方法进行综合研究，才能在应用上体现马克思主义理论的整体性。从马克思主义理论整体性表现上说，它是"理性的具体"，是客观对象经过抽象的规定上升到多方面规定的统一，是各种理论命题内在统一的逻辑体系。但是要把这个具有多方面规定的理性具体"应用"到解决现实问题中来，就需要通过社会工程活动来实现这种"应用"的整体性。只有通过"应用"的整体性研究，才能体会理论的整体性意义和价值。

其次，"问题"导向的研究模式是从社会工程视角推动马克思主义理论学科建设支撑思想政治理论课程建设的有效方法。社会工程研究对思想政治理论课程建设具有重要意义，组织教学内容和教学方式应当以社会工程为方法论基础。在教学实践中我们发现，思想政治理论课的教学效果不是很理想，问题主要出在理论与实践关系环节上，主要表现为教师在课堂上讲授的内容和发展、多样、生动的社会实践不相适应。马克思主义理论只有对现实问题进行合理的解释才能说服人，马克思主义理论只有关注人们的具体利益才能吸引人。思想政治理论课教学不是简单地灌输理论，而是要引导学生运用马克思主义理论分析现实问题，从而领悟、体会和接受理论。因此，思想政治理论课教学要运用社会工程的理论与方怯，综合考虑理论、现实、学生、方法等因素。在思想政治理论教育中，就内容和方法而言，内容是第一位的，内容决定方法。教学内容是大学生想听的、和社会生活实践密切联系的、对社会生活实践有直接的指导作用的，教学效果就应当是显著的。就我们教学的体会来说，学生关注问题中的难点也是社会上的热点问题，也就是改革开放实践中的前沿问题。就大学生对社会问题关注的本质来看，这些问题是社会发展进程和世界变化的进程所引起的问题在大学生思想上的反映。如果能运用马克思主义理论科学地解析这些问题，就能够有效地对大学生进行马克思主义教育。因此，思想政治理论教育的关键环节是应用发展了的马克思主义对中国和世界所面临的种种发展问题进行理论说明。而这个关键环节是与马克思主义理论的发展和学科建设密切联系的。

课程建设研究

马克思主义理论学科建设与
课程建设相结合问题

马克思主义理论一级学科的建设有三大功能，即学科建设自身的学术发展功能，面向社会发展的社会服务功能和面向大学生思想政治理论课建设的学科支撑功能。在学科建设功能、学术发展功能和课程建设的支撑功能之间难免会存在一些张力，但两者在本质上是一致的。对此，笔者想就其中的几个问题谈几点认识。

一　社会现实问题的理论研究是学科建设与
课程建设相结合的关键环节

马克思主义理论的学科建设要为思想政治理论课程建设服务，学科建设是课程建设的支持，课程建设为学科建设提供了用武之地。如何实现学科建设和课程建设的有效结合呢？在教学实践中我们发现，思想政治理论课的教学效果不是很理想，问题主要出在理论与实践关系环节上，主要表现为教师在课堂上讲授的内容和发展、多样、生动的社会实践不相适应。所以，课程质量提升的关键环节是课程研究和科学研究，把理论与实践相结合的研究成果引入教学内容是提升教学质量的根本保证。但是，我们必须看到这个方面的复杂性和挑战性。

这是因为，从马克思主义理论教育的社会环境上来讲，马克思主义理论和社会发展的关系上出现了比较复杂的情况。一方面，马克思主义理论在指导中国社会快速发展的同时，自身也在发展，呈现出蓬勃的生命力；另一方面，快速的社会变迁和世界格局的复杂变化需要马克思主义理论给以应对和回答。恰恰是这些挑战性问题，既是社会公众，也是青年学生所关注的问题。

这些问题不是靠教材研究和教学法研究所能圆满解决的，它需要通过学科整体的力量以学术攻关和学术发展来解决。从马克思主义理论教育的理论境况上讲，新的时代条件提出了重新认识马克思主义的问题。就马克思主义理论体系内部来说，哪些是马克思主义的基本原理，哪些是马克思主义理论在具体社会历史条件下的具体结论，哪些是借助于不全面的实践对马克思主义理论的不适当附加，哪些是对马克思主义的歪曲性理解等，都需要给予澄清和梳理。因此，提高高校思想政治理论课课程质量的前提，是加强马克思主义理论的学科建设，通过学科建设，繁荣马克思主义的学术，发展马克思主义理论，丰富马克思主义理论的命题。只有马克思主义学科在新的社会历史条件下得到充分发展，学科整体水平有了显著提高，编写教材才会有充分的学术基础，也才能有效地提升课程质量。

因此，应当将教育教学中的重点难点问题引入学科的理论研究，在教学过程中，鼓励教师将教学中发现的理论问题进一步深入地坚持研究下去，取得成果，再运用到课堂上来。这可以看作是从教学第一线中提出问题和发现问题，从学科的学术发展上研究问题，再回到教学中去。这是一个研究与教学相结合的模式，也是学科建设与课程建设相结合的模式。这种模式能够深化思想政治理论课的科学性，加强针对性，提高实效性。

二　以理论思维的形式回答意识形态问题是学科建设与课程建设的共同取向

思想政治理论课不是一般的专业理论课。讲课要看对象，科学研究也要看学科发展需求。思想政治理论课的讲课重点要从学生的思想实际入手，回答学生关注的、当前思想领域的基本问题。这种回答是对现实问题从理论角度作出的解答，而不是从专业角度对原理本身的解读。这种课程的基本要求是将思想和理论结合在一起，把思想问题上升到理论高度，但一定要注重理论为思想服务，不能把面向普通大学生的思想政治理论课作为专业马克思主义理论课来看待。

思想政治理论课的这一性质，决定了在课程内容方面应当注重我们的课程目标。思想政治理论课的课程目标至少有两个：一是这类课程要讲授的是社会主义意识形态的理论基础。以往曾讲"指导我们思想的理论基础是马克思列宁主义"。这就是说意识形态与意识形态的理论基础是两个不相等的概念，不能把思想政治理论课变成赤裸裸的政治说教，但也不能离开意识形态。要为意识形态服务，一定要把思想政治理论课与一般的宣传教育分开，但又要善于将两者联系起来，理论不是意识形态本身，但又是意识形态的理论基础，要将意识形态与理论挂钩，将意识形态的要求与理论的关系讲清楚；二是这类课程要从理论上向学生说明共产党执政理念的思想基础。这一点与上一点是关联在一起的。政治理念、政治文明建设是社会生活与民主建设的重大问题，如何解决政治体制改革当中、东西方政治碰撞当中的问题，如何从马克思主义理论角度说明政治建设的基本方向、政治建设的原则，为政治设计寻找理论基础，发挥评价功能，用马克思主义理论原则和方法论思想去评价政治体制改革，这些都是思想政治理论课需要发挥的作用。我们应该有这样的理论勇气和政治意识，以构建和谐社会和民主政治为基点，以马克思主义的理论观点和形形色色的非马克思主义观点展开对话，发挥马克思主义的批判功能和建设功能，从而丰富课程内容。如果我们在课程教育中要达到上述目的，那就必须把这些问题引入学科建设中，作为理论研究的重要内容。就此来说，学科建设的内容定位与课程建设的内容定位是一致的。从更一般的意义上说，以理论思维的形式回答意识形态问题，是学科建设与课程建设的共同取向。

三　从"社会工程"视角展开理论研究能够调整理论联系实际的内容定位

马克思主义理论学科建设和思想政治理论课程建设要能够取得良好的成效，根本问题是处理好理论联系实际的问题。马克思主义理论联系什么实际，什么样的实际才是思想政治理论课应当重点关注的实际，怎样联系实际，这都是我们应深入讨论的问题。实际问题的选择，不仅是学科建设和学术发展的需要，更是课程建设和授课备课时需要认真注意的问题。现代社会经济和政治现象复杂多样，不断变化的实际现象层出不穷，我们到底选择什么样的实际现象作为研究的对象和课堂解剖的对象，确实是一个需要认真研究的问题。我们认为，思想政治理论课所联系的实际事实，既不能只局限在反映社会光明面的正面事实上，更不能只联系具有负面意义的社会现象，而是要联系社会发展的基本取向，选择正、负面的社会现象给以辩证分析，给学生进行社会观、历史观、政治观、人生观的教育。如果从这个基本要求出发，就要从改革开放的实际出发，联系各种改革开放的基本思路和基本政策的实际效果，进行学科学术研究和课程建设研究，发挥马克思主义理论的解释功能、评价功能和指导功能。如果学科研究和课程研究离开了改革开放的基本实践，我们就会离开中国社会发展的主流，马克思主义理论的影响也就会淡出公众和青年的视野。

如果说马克思主义理论要联系中国改革开放的实际，那么，从社会工程的角度开展理论研究和课程研究是一个可供选择的思路。社会工程是设计、构建合理的社会关系形式，并探索其实现过程的一种活动。社会政策及法律法规的制定、社会发展模式的构建都属于社会工程。社会工程思维不同于一般的科学思维，它带有"设计"这一工程思维的特征，即在科学规律和经验知识的基础上，设计构思出社会发展蓝图，并通过过程设计将蓝图转化为现实。30 年来的社会改革是社会工程的重要表现形式，邓小平理论、"三个代表"重要思想、科学发展观当中蕴含着丰富的社会工程思想，当代中国社会主义改革的经验和教训蕴含着丰富的社会工程问题。通过对当代中国改革开放过程的理论反思，人们认识到，社会发展的基本规律和社会工程的规律是两种不同内容的科学规律，邓小平社会主义模式范畴及社会主义有多种模式的命题，实际上已经揭示出社会发展规律与社会发展模式相区别的理论问题。在我国，社会工程研究要求把马克思主义理论和我国蓬勃发展的社会主义建设工程密切结合，研究和探索社会发展模式的一般理论和方法。从社会工程视角展开马克思主义理论研究，才能够真正做到着眼于中国改革开放的实际，着眼于马克思主义理论的实际运用。改革开放是不间断的、连续开展的社会工程活动。面对这个伟大的社会工程，要从操作角度去应用马克思主义理论，去评价改革开放的得失成败。从这个理论视角去研究问题，就能够运用辩证的观点和思维方法，辨析各种现实问题，去回答社会公众和青年学生深层次的思想问题，能做到贴近现实、贴近生活、贴近学生思想实际，受到学生的欢迎，同时起到引领社会发展的作用。

如果我们的学术研究不注意引入社会工程的思维方式，离开社会制度的选择和设计，离开改革开放过程中各种基本的政策理念的定位，具体制度模式和政策方案的设计选择问题，我们就离开了中国社会发展的基本实际。如果是这样的话，那么学术研究和纯粹的理论宣传就没有区别，联系实际就会变成一种任意选择的行为，即在社会现实中随意地，或者根据教师的个人兴趣，任意地选择一些个例，把最具体的现象与比较普遍的理论直接连接起来进行任意的发挥。这样就难以做到从总体上用辩证思维去分析社会发展的趋势。再加之社会现实的复杂性，几乎各种性质的和不同特色的理论所需要的实际事实，都可以在现实中找到它的经验对象，因而这种"命题加社会现象个例"联系实际的方式不是值得推广的。所以，从社会工程的视野出发，抓住社会发展中改革开放的制度设计、政策设计的基本理念和社会效果，联系马克思主义理论进行分析，可以避免联系实际的片面性和任意性，揭示马克思主义理论与中国社会生活的内在本质关系，发挥马克思主义理论的影响力，增强马克思主义理论的指导性作用，充分发挥马克思主义理论的社会引领和思想引领作用。

四　充分认识当前马克思主义理论教育的有利形势和需要应对的挑战

思想政治理论课程是高校大学生思想政治教育的主渠道、主阵地，它是培养训练大学生思想理论素质以及观察社会问题、提升社会思维能力的一个重要渠道。它综合了哲学、经济学和科学社会主义理论的基本理论，总结了中国特色社会主义的基本理论和基本经验，反映了中国近现代社会历史的发展规律；课程内容的综合性强，要求任课教师的知识结构要具有综合性、跨学科性，理论思维要具有整体性。思想政治理论课程系列，相对来说是要求较高、难度较大的课程。那么，如何通过学科建设给予这类课程有力的支持，同时又以思想政治理论课程的建设来引导马克思主义理论的学科建设呢？我们首先是要充分认识当前马克思主义理论教育所面临的有利形势以及给思想政治理论课教师带来的挑战。

当前的政治、经济和社会发展形势给马克思主义理论学科建设和课程建设提供了有利的条件。我们应当认识到，当前是历史上上好思想政治理论课的最好时期。第一个条件，现在我们看到了西方经济危机的状况，有了感性材料和感性经验。过去讲马克思主义理论的真理性、社会主义的优越性，我们纵向比较得多，而横向比较得少。但从去年到现在由美国所引发的金融危机我们都看到了，对中国的影响据说明年上半年才能见分晓。现在，大家都明确知道有三个世界性现象，一是苏联解体，二是中国的改革成就，三是世界性金融海啸，这些都是与思想政治理论课相结合的现实经验材料。与前人相比，我们了解的深度、广度要大得多，这是上好思想政治理论课的最好经济政治条件，是历史的机遇。第二个条件，是中国改革开放 30 年的伟大成就及其经验的、现实的和历史的意义。现在的学生对中国特色社会主义的认同感是非常高的，即使是国际上的持不同政见者也不能否认中国改革开放 30 年所取得的巨大成就。从理论上反思，如果没有马克思主义理论的发展，就不可能有这样的成就。所以我们要总结 30 年改革开放的历史经验，把思想政治理论课讲活。30 年的实践经验为思想政治理论课提供了丰富的正面材料，这方面的感性材料非常丰富。第三个条件是中央正在贯彻、落实、推进的科学发展观的理论和实践。科学发展观是反映马克思主义理论精神的发展观，是对以往发展观的推进。从重点发展、梯度发展、协调发展，到今天的科学发展，这一系列理论都是把马克思主义理论与中国实际相结合的产物，科学发展观的学习和实践为思想政治理论课提供了丰富的实践材料。学生要了解社会，这是热点问题，我们认为这些问题是学生想要了解的问题，也是中央要求我们要学生了解的问题，讲学生关心的热点问题，把它提升到理论高度进行解读，这是思想政治理论课教师应看到的三个条件，思想政治理论课程就是要回答当代中国、当代世界发展中的重大问题。

思想政治理论课教师要迎接新的挑战。长期以来，习惯的理解是马克思主义分为三个来源和三个组成部分，相应的理论研究和课程建设也就自然形成三个学科和三门课程，现在形成了一个综合性的、要求整体性把握的理论体系，包括政治、文化、经济、社会、生态等各个方面的内容；中国近现代史基本问题的内容也要求从历史上的政治、经济、文化、社会相互关联中，把握中国近现代历史的基本走向和发展的规律性。所以，马克思主义理论内容的整体性，要求教师的知识结构必须由单一的学科知识结构向综合性的知识结构转变，这是一个新的挑战。因此，对于思想政治理论课教师来说，在课程建设中首先要做的工作是实现两个"转化"，即教师知识结构的转化和教材体系向授课体系的转化。首先是教师知识结构从单一知识结构向综合性知识结构转化，任课教师的知识结构要体现综合性特点，要适应加强交叉、综合性研究的需要，从综合、交叉、融合中开辟新领域，加强整体性思维和综合性思维。要充分认识从整体性、综合性角度研究马克思主义理论，既是学科建设、发展的要求，也是回答现实问题、学生教育的需要。其次是从教材体系向教学讲稿的转化。教师要领会教材的基本精神和对学生的基本要求，在此基础上针对不同学生要"因材施教"，将教材转换为讲义。同时，讲课是一门艺术，教师事先要琢磨提出问题的角度、提出问题的方式、选择经验材料的类型，调动学生对授课内容的兴趣和分析问题的欲望。要正确认识幻灯片、PPT 等教学手段，对教学来讲，它们只是辅助工具，只有运用合理、恰当才能发挥积极的作用。不能将讲稿搬上幻灯片，照"片"宣科，这种对授课形式的过分依赖，只会让教师主观能动性的发挥受到限制。

总之，思想政治理论课程要将复杂的现实与理论相联系，只要善于从改革实践中提出思想问题与学生交流，敢于联系真正的现实，并且对现实问题作出有力的理论解释，课程的感染力就会增强，从而真正实现对学生进行政治社会化的功能，使思想政治理论课始终保持鲜活的时代感和旺盛的生命力。

思想政治理论课与马克思主义
理论学科建设的关系

马克思主义理论一级学科建设的提出，其目的之一是提高高校思想政治理论课程的质量并改善其效果。但是，要想高质量地完成提高高校思想政治理论课程的质量和改善效果的任务，把学科建设的目标和基本任务局限在思想政治理论课程的建设上，就需要讨论两个问题：第一，高校的课程建设和学科的建设是否可以等量齐观？第二，如果把学科建设的力量集中在课程建设上，就课程建设来研究课程建设，在马克思主义理论发展所面临的当代境遇下是否就一定能够提高课程质量和改善课程效果？思想政治理论课的课程质量问题的关键是什么？解决这个问题的根本途径是什么？笔者长期从事思想政治理论课教学，至今一直坚守在马克思主义理论教育教学的阵地上，决不否认课程建设的重要性和必要性。我们是想从马克思主义理论学科建设和课程建设的辩证关系上谈几点看法。

一　马克思主义理论学科建设是思想政治
理论课建设的学科支撑和学术基础

马克思主义理论学科建设是中央马克思主义理论研究和建设工程的重要组成部分，尤其是马克思主义理论一级学科博士点的设立和建设，使马克思主义理论学科的建设和发展走上了制度化和规范化的道路。从宏观的、总体的和一般的角度上说，马克思主义理论一级学科的设立对于推动马克思主义理论的发展，对于马克思主义理论教育的加强和落实，无疑具有重要的意义，这似乎是一个毋庸置疑的问题。但是随着学科建设思路的展开，对于它的功能定位和意义的载体所在，事实上存在着不同的认识。

有一种观点认为，高校设立马克思主义理论一级学科的功能就是服务于思想政治理论课教育，所以，马克思主义理论一级学科设立的意义也就在于服务思想政治理论课教育。我们以为，这种观点狭化了马克思主义理论学科的基本功能，局限了马克思主义理论教育的意义范围，弱化了马克思主义理论教育的作用。如果从高校工作的角度出发，强调马克思主义理论学科覆盖下的思想政治理论课建设，要从学生的思想实际出发，并且落实到学生的思想政治理论的提升上，这无疑是正确的，也是需要贯彻这一思想原则的。但是如果就此认为这就是马克思主义理论学科建设的全部任务和根本任务，笔者以为是值得讨论的。因为在这种理解中把马克思主义理论学科建设转意为马克思主义的思想政治理论课建设，这样一来就会把学科建设转变为课程建设，照此思路发展下去，就会演变为就课程建设来研究和讨论课程建设。如果还认为，课程建设的重点就是教材建设，就会把学科建设演变为教材建设；如果再认为课程质量提高的重点是教学法的改进，也会把学科建设演变为教学法研究。如果按照这一理解框架以及这一理解框架中所暗含的操作思路，实际上也就取消了马克思主义理论学科建设的意义，特别是取消了马克思主义理论整体性研究、综合性研究的特点和任务，因为马克思主义理论的整体性、综合性研究任务不是任何一门课程所能够承担的。同时也否定了本学科作为高校思想政治理论课的支撑学科的地位和功能。要说明这个问题，还需要从思想政治理论课的效果问题说起。

根据许多长期从事思想政治理论课教学与研究工作的教师的经验和体会，思想政治理论课的教学效果不是很理想，问题主要出在理论与实践关系环节上，而且主要表现是教师在课堂上所讲授的内容和飞速发展的、蓬蓬勃勃的、生动的社会实践不相适应。前几年有人曾经描述过马克思主义哲学的教学和研究状况，说讲坛哲学、论坛哲学和实践哲学相互隔膜。大学课堂上讲的哲学内容与哲学学术会议上讨论的问题不相联系，社会实践中的哲学理念和哲学学术讨论的问题不相联系。讲坛上讲的哲学内容成了干巴巴的、人人耳熟能详、中学和大学一再重复的教条。其实高校其他马克思主义理论教育教学也有类似的情况。所以，用什么样的马克思主义理论教育学生是当前马克思主义理论教育的中心问题。也就是说，在马克思主义理论教育中，就内容和方法而言，内容是第一位的，内容决定方法。

只要内容是大学生应当听的、想了解的、与社会生活实践密切联系的、对社会生活实践有直接的指导作用的，它的效果应当是显著的。

就学生思想上发生的问题来说，一般来说有两类情况。一是在大学校园里发生的学习和生活问题；二是社会生活实践中发生的问题在学生思想中的反映。这两类问题往往发生交叉性感应。例如助学贷款发放中的学生思想问题，既是大学生的生活问题也是社会问题在校园的反映。一般地说校园里发生的学习与生活问题都带有社会历史特点，与学校的管理制度变迁以及管理模式变迁相关，离开社会的变迁与学校的变化，单纯地看待学生的学习与生活问题是不全面的。学生思想上的社会问题只是一般的社会问题的晴雨表，它是一般的社会问题在学生思想上的反映而已。就我们的体会来说，所谓教学中难点问题正是社会上的热点问题，也是改革开放实践中的前沿问题。这些问题都是学生通过家长、社会上的朋友或者通过自己的社会观察得来的，只不过是带上了青年人的认知特点罢了。恰恰是这些问题需要用马克思主义的理论进行解析，只不过是需要在解析的过程中照顾年轻人和大学生的认知特点罢了。因此基本的问题是应用发展了的马克思主义对中国和世界所面临的种种发展问题进行理论的说明。

就大学生的社会思想问题的本质来看，它是社会发展进程和世界变化的进程所引起的问题在大学生思想上的反映。如果我们能够运用马克思主义理论科学地解释这些问题，就能够有效地对大学生进行马克思主义的教育。我们认为这才是高校思想政治理论课建设的关键环节，这个关键环节与马克思主义理论的发展和学科建设密切联系在一起。我们必须坦诚地面对一个问题，就是在马克思主义理论和社会发展、世界变化的关系上出现了比较复杂的情况。一方面，马克思主义理论指导着中国社会快速发展，同时马克思主义理论也在发展，并且展现出蓬勃的生命力；另一方面，马克思主义在迅速的社会变迁和世界格局的复杂变化面前遇到了新的时代挑战，这些挑战需要马克思主义给予应对和回答。恰恰是这些挑战性问题，既是社会公众，也是青年学生所关注的问题。而且这些问题不是靠教材研究和教学法研究所能圆满解决的，它是需要通过学科整体的力量通过学术攻关和学术发展来解决的。另外，新的时代条件也提出了重新认识马克思主义的问题。就马克思主义理论体系内部来说，哪些是马克思主义的基本原理，哪些是马克思主义理论在具体的社会历史条件下的具体结论，哪些是借助于不全面的实践对马克思主义理论的不适当附加，哪些是对马克思主义的歪曲性理解等，都需要给予澄清和梳理。时代的发展给马克思主义理论工作者提出了"什么是马克思主义"和"怎样研究马克思主义"的问题。这就是高校思想政治理论课所面临的社会环境与理论境况。在这种境况下提高高校的思想政治理论课的课程质量的前提是加强马克思主义理论的学科建设，通过学科建设，繁荣马克思主义的学术，发展马克思主义理论，丰富马克思主义理论的命题。只有马克思主义学科在新的社会历史条件下得到充分发展，学科整体水平有了显著的提高，编写教材才会有充分的学术基础，也才能有效地提升课程质量。因此，必须通过学科发展去促进课程质量的提高，而不是把学科建设等同于课程建设，在课程建设的框架下研究学科问题。

二　马克思主义理论学科建设的历史使命

如果仅从高校教学的角度理解马克思主义理论学科使命，显然是不够的，应从当代马克思主义面临的形势和任务的角度，从应对国际国内的复杂问题的角度看学科建设的历史使命，而高校的教学只是其中的一个部分。两部分的关系，只有前一个部分做好了，后一个部分才有保证，才能真正实施马克思主义教育，如果没有前一部分，就完不成后一个任务。

1. 建设马克思主义理论一级学科是坚持和发展马克思主义的时代要求

当前，国际共产主义运动总体上暂时处于低潮，虽然中国特色社会主义建设取得了举世瞩目的成就，但是对中国特色社会主义的理解仍然存在着不同的认识，例如西方一些学者把中国特色的社会主义理解为中国特色的资本主义；苏联解体和东欧剧变的事实使很多对马克思主义有善意的人们对马克思主义产生了迷惑，很多对马克思主义有敌意的人借此宣扬马克思主义已经失败；多种国际文化和民族文化的交流分散了人们特别是年轻一代的注意力。马克思主义的学说体系和基本内容如何在新的形势下继承和发展，这是马克思主义面临的时代问题，这些问题也就是青年大学生思想政治问题的深刻根源。所以坚持和发展马克思主义，应对时代发展对马克思主义提出的新挑战，是马克思主义理论一级学科建立的最根本的历史使命。只有较好地完成这个历史使命，才能做好这个领域内的其他工作。

2. 马克思主义理论一级学科是社会主义意识形态的学科支撑，学科建设应当为中国特色社会主义建设事业服务

马克思主义理论是中国特色社会主义事业的意识形态的支撑学科，它研究中国特色社会主义发展和建设过程中的种种重大问题，为党和国家的政策和决策提供理论依据；用马克思主义的基本理论观点指导各个领域和各个层次的具体工作，发挥马克思主义理论的指导作用，为中国特色社会主义建设事业服务，是马克思主义理论一级学科的最重要的基本功能。当前我们正在进行着全面建设小康社会，实现中华民族伟大复兴的历史任务，这是前无古人的伟大事业，一个崭新的伟大事业，有许多新的问题超出了以往历史的框架。当前，改革开放的发展思维已经深入到各个层次和各个领域。开放已经全方位深入，从宏观到微观，从边疆到内地，从经济到文化和政治，中国人真正成了"地球人"；改革已成全面改革，既包括经济基础，又包括上层建筑。而且，在社会主义条件下搞市场经济，世界上没有先例，许多规律性的东西还不熟悉，需要在建设中国特色社会主义实践中不断探索。面对这样一种形势，一个以马克思主义作为意识形态的国家，必须有相应的马克思主义理论学科作为学科基地，组织一大批力量，研究马克思主义基本原理与中国实际相结合的重大理论和实践问题。所以，马克思主义理论一级学科的建设必须面向中国特色社会主义建设的伟大实践，服务于这个伟大实践，回答实践中提出的问题，依靠实践推动马克思主义理论的发展，在发展中坚持马克思主义基本原理，并指导实践沿着马克思主义指示的方向发展。

3. 马克思主义理论一级学科是高校思想政治理论课的学科支撑、人才基地和学术支撑，学科建设应当为思想政治理论课的建设服务

当前，我国的高等教育已进入大众化教育的阶段，相当一部分青年都将进入大学或者职业技术学院学习。培养社会主义事业的建设者和接班人是学校教育的根本任务。对学生进行马克思主义的基本理论教育是学校德育教育的重要内容。马克思主义理论一级学科的建立给学校的思想政治理论课建构了一个学科基础和学术领地。马克思主义理论一级学科建设的重要任务之一，就是为思想政治理论课程建设提供人才基地和学术支撑。但是，高校的马克思主义理论学科建设不能归结为课程建设，在目前的形势

下学科建设承担着双重任务，它既有马克思主义理论的研究任务，也有如何进行马克思主义理论教育和教学的任务。在目前，把教育内容的研究和教育方法的研究分开来是不合时宜的。当然这个双重任务的比重结构在不同特点的教师身上可以不同，但这只是教师个人特点问题，不是学科特点的问题。从学科建设的特点来说，一定是马克思主义理论本身的研究和如何进行马克思主义理论教育的研究结合在一起的。但是对不同的教师来说是各有侧重的。然而，不能以教师个人的特点来规定学科建设的基本任务。

从学科支撑的任务上看思想政治理论课的建设，应当把教育教学中的重点难点问题引入学科基地研究中，同时教师也应具有马克思主义理论研究的学术意识，在教学的过程中，善于将教学中发现的理论问题进一步深入地坚持研究下去，取得成果，再运用到课堂上来。这可以看作是从教学第一线中提出问题和发现问题，从学科的学术发展上研究问题，再回到教学中去。这是一个研究与教学相结合的模式，也是学科建设与课程建设相结合的模式。我们应当倡导这种模式。当前的主要问题是深化思想政治理论课的科学性，加强针对性，提高实效性。其中马克思主义基本原理的科学体系、内容结构、逻辑推演和过渡，马克思主义基本原理的内容选择与现实针对性的落实，马克思主义理论的科学性与它的意识形态性的关系，思想政治理论课的理论性和时代性的关系等，都需要从学科的意义上展开研究，这样才能充实和提高思想政治理论课的课程质量。

论思想政治理论课建构性批判的教学理念

　　思想政治理论课教学理念是思想政治理论课教学的灵魂，对整个思想政治理论课教学活动具有统领作用并直接影响思想政治理论课教学效果。当前学术界和思想政治理论课教师提出了多种不同的教学理念，这对深化认识思想政治理论课教学规律、提高思想政治理论课教学效果发挥了积极作用。本文从思想政治理论课教学活动要解决的主要问题、要实现的基本目标，以及实现基本目标所依赖的根本途径出发，提出并论证批判性建构这一思想政治理论课教学理念。

一　建构性批判教学理念的提出

　　思想政治理论课教学活动具有自身特殊的内在矛盾，这就是学生的思想认识现状与特定社会对人的思想认识要求水平之间的矛盾，解决这一矛盾就成为思想政治理论课教学活动的根本任务和要实现的基本目标。因此，思想政治理论课教学与一般的专业课教学相比具有很大的不同，专业课教学活动往往通过一定的概念范畴、逻辑体系向学生进行系统的知识传授，让学生掌握系统的专业基础知识，而思想政治理论课教学活动要解决的却是学生的"思想认识问题"，使学生已有的正确思想认识进一步提高和巩固、不正确的思想认识得以转变，思想政治理论课就是要对学生的思想认识进行"转变""塑造""巩固"和"提高"。

　　社会存在决定社会意识，人的"思想认识"的形成归根结底是由特定的社会存在决定的，是特定社会关系和社会现实在人头脑中的反映。因此，思想政治理论课教学过程就不是空洞的理论"说教"和空对空的社会规范"训诫"，而必须要直面现实问题、结合现实问题，在具体引导学生分析思考现实问题的过程中来实现思想认识的"转变"和"强化"。但是，社会现实、社会现象却是复杂多样的，就影响学生思想认识状况的当前社会现实而言，既有改革发展所取得的瞩目成就，也有很多具体问题仍然没有解决好，而且在改革发展中还伴生出现了许多新的发展性问题和阶段性问题，这些改革发展中的具体社会问题和社会现象是影响学生思想认识的根本因素。因此，引导学生去观察、分析这些社会现实问题是学生思想认识转变的根本途径并直接影响思想政治理论课教学效果。

如何引导学生分析社会现实问题并在分析社会现实问题的过程中实现"思想认识"的转变和提升呢？当然我们不能只宣传改革开放所取得的成果，只看到正面的社会现实、而忽略负面现象或者掩盖负面社会问题，更不能一味地粉饰现实；与此同时，也不能只看到当前存在的问题和不足，进而完全否定改革发展的成果以及改革开放以来的道路方向和基本政策。这就要求思想政治理论课教学要坚持和贯彻批判性建构教学理念。要从社会现实和学生思想认识实际出发，运用马克思主义理论来解释、分析和评价现实问题，与产生于社会现实的各种流行的社会思潮和思想观点展开对话、交锋，从而展现马克思主义基本理论、立场、观点、方法的科学性和生命力。并在通过正反两方面社会问题的分析、评价中实现思想认识的"转变"和"提升"。也就是说，在整个思想政治理论课教学过程要直面社会现实问题，坚持有褒有批、有思想交锋，将负面社会现象对学生"思想认识"的负面影响向正面的思想认识进行转化。

二　建构性批判教学理念的基本内容

基于思想政治理论课教学活动要解决的主要问题、要实现的基本目标、以及实现基本目标所依赖的根本途径，我们提出批判性建构这一新的教学理念。具体来看，批判性建构教学理念主要包括以下主要内容。

第一，建构性批判教学理念强调从"思想认识"和"现实问题"相关联、相结合的角度开展思想政治理论课教学。不少人对思想政治理论课与专业课的差别认识不到位，将思想政治理论课当成是一种知识传授和理论讲授课程，认为讲清楚知识体系、理论体系就达到了教学目的。在"讲清楚原理和理论"的目标指引下，在教学过程中往往采用三种典型的教学方式。一种是"直接解释阐述原理"，就思想政治理论课教材中的知识和原理从理论到理论进行逻辑推理和讲授，往往追求知识点讲授的完备性、推演过程的逻辑性、知识内容的体系性。另一种是"原理加案例"教学，为了讲清楚某个原理或者知识点，选取一个或若干个案例进行分析并以此来说明原理和知识点。还有一种是"从实际问题到原理"，从社会现象和社会现实问题入手，引出、提炼相应的理论，进而阐述清楚原理和理论。这三种教学方式尽管在教学效果上逐渐提高，但是仅仅限于知识传授和讲清楚原理的层次，学生的"思想认识问题"仍然没有很好地解决。批判性建构教学理念则认为思想政治理论课要解决的主要问题是学生的"思想认识问题"，因此思想政治理论课教学的主要任务不是讲清楚某种原理、不是单纯的知识传授课。要解决学生的思想问题，就无法回避对现实问题的关照和分析，因为无论是已经形成的思想认识还是需要达到的思想认识都是社会现实的反映，源于对社会现实的思考和审视，因此思想政治理论教学必须要从"思想认识"和"现实问题"相关联、相结合的角度进行，这样才能从"思想认识"形成的"源头活水"进行"思想认识"教育，通过解释世界来实现世界观、认识观的改变，即实现"思想认识的转变"。在这个过程中，马克思主义原理、理论发挥着桥梁和载体的作用，因为在引导学生分析"现实"的过程中，运用马克思主义的立场和方法并对"现实"作出正确的评判，进而形成正确的"思想认识"。因此，批判性建构教学理念首先体现和贯穿着思想认识与社会现实相结合的理念和原则。

第二，建构性批判教学理念强调既要通过分析"正面社会现实"，又要通过评析"负面社会现实"开展思想政治理论课教学。既然需要通过与"社会现实"相关联、相结合来进行思想政治理论课教学，那么就存在着如何选择和取舍"社会现实"和"社会现象"的问题，因为社会本身是一个矛盾的统一体，既存在着积极的、正面的、向上的社会现象和社会现实，也不乏消极的、反面的、灰暗的社会现象和社会问题。这种复杂、多样的社会现实是包括学生在内的人们思想认识形成的基础。有些思想政治理论课教师在联系现实、结合现实进行思想政治理论课教学中出现两种极端：一种情况是只联系"正面的社会现实"，"顺着说"中央领导的讲话以及主流媒体的宣传内容，而对于改革发展中存在的问题则是

"绕着说"或者"扭着说"，将思想政治理论课教学活动等同于党委宣传部门的宣传活动，这样去联系现实、这样去进行思想政治理论课教学，其课堂吸引力和教学效果就可想而知了；另一种极端就是只联系"反面的社会现实"，充当"扒粪手"，一味地搜寻消极的、负面的"社会现实"，与主流宣传"对着讲"，这样去选取"社会现实"尽管能够抓住部分学生的"注意力"和所谓的"兴趣"，但却失去正确的引导功能。上述两种关注"社会现实"的做法都是成问题的。思想政治理论课教学关注社会现实，要坚持实事求是和全面性原则，不能老唱高调去粉饰社会现实，也不能一味地对现实进行否定性批判，而是既要看到成绩，又要看到现实问题和存在的不足，既要褒扬现实，又要对现实问题进行批判，这样才能接近社会现实的真相。因此，需要通过引导学生分析、评判正反两方面"社会现实"来开展思想政治理论课教学，从而实现"思想认识"的转变和升华，这是批判性建构教学理念的另一基本要求。

第三，建构性批判教学理念强调"批判"基础上的"建构"以及通过对负面的社会现实的"批判"来实现思想认识上的正面"建构"，这是批判性建构理念的关键。思想政治理论课教学活动结合社会现实最难处理的问题就是如何结合否面的"社会现实"，因为负面的、消极的社会现实往往是学生不正确的"思想认识"产生和存在的基础，也是学生不正确的"思想认识"向正确的"思想认识"转变直至形成稳定的正确的"思想认识"的主要障碍。因此，如何引导学生分析、思考负面的社会现实和社会问题就成为学生思想认识能否发生转变的关键。批判性建构教学理念认为，对于负面的社会现实和社会问题不能回避，要直接地正面地去分析社会上存在的负面现象和问题，对负面社会问题和社会现象进行批判，但是批判的目的不是彻底否定，而是为了更好的建设，因此在对社会负面现象和问题批判过程中，就应当选取科学的分析工具和"批判武器"，也就是要坚持运用马克思主义的立场、观点、方法来分析负面的社会现实和社会问题，揭示其存在的条件以及发展变化的总体趋势，进而使学生更为全面、客观地看待负面的社会现象和社会问题，通过这样的教学过程来实现"思想认识"的"建构"和"重塑"。建构性批判教学理念主张批判的目的是学生思想认识的"正面建构"，体现思想政治理论课的正面教育功能；批判的理论武器是马克思主义基本原理，思想认识的转变需要依赖于马克思主义这一科学的"知识和理论"载体，以科学的、正面的"知识和理论"进行建构性批判；批判的结果是学生从不正确的"思想认识"向正确的"思想认识"进行转变。

三　建构性批判教学理念的贯彻落实

好的教学理念需要通过具体的教学组织和教学设计来实现。前面系统阐述了建构性批判教学理念的基本内容和原则要求，那么在具体的教学设计和教学组织过程中，如何贯彻落实批判性建构教学理念，并依此来提高思想政治理论课教学效果，这是需要进一步探索的问题。

建构性批判教学理念应紧密围绕学生的思想认识"转变"和"提高"这一根本任务，强调教学设计和教学组织中"思想认识"和"社会现实"相结合、正面"社会现实"和负面"社会现实"同等关注、负面"社会现实"所形成的不正确"思想认识"向正确的"思想认识"转化三个层层递进以及环环相扣的教学步骤。因此，贯彻落实批判性建构教学理念首先需要对学生的思想状况有一个比较清晰、准确的判断，然后分析那些不正确的、偏颇的思想认识产生和存在的社会现实根源究竟在哪里，最后要在教学活动中引导学生全面、辩证地看待负面的社会现实和存在的社会问题，实现思想认识的转变，确立起正确的世界观和方法论。

建构性批判教学理念可以通过"社会现实问题"—"理论观点交锋"—"马克思主义理论分析社会现实"—"学生思想认识转变"四个教学环节来实现。具体来说，找准影响学生思想认识的现实社会问题，引导学生辨析、评判产生于这些社会现实基础之上的各种社会思潮，马克思主义基本理论和方法可以与这些不同的社会思潮之间进行对话、交流和交锋，引导学生运用马克思主义基本原理和方法分析社会现实，从而彰显马克思主义理论的解释力，以及思想政治理论课教学的说服力，从而让学生实现思想认识的"转变"和"提高"。这样一种教学组织和教学设计能够较好地吸引学生并提高教学效果。

后　记

　　《马克思主义理论及其教育新探》这本著作是我们对马克思主义理论以及马克思主义理论教育长期研究和探索的结果，总体上体现了我们对马克思主义一些基本理论问题，以及马克思主义理论教育问题的思考和认识。该书所收集的学术研究成果，有的是我独立完成的，有的是我和我的博士生合作完成的。这些学术成果大部分曾经在有关学术刊物上发表。这次集结出版时，根据理论研究的最新进展，以及问题探讨的不断深入，对一些基本观点及其论述又作了进一步的深化和拓展，努力使研究及其成果具有时代气息。

　　本书是团队合作研究的成果，参与马克思主义理论及其教育问题研究的博士有陈建兵、郑冬芳、杨建科、刘先进、屈旻、张宏程、王勇、周永红、任映红、苏玉波、鹏瑾、段莉群等。他们参与了学术讨论和论文的一些写作工作，付出了辛苦的劳动。特别是陈建兵博士为本书的最后成稿作了大量的工作。我尤其感到欣慰的是通过这些问题的研究培养了许多年轻的学者，他们已经成为马克思主义理论队伍的有生力量。具体承担和参与研究的情况如下：

　　王宏波、周永红：科学理解马克思主义的实践物质观

　　郑冬芳、王宏波：马克思"人的本质"思想的形成过程和发展脉络

　　王宏波、王　勇：马克思"人的本质是社会关系总和"论断的方法论意义

　　王宏波、郑冬芳：恩格斯《反杜林论》中的平等观及其意义

　　刘先进、王宏波：马克思资本主义精神思想及其当代价值

　　王宏波：资本的双重属性和资本运动的双重逻辑

　　王宏波、任映红：当前资本良性运营的引导和规范

陈建兵、王宏波：准确理解马克思恩格斯股份公司"过渡点"的科学含义

屈旻、王宏波：马克思阶级理论的当代境遇和时代价值

王宏波、杨建科、周永红：社会工程是马克思主义理论的社会应用形式

王宏波、陈建兵：社会主义模式与马克思主义的世界影响

王宏波：社会主义本质新论断与中国模式

陈建兵：中国模式与社会工程研究的兴起

张宏程、王宏波：中国模式的哲学依据与社会特征

王宏波、段莉群、陈建兵：马克思主义基本原理的研究对象及其内容结构

王宏波、陈建兵：马克思主义理论教育研究的双重任务

王宏波、段莉群：社会工程是马克思主义理论实践化的中介环节

王宏波、彭瑾、苏玉波：马克思主义理论学科建设与课程建设相结合问题

王宏波、苏玉波：思想政治理论课与马克思主义理论学科建设的关系

王宏波、陈建兵：论思想政治理论课建构性批判教学理念

本书是我们对马克思主义理论及其教育问题长期思考和研究的阶段性总结，同时又是推动我持续思考和研究这一问题的新的起点。在全面建成小康社会和实现中国梦的伟大时代，结合中国特色社会主义的最新实践对马克思主义重大理论问题进行研究阐释和宣传教育，将是我学术研究和研究生培养的重要特点。我们将继续努力探索，也诚恳地希望学术界同仁批评指正。

王宏波